El Tarot un viaje interior

El Tarot,
un viaje interior

Título original: TAROT FOUR YOUR SELF 35ᵀᴴ ANNIVERSARY EDITION
Traducido del inglés por Antonio Luis Gómez Molero
Diseño de portada: Editorial Sirio, S.A.
Maquetación de interior: Toñi F. Castellón

© de la edición original
2019 de Mary K. Greer

Publicado con autorización de Red Wheel Weiser, LLC.

© del prefacio
2019 de Benebell Wen

© de la presente edición
EDITORIAL SIRIO, S.A.
C/ Rosa de los Vientos, 64
Pol. Ind. El Viso
29006-Málaga
España

www.editorialsirio.com / sirio@editorialsirio.com

I.S.B.N.: 978-84-18531-19-4
Depósito Legal: MA-584-2021

Impreso en Imagraf Impresores, S. A.
c/ Nabucco, 14 D - Pol. Alameda
29006 - Málaga

Impreso en España

Puedes seguirnos en Facebook, Twitter, YouTube e Instagram.

«Seis de copas» copyright 1962 de Diane Wakoski del libro *Inside the Blood Factory* de Diane Wakoski. Reimpreso con el permiso de Doubleday and Co. «The Empress #8» de *Smudging* por Diane Wakoski. Publicado por Black Sparrow Press, Los Ángeles, copyright 1972. Reimpreso con permiso de la autora. Extracto de «The Queen of Wands» del libro *The Queen of Wands* de Judy Grahn. Publicado por The Crossing Press, copyright 1982. Reimpreso con permiso de la autora. "La valla trasera/la antigua cruz celta" del libro *A Passage of Saint Devil* de Duncan McNaughton. Publicado por Talonbooks, Ltd., copyright 1976. Reimpreso con permiso del autor. "What Made Tarot Cards and Fleur de Lis" de *Selected Poems 1943-1966* de Philip Lamantia, copyright 1967. Reimpreso con permiso de City Lights Books. Extracto de «Zero: The Fool» en Pieces de Robert Creeley, copyright 1969. Reimpreso con permiso de Charles Scribner's Sons. Extracto de *The Greater Trumps* de Charles Williams. Copyright 1950 de Farrar, Straus and Giroux, Inc. Reimpreso con permiso de Farrar, Straus and Giroux, Inc. «Princess of Disks», un poema inédito de Diane di Prima, copyright 1983 de Diane di Prima. Impreso con permiso de la autora. «Un relato sobre el tarot», un cuento inédito de Lianne Graves, copyright 1984 de Lianne Graves. Impreso con permiso de la autora. Los procesos de tarot desarrollados y enseñados por Ángeles Arrien en sus clases se utilizaron con su permiso. Adaptación de «Images of Interpersonal Intuition» del libro *Awakening Intuition* de Frances E. Vaughan. Publicado por Anchor Books, copyright 1979. Utilizado con permiso de la autora. Reproducciones del mazo de Tarot Acuario, con copyright de 1970, y del mazo de Tarot Morgan-Greer, con copyright de 1979. Utilizadas con permiso de Morgan Press, Inc. Reproducciones de la baraja de Tarot Motherpeace, copyright 1981. Utilizadas con permiso de Vicki Noble. Reproducciones de las cartas de la Luna y la Sibila de la baraja del Tarot Amazónico, copyright 1980 de Elf and Dragon Press. Utilizadas con permiso de la ilustradora, Billie Ports. Reproducción de la carta del Sabio de la baraja del Tarot del Amazonas, copyright 1980 de Elf and Dragon Press. Utilizada con permiso de la ilustradora, Prairie Jackson. Reproducciones de la baraja Tarot Voyager, copyright 1984. Utilizadas con permiso de Jim Wanless. Reproducciones de la baraja del Tarot de Xultún, copyright 1976. Utilizadas con permiso del ilustrador, Peter Balin. Cartas de Tarot reproducidas con permiso de U. S. Games Systems, Inc. de las siguientes barajas: Baraja de Tarot Thoth de Aleister Crowley, copyright 1978 de U. S. Games Systems, Inc. y Samuel Weiser, Inc. Baraja del Tarot Nativo Americano, copyright 1982.

 El papel utilizado para la impresión de este libro está **libre de cloro** elemental (ECF) y su procedencia está certificada por una entidad independiente, no gubernamental, que promueve la sostenibilidad de los bosques.

Mary K. Greer

El Tarot,
un viaje interior

*El tarot como guía personal de
autoconocimiento y transformación*

EDITORIAL
SIRIO

Para Ed Buryn
y
Casimira Greer Buryn

Índice

Índice de materias

EJERCICIOS

Agradecimientos

En primer lugar, me gustaría dar las gracias a Tristine Rainer por su obra *The New Diary: How to Use a Journal for Self-Guidance and Expanded Creativity* [El nuevo diario: Cómo usar un diario para orientarte y expandir tu creatividad]. A través de la lectura y el trabajo con este libro entendí lo que para mí era de mayor importancia en el tarot: la búsqueda personal del autoconocimiento. Su libro fue la llave que hizo encajar todas las piezas, y me mostró a través de su forma de escribir —como si le hablara a un amigo íntimo— la manera en que yo también quería llegar a mis lectores. Cualquier similitud entre su libro y el mío se debe a mi admiración por su forma de escribir y a la inspiración de sus ideas.

Conozco a muchos lectores, artistas, maestros, consejeros, sanadores, pensadores, magos y promotores del tarot, especialmente en el área de la Bahía de San Francisco, con los que he tenido el privilegio de estudiar. He utilizado sus enseñanzas, junto con mis quince años de estudio independiente, hasta el punto de que sus ideas se han mezclado y fusionado con las mías. A lo largo de todo este libro he tratado de hacer un reconocimiento a sus ideas y creaciones, y quiero dar las gracias especialmente a Ángeles Arrien, Vicky Noble, Suzanne Judith, Diane di Prima, Dori Gombold, Joanne Kowalski, Jim Wanless, Hilary Anderson, Ed Hoscoe, Tracey Hoover, Jean Samiljan, Gail Fairfield y Luna Moth, todos ellos practicantes del arte del tarot. Asimismo me gustaría agradecerles a Tamara Diagilev, Oh Shinnah, Merlyn, Dale Walker, Aaron Greenberg y Yana Breeze por sus enseñanzas en los campos del desarrollo psíquico, la astrología, la sanación y los cristales. Y a mis mejores maestros de todos, mis alumnos de los últimos ocho años, les ofrezco este libro como muestra de agradecimiento.

Quiero dar las gracias en especial a cuatro personas que fueron mis mentores y comadronas mientras daba a luz este trabajo: en primer lugar a Ed Buryn, que me inspiró, animó, editó, cocinó, lavó los platos e hizo posible todo este libro. Y también a mis amigas: la artista y astróloga Susan St. Thomas, cuyas ilustraciones adornan estas páginas; a la consejera de tarot y vidas pasadas Dori Gombold, cuyas habilidades de escritura y conocimiento del tarot mejoraron muchos pasajes no demasiado elocuentes, y a Howard Fallon, que me introdujo en las maravillas del procesamiento de textos y me proporcionó el soporte informático.

He dedicado este libro a Ed, que sabía que podía hacerlo y sin el cual habría tardado muchos más años, y a nuestra hija Casimira, nacida en el momento en que surgió el concepto del libro y que creció con él.

refacio

La publicación inicial de *El tarot, un viaje interior* ocasionó un cambio de paradigma. El libro marcó un hito en el desarrollo de la lectura del tarot como herramienta de estudio independiente, que inspiró a gente de todos los ámbitos a trabajar con las cartas para la introspección personal. Más de tres décadas después, y superando la prueba del tiempo, *El tarot, un viaje interior* sigue estando en la lista de libros recomendados a los principiantes para aprender esta disciplina. Esta nueva edición aparece en un periodo crítico de la historia de la humanidad, en una época en la que buscamos la autonomía personal y actuamos movidos por el deseo de conectar directamente con la Divinidad sin emplear un intermediario. Esta obra conjuga la lectura del tarot con muchas ramas de los sistemas esotéricos y ofrece referencias claras y concisas que aportan conocimientos relevantes sobre los desafíos personales, los dones innatos, el propósito de la vida y la creación de un destino óptimo.

Hay una diferencia fundamental entre la lectura para uno mismo y la que se realiza para los demás. Con frecuencia el objetivo de obtener una lectura del tarot o hacerla para otros es facilitar la resolución de un problema, y no siempre se hace hincapié en el ritual o en la espiritualidad personal. En cambio, aunque leer *El tarot, un viaje interior* también te ayuda a resolver problemas, practicar sus enseñanzas consolida el desarrollo de tu propia espiritualidad. A medida que la sociedad se vuelve más espiritual y menos religiosa, aumenta la relevancia de este manual de trabajo que te guía en el uso del tarot para cultivar una espiritualidad personal. Mary K. Greer posee la voz y la experiencia de una suma sacerdotisa. En estas páginas te guía a través de la reflexión, la meditación y los rituales y conecta tu conciencia con el más allá.

Tanto los maestros del tarot como los iniciados citan habitualmente esta obra como el texto seminal en el que por primera vez se examinan las cualidades reflexivas del tarot y señalan cómo las cartas sirven de entrada a las numerosas vías para llegar a nuestro interior. Este libro es, asimismo, famoso por popularizar el concepto del diario de tarot. Hoy en día, llevar un diario de tarot se considera una herramienta indispensable para aprender a leer las cartas, y esto se lo debemos enteramente a Mary Greer. Del mismo modo en que es fundamental conocer la obra de Mozart en la educación musical clásica, la de Sócrates para el conocimiento de la filosofía occidental o la de Sigmund Freud para contar con una base sólida en la psicología, cualquier educación básica tanto sobre la historia del tarot como sobre las técnicas de lectura del tarot contemporáneo requiere conocer la obra de Mary K. Greer.

La primera aparición de Greer en la escena pública marca un punto de inflexión en el desarrollo del tarot. Sus contribuciones surgen durante el movimiento filosófico posmodernista, y se caracterizan por la aplicación de la erudición de corte racional a lo que durante décadas había sido una construcción meramente intuitiva del tarot. Lo que ella ha conseguido para la erudición del tarot puede compararse con la influencia del filósofo francés Jacques Derrida (1930-2004) en el mundo de la filosofía y la semiótica continental. La obra de Greer, toda una celebridad del tarot, reconcilia la psicología con el ocultismo occidental, las tradiciones de la Orden Hermética de la Aurora Dorada* y la historia, con un alcance que abarca la astrología, la numerología, la aromaterapia, los cristales, el desarrollo psíquico, la canalización del arte, la poesía y la mitología. Su trabajo es bien conocido por usar el tarot para examinar la naturaleza socialmente condicionada del conocimiento, integrando los estudios culturales, la lingüística y la teoría feminista. También ha tenido un impacto apreciable en los creadores de barajas de tarot y en la progresión de las

---

* Golden Down. Más detalles en el apéndice B (N. del T.).

tendencias de esta disciplina. Se puede ver su influencia en casi todas las barajas populares del siglo XXI.

La primera vez que me senté con el libro de actividades de Mary Greer acababa de entrar en el instituto. «¿Cuál crees que es el propósito de las cartas del tarot?», decía el enunciado de una pregunta. El propósito del tarot, escribí con total convicción, es ayudarme a aprobar la asignatura de Biología y averiguar si me invitarán al baile de la fiesta de graduación. «¿Qué esperas conseguir con este libro?» era otra pregunta. A los catorce años estaba ansiosa por avanzar en mi conocimiento y habilidades con el tarot (para aprobar Biología y averiguar más cosas sobre la fiesta de graduación). Han pasado veintidós años, y ahora estoy aquí otra vez, con el libro de Mary abierto frente a mí, repasándolo de principio a fin. «¿Cuál crees que es el propósito de las cartas del tarot?», dice. Me enorgullece contestar que mi propósito ha evolucionado y ahora va más allá de las buenas notas y los chicos. Volviendo a la otra pregunta –«¿Qué esperas conseguir con este libro?»–, me pregunto qué hubiera pensado mi yo adolescente si le dijera que un día escribiría el prólogo de ese mismo manual de actividades que ella leyó y en el que escribió con su mejor letra y su pluma favorita. *El tarot, un viaje interior* me ayudó a desarrollar unos cimientos sólidos para luego convertirme en autora de libros de tarot por derecho propio y conferenciante a nivel internacional sobre esta temática. Del mismo modo en que reconocimos a A. E. Waite, Aleister Crowley y MacGregor Mathers, y posteriormente a Dion Fortune, Israel Regardie y Paul Foster Case, la posteridad rendirá su tributo a lo que Mary K. Greer ha hecho por todos nosotros. Aunque haya aprendido lo s significados básicos de las cartas de un libro de bolsillo de Eden Gray, llegué a apreciar las dimensiones multifacéticas del tarot y a consolidar mi conocimiento gracias a Mary Greer, al igual que muchos de mis compañeros. Su influencia me hizo evolucionar y hacer del tarot mucho más que una herramienta para aprobar Biología y predecir el desarrollo del baile del instituto.

El tarot, un viaje interior combina la erudición académica con el misticismo, la práctica esotérica y la espiritualidad personal, de una manera que supuso una revolución cuando se publicó por primera vez y que sigue teniendo una gran importancia hoy en día. Mi propia obra se ha hecho eco de ella en la imitación de su enfoque enciclopédico y equilibrado. Todos mis logros como lectora de tarot se alzaron y continúan alzándose sobre los pilares de sabiduría, técnicas y riqueza de investigación que erigió Mary K. Greer.

Benebell Wen
Oakland, California,
13 de junio de 2018

Prólogo a la edición del 35.º aniversario

El año 2018 comenzó con otra solicitud de un grupo de tarot en línea para usar las plantillas de *El tarot, un viaje interior* en un estudio sobre este libro de dos meses de duración. A lo largo de los años, un gran número de grupos de tarot se ha centrado en el estudio de esta obra. Luego tuve conocimiento de que Weiser Books iba a publicar una tercera edición. Pensé en lo que me gustaría añadir o cambiar para esta nueva edición y decidí reducir al mínimo los cambios y las aclaraciones, ya que el material, innovador en el momento en que fue escrito por primera vez, sigue ofreciendo las mejores formas de transformar los supuestos «problemas» de la lectura para uno mismo en beneficios. También enseña métodos que puedes usar para guiar a otros a través de su propia lectura del tarot.

En los más de treinta y cinco años desde la aparición de este libro, el tarot ha pasado por grandes cambios que parecen acelerarse a medida que avanzamos en el siglo XXI. La baraja Rider-Waite-Smith sigue manteniendo su lugar como la más popular e influyente en la mayoría de los países. Sin embargo, hay quienes están explorando una gama más diversa que nunca de motivos y diseños de tarot, ampliando así el ámbito de lo que es esta disciplina y de cómo habla mejor a sus usuarios y a través de ellos. A medida que cambia nuestra cultura, la necesidad de abordar esas inquietudes fomenta nuevas imágenes y distintas formas de contemplar las viejas. Las generaciones actuales de lectores y profesores de tarot han adoptado las técnicas de este libro como algunas de las formas más fiables que existen de conocer cualquier baraja y los mensajes que transmiten de una manera personal.

Con la llegada de la autopublicación, editar una baraja de tarot se ha vuelto relativamente fácil y encontramos mazos en casi todos los estilos artísticos: desde el *manga* y el *anime* japonés hasta las acuarelas abstractas, los bocetos impresionistas o el hiperrealismo asistido por ordenador. La temática abarca sujetos tan variados como los animales y los ángeles, y puede inspirarse en la ciencia, en películas, en imágenes de historias, etc. Algunas son profundamente personales e idiosincrásicas, mientras que otras reproducen o reelaboran barajas antiguas. Hay barajas de todos los estilos. El tarot como «espejo del alma» trata de la interacción entre lo personal, lo cultural y lo perenne o arquetípico. Este libro enfatiza esa dimensión personal.

Hoy en día existe una falsa dicotomía entre los lectores que sugiere que uno es o bien un lector «tradicional» (que utiliza un sistema y significados aprendidos) o bien un lector «intuitivo» espontáneo.

No puedo enfatizar lo suficiente el hecho de que todos utilizamos la intuición al leer las cartas. El problema es que cada uno entiende la intuición de forma diferente, desde considerarla como un término más aceptable que el de *médium* hasta recibir mensajes de Dios, ángeles, guías o fallecidos, o como una misteriosa e infalible sabiduría. Las investigaciones realizadas desde el siglo XIX, junto con la neurociencia moderna, nos ofrecen formidables conocimientos sobre cómo funciona la intuición. Esta facultad consiste en la capacidad de saber algo inmediatamente, basándonos en la emoción, y de salvar la brecha entre el consciente y el inconsciente, el instinto y el razonamiento. No siempre acierta y, con demasiada frecuencia, se mezcla con prejuicios, creencias, opiniones y juicios. La mejor intuición proviene de la experiencia en tu propio ámbito, lo que resulta en el reconocimiento de patrones que funcionaron en el pasado. En realidad, se trata de una experiencia aprendida disfrazada de sabia voz interior. Conocer las correspondencias de las cartas, además de sus significados y símbolos, proporciona una inestimable comprobación cruzada de las predilecciones de cada uno.

Así es precisamente como te puede ayudar leer las cartas para ti. Al anotar periódicamente tus primeros pensamientos y luego regresar más tarde y escribir lo que has comprendido o lo que realmente ocurrió, llegarás a reconocer tu propia tendencia a ver lo mejor o lo peor en una situación, tratando de hacer que las cartas se ajusten a las nociones preconcebidas, o incluso notando cuándo te mientes a ti mismo. Verás con claridad los miedos y deseos inconscientes, al tiempo que te volverás consciente de las sensaciones sutiles de la mente y el cuerpo que señalan el desencadenamiento de estas artimañas involuntarias. Esta sensibilidad no solo sirve para desarrollar el autoconocimiento, sino que además te ayuda a mantener la objetividad cuando lees para los demás.

Como muchas otras jóvenes de mi generación, conocí el tarot a mediados de los sesenta por medio de la telenovela de la tarde, *Dark Shadows* [Sombras Oscuras], que se emitía justo cuando volvía a casa del instituto. Los personajes principales eran vampiros y brujas que, en ocasiones, entregaban naipes misteriosos para dar advertencias y presagiar futuros acontecimientos. A pesar de estar intrigada, pronto me olvidé de esas cartas. Más tarde, en la mañana de Navidad de 1967, mi mejor amiga, Nancy, me mostró un libro que había recibido, llamado *The Tarot Revealed* [El tarot revelado], de Eden Gray. Me cautivó de nuevo la idea de que las imágenes de las cartas podían contar historias que revelaran aspectos ocultos o no reconocidos de la vida de una persona. Lo frustrante es que el libro llegó sin una baraja. Me dieron la dirección de una antigua librería especializada en espiritualidad y metafísica en Tampa, Florida y, en un coche prestado, emprendí mi primera búsqueda espiritual para comprar la edición de University Books de la baraja de Tarot Rider-Waite-Smith. El momento era perfecto, ya que, como estudiante de la especialidad de Lengua Inglesa, estaba estudiando la crítica basada en los arquetipos y aprendiendo sobre el trabajo de Carl Jung con mitos y símbolos junto con el *Viaje del héroe*, de Joseph Campbell. Reconocí estas ideas inmediatamente en las cartas. Durante un curso de teatro griego, encontré los Arcanos Mayores, perfectamente ilustrados, en orden, en todo el ciclo de Edipo de tres partes. Aquellos fueron días embriagadores de descubrimiento; me enganché para siempre.

Tengo una memoria pésima. Si hubiera tenido que empezar por memorizar el significado de las cartas, nunca habría aprendido el tarot. Por suerte, la baraja de Rider-Waite-Smith tiene setenta y ocho escenas pictóricas, y a mí se me daba bien ver conexiones y analogías entre los símbolos y escenas de las cartas y los acontecimientos de la vida de una persona. Con solo los pocos libros de tarot que había disponibles, empecé a leer para los demás, libro en mano, y aprendí las cartas recordando las historias personales que la gente me contaba para verificar lo que decía el libro. Por ejemplo, pronto descubrí que el «ladrón» siete de espadas se presentaba con frecuencia cuando la gente se escabullía para tener aventuras. También generalicé el significado de esta carta a la idea más amplia de «eludir las consecuencias de algo». En mis lecturas no hacía más que decir «es como cuando...» Lamentablemente, no tenía suficientes amigos que quisieran que les leyera las cartas, y ¡se volvieron muy cautelosos con lo que mostraban! Así que me conté historias a mí misma para entender mejor las situaciones en las que me encontraba. Con el tiempo aprendí a sacar el máximo provecho de la lectura para mí.

Para 1972 me había mudado a Atlanta y luego a Londres, y coleccionaba barajas de tarot y libros por dondequiera que fuera. Conocí las barajas de Marsella, la suiza 1JJ, la de la Iglesia de la Luz Egipcia y la de Thoth, y comprendí que no había una única forma de interpretar las cartas. De hecho, durante sus primeros trescientos cincuenta años, el tarot había sido un juego de cartas y ni siquiera se usaba para adivinar. La mayoría de nuestros significados básicos fueron inventados a finales del siglo XVIII por el impresor Jean-Baptiste Alliette, que creó el primer mazo de tarot con fines específicamente adivinatorios. Esos significados fueron complementados y modificados por diversos estudiosos en grupos ocultos rivales, de modo que pronto se desarrollaron sistemas continentales europeos y británicos en conflicto.

En 1975 empecé a enseñar tarot como curso sin valor curricular en la Universidad de Florida Central, donde trabajaba como diseñadora gráfica y maquetadora. En 1976 me mudé a San Francisco y di clases en una pequeña facultad de artes liberales. Me convertí en experta en el entonces radical concepto de aprendizaje experimental y en el énfasis de nuestra universidad en la investigación socrática. Como curso interdisciplinario con créditos, mis estudiantes y yo exploramos el tarot como una mezcla de literatura, arte, psicología, teoría de la probabilidad, historia, música y feminismo. Combinaba procesos junguianos y de la Nueva Era, como los desarrollados en el Instituto Esalen, con ejercicios que había aprendido como estudiante de teatro y en grupos de encuentro, para explorar el potencial y las interacciones de las cartas. Asistí a clases de muchos maestros del área de la bahía sobre el tarot y campos relacionados como la cábala, la interpretación junguiana de los sueños, la visualización y el desarrollo psíquico.

Este libro surgió de mi creación de un programa de finalización de estudios universitarios para que los adultos trabajadores pudieran obtener créditos por su experiencia de vida. Incluí un componente de escritura de diario para documentar su aprendizaje y también enseñé talleres de escritura de diario. Fue entonces cuando me enfrenté a un enigma que me había intrigado desde hacía mucho tiempo: la totalidad de los libros disponibles hasta entonces decían que no se debía leer el tarot para uno mismo, ¡pero todo el mundo admitió con reticencia que lo hacía cuando le pregunté! Había descubierto el secreto mejor guardado del tarot, un tabú muy arraigado del que todos alardeaban. Leer las cartas del tarot para uno mismo era algo único que podía ofrecer al recientemente saturado campo de los libros de tarot.

Escribí *El tarot, un viaje interior* entre México y San Francisco de 1980 a 1983 y se publicó en 1984. Escribí gran parte de él con uno de los primeros ordenadores caseros IBM con un disquete de ocho pulgadas que compartía con un vecino. Por aquel entonces no había Internet, pero di muchas clases de tarot, así que los ejercicios y fichas de trabajo fueron bien evaluados y continuamente revisados a través de las respuestas de los estudiantes a mis apuntes.

De la escritura del diario, los procesos de desarrollo personal y los mapas de vida surgieron formas de organizar y entender la historia de cada uno, así como de superar los obstáculos y crear un recorrido ilustrado hacia el futuro deseado. Como directora de asesoramiento en el New College of California, trabajando con estudiantes adultos que a menudo se encontraban en mitad de un cambio de carrera, tuve amplias oportunidades de ver los resultados de tales procesos de revisión y planificación vital.

En 1989 dejé San Francisco por un pequeño pueblo en la falda de la sierra, para dedicarme a escribir libros y a vivir el tarot. En los últimos años he dirigido viajes sagrados a Egipto y a las islas británicas, en los que empleamos el tarot para obtener conocimientos sobre el pasado ancestral y nuestros propios caminos presentes y futuros. Soy una oradora destacada en casi todas las grandes conferencias de tarot y he enseñado y leído el tarot a cientos de miles de personas en todo Estados Unidos y en más de una docena de países. Me conecto con muchos más por medio de Internet: en foros, seminarios web y a través de mi blog.

Mi predicción es que este libro se convertirá en tu preciado compañero y guía para usar el tarot y navegar por las alegrías y dificultades que encuentres a lo largo de tu trayectoria vital.

Prólogo

Han pasado más de veinte años desde que empecé a escribir *El tarot, un viaje interior*. Su título provisional era «Personalizando el tarot», ya que esperaba que usaras este libro para establecer tu propia relación con las cartas y crear los cambios de vida que eligieras para ti. Esto no quiere decir que otros usos del tarot, como el estudio metafísico y la meditación, la adivinación o la investigación histórica, no sean valiosos y dignos... Lo son. Sin embargo, me pareció que ya se habían escrito muchos libros sobre estos temas. Por otra parte, había un área rica de experimentación y práctica sobre la que se escribía poco, simplemente porque todos los libros decían que nunca se debía leer el tarot para uno mismo. Era hora de sacar esto a la luz y compartir lo que mis estudiantes, amigos y yo estábamos descubriendo. Desde entonces, mucha gente me ha dicho que escribí el libro que les hubiera gustado escribir. Un libro que comenzó con los apuntes de clase y mis propios diarios. Si llevas un diario, como recomiendo aquí, algún día descubrirás que has escrito tu propio libro.

He visto en infinidad de sitios ejemplares de *El tarot, un viaje interior* con portadas y marcadores personalizados, y otros en carpetas de anillas para poder añadirles fotos y páginas de diario. Los que han escrito en su libro desde el principio afirman que este se convierte en una especie de cofre del tesoro, que recoge sus propias ideas, su crecimiento y su desarrollo, y les brinda una nueva comprensión cada vez que releen lo que escribieron. Te aconsejan que no te preocupes por ser un poco simple o escribir tonterías —solo tienes que plasmar lo que te surja—; puede que no entiendas su significado hasta que pase un tiempo.

Si tuviera que enfatizar un solo aspecto, sería que existen muchas reglas, pero que las reglas están hechas para infringirlas. *Tabú* viene de una palabra polinesia que significa 'sagrado' o 'santo' en lugar de simplemente 'prohibido'. Esto sugiere que hay un gran poder disponible, pero que lo tabú debe abordarse del modo adecuado, con respeto y conciencia. A la hora de emplear este libro, considero conveniente adoptar una actitud de juego sagrado, ya que, al fin y al cabo, el tarot comenzó siendo un juego. Cuando trabajes con este libro, si no estás seguro de estar haciendo algo bien, haz lo que tenga sentido para ti, y luego evalúa los resultados. Guarda tus cartas en cualquier envoltorio que elijas. Baraja de la manera que te resulte más cómoda. Haz una tirada. Las reglas son como las recetas de un libro de cocina: hay que seguirlas al pie de la letra cuando pruebas algo por primera vez, y luego modificarlas para que se ajusten a tu gusto o a los ingredientes disponibles. Cuando empieces a trabajar en los reinos mágicos tal vez te convenga tener más cuidado, pero siéntete libre de jugar con el material de este libro.

De ninguna manera abogo por tirar todos los demás libros de tarot y limitarte a improvisar sobre la marcha, como debería quedar claro por mi bibliografía. Pero hay muchas maneras de aprender o de usar el tarot. Creo que este libro ha llenado un vacío significativo dentro de lo que se había escrito. Por supuesto, procura ampliar tu conocimiento del tarot aprendiendo lo que el creador de una baraja tiene que decir sobre ella e investiga todo lo que puedas acerca de la historia del tarot (un tema fascinante que desarrollamos en el apéndice B). Con el tiempo, tal vez descubras que todo lo que estudias puede estar relacionado con el tarot. Cuando leo acerca de casi cualquier tema, tomo notas en «lengua tarotística». Al anotar una carta relevante de los Arcanos Mayores en los márgenes junto a una idea importante, soy capaz de reunir ideas de diversas partes de una obra, o de diferentes obras, y de esta manera hacer descubrimientos emocionantes.

Esta edición revisada contiene todo lo del original con algunas aclaraciones y correcciones, y un capítulo de historia reescrito. También he añadido varias tablas útiles, material sobre lo que llamo la «carta del factor oculto (sombra)» y consejos sobre cómo leer las inversiones. El apéndice A contiene ahora los significados invertidos de las setenta y ocho cartas y las interpretaciones ampliadas de las cartas numéricas de los Arcanos Menores. He incluido más trabajos en la bibliografía y actualizado las referencias y recursos.

A principios de los años ochenta todavía quería creer que los orígenes del tarot eran ancestrales, misteriosos y ocultos, aunque no creía realmente en los mitos sobre Egipto y los gitanos. La erudición histórica de Michael Dummett, Thierry DePaulis, Ron Decker, Stuart Kaplan y Robert O'Neill, entre otros, ha demostrado ampliamente que el tarot fue, con toda probabilidad, inventado en el norte de Italia en la primera mitad del siglo XV, como expongo en el apéndice B. Quiero agradecer especialmente a Robert O'Neill, Tom Tadfor Little y James Revak por sus comentarios, aunque no son responsables de los resultados, ni de mis errores u opiniones.

Las correspondencias con la astrología, las letras hebreas y el Árbol de la Vida cabalístico son las de la Orden Hermética de la Aurora Dorada (fundada en 1888). Como los creadores de las barajas más influyentes del siglo XX (las barajas Rider-Waite-Smith y Crowley-Harris [Thoth]) fueron miembros de esa orden, estas asociaciones se han vuelto corrientes en el mundo anglosajón. Hay muchas otras series de correspondencia, entre ellas las avanzadas por Eliphas Lévi (el modelo del Tarot de Marsella) y C. C. Zain (Hermandad de la Luz), y constantemente se proponen otras nuevas. Por favor, no dudes en sustituirlas por el sistema que prefieras en el texto. Haz tuyo este libro.

Para todos aquellos que se preguntan por mi hija Casimira, que aparece en los ejemplos de esta obra, mientras escribo está completando su último año en la Universidad de New Hampshire con un período en el extranjero en Australia. Le ha ido bien, a pesar de las largas horas que he pasado escribiendo libros. Dice que no cree en el tarot, pero no es reacia a mirar las cartas cuando hay que tomar una decisión difícil.

Mi bendición para todas tus lecturas de tarot.

Mary K. Greer,
Ciudad de Nevada, California,
4 de septiembre de 2001

El Tarot,
un viaje interior

DE LA BARAJA RIDER-WAITE-SMITH, publicada originalmente en 1910: las ilustraciones fueron realizadas por la escenógrafa Pamela Colman Smith bajo la dirección del ocultista Arthur Edward Waite. Las cartas de los Arcanos Mayores están dispuestas en tres filas de siete cartas cada una con el Loco (carta cero) colocada sobre las otras. Las primeras siete cartas representan el cuerpo; las segundas siete, la mente, y las terceras, el espíritu. Si se suma un número de la fila inferior al número de la fila superior que está directamente encima de ella y luego se divide ese número por dos, se obtiene el número de la carta entre ellos. El número 11 es la media aritmética de todas las cartas diametralmente opuestas como el 1 y el 21, el 8 y el 14, etc. Según Paul Foster Case, la fila superior se refiere a poderes y potencias; la fila del medio a leyes o acciones, y la inferior a condiciones o efectos. Así se puede decir que la potencia de la carta 1 trabaja a través de la acción de la carta 8 para modificar los efectos de la carta 15, y así sucesivamente.

Introducción

Ahora podemos ver el uso real de la baraja del tarot. Consiste en en-
señarnos a vivir y manejar nuestras vidas. Las cartas son los símbolos
de intercambio entre la vida interior y exterior [...].
En conjunto, los tarots son la colección más valiosa de moneda psico-
física convertible en cualquiera de las dos dimensiones.
—Wm. B. Gray, *Magical Ritual Methods*

El enfoque tradicional del tarot, en todos los niveles de conocimiento, es leer las cartas para los demás o meditar sobre sus símbolos. Sin
embargo, todo practicante de tarot lee también las cartas para sí mismo. Esta práctica tan extendida expresa una necesidad básica de autoconocimiento que solo el tarot puede satisfacer. *El tarot, un viaje inte-*
rior es el primer libro que se centra directamente en este uso personal
del tarot y proporciona, a través del formato de manual de ejercicios,
un lugar para que mantengas un registro de tu proceso.

Esta obra es una herramienta para conocerte a ti mismo. Está
diseñada para enseñar de verdad el tarot, en lugar de limitarse a ex-
plicarlo, y como un recurso práctico para ayudarte a aplicar las cartas
a tus situaciones de la vida real.

Su intención es servir tanto a los estudiantes principiantes como
a los practicantes avanzados, introduciendo una variedad de enfoques del tarot. Estos incluyen herramientas como meditaciones, rituales, tiradas, mandalas, visualizaciones, diálogos, diagramas, astrología, numerología y afirmaciones, todos dirigidos a una mayor
autoexploración. Examinando tu pasado, presente y potencial futuro,

aprenderás a tratar más eficazmente tus problemas, a reconocer tus elecciones y a clarificar tus objetivos. Para comenzar este camino hacia el autoconocimiento solo necesitas este libro, un mazo de tarot de cualquier diseño y un lápiz.

¿Qué es el tarot?

El tarot actual es un sistema psicológico y filosófico oculto de Occidente, y al mismo tiempo, un juego de naipes. Consiste en setenta y ocho cartas divididas en lo que se ha llamado el arcano mayor y el menor. Las veintidós cartas del arcano mayor representan en símbolos arquetípicos el viaje del ser humano a través de la vida, un viaje que Carl Jung imaginó como el proceso de individuación. Las cincuenta y seis cartas restantes consisten en dieciséis cartas de la corte y cuarenta «puntos» o cartas numéricas. Están divididas en cuatro palos: bastos, copas, espadas y pentáculos, que en una baraja de cartas francesa equivalen a tréboles, corazones, picas y rombos respectivamente. Cada palo tiene cuatro cartas de la corte: rey, reina, caballero y paje (o princesa), y otras numeradas desde el as hasta el diez.

Debido a que el tarot se basa en el lenguaje universal del simbolismo, su influencia se ha extendido a lo largo de varios siglos por todo el mundo, sin restricciones de barreras lingüísticas o semánticas. Y, como el simbolismo es también el lenguaje del inconsciente, el uso del tarot tiende a activar la mente intuitiva, o centro del hemisferio derecho. Debido a esto, las cartas han sido, desde el siglo XVIII, más comúnmente usadas para la adivinación «psíquica» a través de diversas tiradas; una de las más populares es la cruz celta.

La manera de realizar una lectura consiste en barajar el mazo, seleccionar las cartas, disponerlas en un patrón o disposición particular e interpretar el significado de todo el cuadro simbólico en relación con tu pregunta o las influencias actuales en tu vida.

Pero el trabajo con el tarot no debe limitarse a la elección aleatoria de las cartas. Cada una de ellas, especialmente entre los veintidós Arcanos Mayores, encarna todo un texto filosófico y psicológico, y se puede escoger como tema de meditación o visualización.

Un viaje interior

Ante la dificultad de ser objetivo sobre los propios problemas, la mayoría de los libros de tarot sugieren formas de leer para los demás, pero desaconsejan la lectura para uno mismo. Señalan la tendencia a leer tus propios deseos y miedos en las cartas; y como la mayoría de las tiradas no están diseñadas para ofrecer nuevas opciones o elecciones de acción, el lector se queda con una sensación de impotencia.

El tarot ha de ser abordado no solo como un medio de adivinación, sino como una herramienta potencialmente dinámica para el crecimiento y la transformación personal. He escrito este libro para compartir contigo métodos surgidos de mis propias experiencias personales y de las de mis estudiantes. Está dedicado a hacer del uso del tarot para uno mismo una aventura formidable y reveladora.

Antes de empezar, aquí tienes varias formas de evitar las dificultades y conflictos habituales de la lectura para ti mismo:

1. ¡No hace falta que interpretes las cartas! Haz la lectura como parte de un diario y simplemente observa cómo las cartas se relacionan con lo que has escrito.
2. Graba tus lecturas y explícalo todo en voz alta, como si estuvieras leyendo para otra persona.
3. Dedícale tiempo a cada lectura. Enfócala desde varios puntos de vista diferentes. Una vez efectuada la tirada, deja las cartas en tu escritorio para mirarlas.
4. Si hay una carta que te resulta particularmente confusa o desagradable, familiarízate con ella por medio de la meditación o la visualización.
5. Pídele ayuda a un amigo. Intercambiad lecturas en las que cada uno lea sus propias cartas, pero que ofrezca comentarios y retroalimentación al otro.
6. Utiliza el tarot para otros propósitos aparte de las lecturas, como la creación de mandalas o historias, o sencillamente para describir situaciones utilizando el simbolismo de las cartas.

¿Qué baraja elegir?

Dado que trabajar con el tarot implica relacionarse con los símbolos, es importante elegir un mazo que te inspire confianza y con el que te sientas a gusto. *Para sacar el máximo provecho de los ejercicios de este libro, necesitarás tener imágenes en todas las cartas*, aunque muchas barajas europeas utilizan diseños abstractos (similares a las cartas modernas) en los Arcanos Menores. Cualquiera de los siguientes mazos de tarot sería adecuado para su uso con esta obra, aunque esta selección no hace justicia a la inmensa variedad que existe. Desde que se escribió por primera vez este libro a principios de los ochenta, se han publicado cientos de nuevos tarots y cada año aparecen docenas más. Puedes probar estos ejercicios con diferentes barajas e incluso comparar los resultados de una lectura con varias clases de ellas.

Los siguientes mazos son únicamente una pequeña muestra de los que hay disponibles. Por ejemplo, solo he mencionado unas cuantas de las numerosas «barajas culturales» basadas en las mitologías del mundo.

BARAJA	COMENTARIOS
ACUARIANA	*Art decó* de los sesenta.
ALQUÍMICA	Basada en la alquimia del siglo XVII.
BÉISBOL	Excelente uso de la metáfora del béisbol.
BRUJAS	Neopagana, cabalista.
BÚSQUEDA DE VISIÓN	Nativos norteamericanos.
CONNELLY	Modifica las imágenes tradicionales que a Connelly le parecían demasiado pavorosas.
ENCANTADA	Mágica, arte textil.
ESPIRAL	Imágenes ornamentadas, cabalísticas, metafísicas.
GENDRON	Gráficos por ordenador.
HALLOWEEN	Lúdica.
HANSON-ROBERTS	Baraja RWS redibujada, dulcificada, estilo cuento de hadas.
HUDES	Renacimiento, cartógrafos.
LEYENDA	Artúrica, mito del grial.
MÍTICA	Basada en la mitología griega.
MORGAN-GREER	Primeros planos de colores brillantes, estilo retrato.
NEFERTARI	Egipcia, fondos dorados en relieve.

BARAJA	COMENTARIOS
NEW PALLADINI	Del ilustrador de la baraja Acuariana.
RIDER-WAITE-SMITH (RWS)	Publicada en 1910. La primera baraja en la que todos los Arcanos Menores contenían imágenes. Concebida por Arthur Edward Waite, ilustrada por Pamela Colman Smith y basada en la Orden de la Aurora Dorada, ha influido en la mayoría de las barajas posteriores.
ROBIN WOOD	Neopagana, *wiccana*.
ROSA SAGRADA	Bizantina, inspirada en las vidrieras.
ROYAL FEZ MOROCCAN	Una mirada del siglo XII.
SENDA ANCESTRAL	Multicultural.
SHAPE-SHIFTER (TAROT CHAMÁNICO)	Fusión chamánica de animales y seres humanos.
THOTH	Acabada en 1945. Concebida por Aleister Crowley e ilustrada por Frieda Harris. Correspondencias de la Aurora Dorada.
UNIVERSAL WAITE	Recoloración de la baraja de RWS.
WILLIAM BLAKE	Basada en las ilustraciones y las ideas de Blake.
XULTUN	Basada en los mayas.

Las siguientes barajas tienen influencias que combinan a Thoth y a RWS:

BARAJA	COMENTARIOS
CÍRCULO SAGRADO	Lugares sagrados celtas.
ESPÍRITU MUNDIAL	Multicultural, chamánica.
LIGHT AND SHADOW	Dorso elegante y cortes de color linóleo blanco.
MOTHERPEACE	Redonda, feminista.
NIGEL JACKSON	Pagana. Aire y fuego.
TRIBU CÓSMICA	*Collage* de fotos modificado por ordenador.
VOYAGER	*Collage* de fotos.

Las siguientes barajas merecen una clase aparte:

BARAJA	COMENTARIOS
MERRYDAY	Hadas, duendes y magos modernos.
OSHO ZEN	Influencia budista.

BARAJA	COMENTARIOS
RUEDA DEL CAMBIO	Pagana del campo. No hay figuras humanas en las cartas de número.
SABIDURÍA CELTA	Mito celta.
SHINING TRIBE	Chamánica, con base en la tierra.

CLÁSICOS EUROPEOS:

Marsella, Italiana, Clásica, Antigua, Minchiate y la mayoría de las barajas de estilo egipcio tienen diseños simples de palos. Aunque son maravillosas para leer, generalmente hace falta memorizar los significados de las cartas en lugar de aplicar las técnicas de lectura que se enseñan en este libro.

He usado los mazos Rider-Waite-Smith y Crowley-Harris (Thoth) como mis referentes básicos para escribir el texto y en todas las correspondencias entre el tarot, la astrología, la numerología, las letras hebreas, etc., como se resume en el apéndice C.

Pensamiento racional e intuitivo

Todos estamos familiarizados con el pensamiento racional-lógico. Es la forma de pensar que nos enseñaron en la escuela, y la que la sociedad nos anima a emplear a lo largo de nuestras vidas. El pensamiento intuitivo se basa en la «perspicacia», la aceptación de una armonía innata en el universo y una conexión significativa entre el pasado, el presente y el futuro, entre nosotros y todo lo que existe.

Los ejercicios de este libro alentarán el uso de tus habilidades intuitivas de una manera sistemática. El formato del libro de actividades proporciona un espacio para registrar tu progreso en el camino mediante la autoevaluación, un proceso que puede continuarse de manera creativa y espontánea a lo largo de tu vida. Tus herramientas son los símbolos visuales del tarot, que trascienden las limitaciones del pensamiento verbal. Juntos, facilitarán el uso del pensamiento intuitivo y analítico de una manera equilibrada y armoniosa.

Cómo usar este libro

Tanto si eres un principiante como si estás en un nivel más avanzado, te beneficiará trabajar en el libro capítulo por capítulo.

Experimentarás los efectos acumulativos de la forma en que los ejercicios han sido organizados para generar la confianza y la experiencia necesarias para usar el tarot para ti mismo y para los demás.

Ten siempre presente que esto es un cuaderno de actividades: no te limites a leerlas, *hazlas* y anota tus resultados. Es especialmente importante que hagas los ejercicios iniciales de forma espontánea, sin buscar lo que significan las cartas, sino descubriendo el significado único que tienen para ti y confiando en tus elecciones. Una vez que hayas establecido tu propia relación con los símbolos, podrás empezar a ampliar tu conocimiento de estos utilizando las interpretaciones del apéndice A. Allí encontrarás preguntas clave que señalan los propósitos específicos de las cartas en tus tiradas y afirmaciones para programar las más altas cualidades de cada carta en tus patrones de pensamiento.

Utiliza este libro como un diario, un lugar para registrar no solo los resultados de los ejercicios, sino también tu propio crecimiento personal: las revelaciones, pensamientos y experiencias que se producen como resultado de tu trabajo y tus meditaciones. Como en cualquier diario, asegúrate de fechar tus ejercicios y anotaciones: mes, día y año.

Es importante en todo momento ser desinhibido y espontáneo al escribir.

No tienes que mostrar tu trabajo a nadie a menos que lo desees.

Puedes fotocopiar las hojas de ejercicios para tu uso personal. Consulta la sección «Tablas» en el índice de materias para ver las que te resultarán más útiles. Sin embargo, los formatos de estas fichas de ejercicios están pensados para ser sugestivos, no prescriptivos, y deberías sentirte libre de escribir en ellas de la forma que desees, o en otras hojas.

Desarrollar la intuición

Dado que uno de los principales propósitos de este libro es ayudarte a desarrollar el conocimiento de tu intuición y de cómo funciona, aquí tienes algunas sugerencias con las que abordar los ejercicios:

1. Escribe siempre tus impresiones e imágenes de forma espontánea. Anota incluso aquellas ideas que has empezado a rechazar; ¡no censures tus pensamientos!
2. Sé libre, abierto y expresivo. No te preocupes por la ortografía y la puntuación. La crítica y la edición tienen su lugar en la escritura formal, pero no en este libro.
3. Si escribes algo que en ese momento parece equivocado, táchalo con una sola línea, para que siga siendo legible. Quizá más tarde veas esas palabras bajo una luz diferente.
4. Si eres diestro, intenta escribir con la izquierda (o viceversa). Aunque parezca incómodo al principio, puede liberarte de los patrones rígidos de expresión.
5. Si te quedas bloqueado, escribe la última palabra una y otra vez hasta que aparezca un nuevo pensamiento. Aparecerá.
6. Fantasea. Miente. Busca lo increíble, lo inusual. ¿A qué reinos no explorados y sorpresas puede llevarte la mente?

Si la escritura no te agrada o no es lo tuyo, trata de grabar tus impresiones, usando las mismas reglas de arriba, o cuéntaselas a un compañero. Puedes incluso representar la mayoría de estos ejercicios, o encontrar algún otro medio de expresión artística. Lo importante es expresar y objetivar tu conciencia intuitiva para que al conocer tus patrones de comportamiento seas libre de cambiarlos.

Las fotografías e ilustraciones

Al principio de cada capítulo hay una fotografía o ilustración de las cartas del tarot dispuestas en un patrón que puede ayudar a entender sus relaciones, interconexiones y significados más profundos. Sus enseñanzas son desveladas principalmente por la intuición a través de la contemplación de los patrones.

Meditando sobre las interrelaciones visuales de las cartas como se explica en las notas que las acompañan conocerás mejor la estructura del tarot y la de tu propia psique. Algunos autores han analizado las percepciones que obtuvieron a través de patrones particulares, y en las lecturas sugeridas he tratado de remitirte a esas fuentes. Pero, como indica el término *meditación*, el significado de cada patrón se divulga de forma personal e individual, nunca se aprehende completamente a través de medios verbales. Los he incluido aquí en este libro como una indicación de una posible dirección adicional para tus estudios.

Ejemplo de ejercicio

Detente ahora mismo, toma un bolígrafo o lápiz y escribe «Rosa» en el espacio que sigue a este párrafo. Durante cinco minutos escribe cada pensamiento que se te ocurra mientras reflexionas sobre las rosas. Utiliza la asociación de palabras, los recuerdos y tus impresiones sensoriales. Escribe lo más rápido posible. Incluye pensamientos como: «Esto es una tontería. De todas formas, no me gustan nada las rosas; ¿qué utilidad tiene hacer este ejercicio?». Todos los pensamientos son importantes y hay que plasmarlos. Si se te vienen a la mente imágenes, recréalas utilizando pocas palabras. Por ejemplo:

> *«Rosa roja, rosa roja. Las espinas duelen. El olor abruma. Rojo sangre y dedos desgarrados pero no puedo evitar robar la rosa del vecino. Mira cómo los pétalos florecen, y luego caen como sangre seca».*

Este ejemplo nunca ganaría un concurso literario, pero no se trata de eso. Es bueno utilizar el humor para empezar. Piensa en las asociaciones más absurdas que se te ocurran, permítete ser sarcástico o escribir ideas descabelladas; después de todo, eres el Loco que comienza un nuevo viaje...

En la mayoría de los mazos de tarot las rosas aparecen con frecuencia. Cuando hayas completado tu ejercicio de escritura intuitiva, *pero no antes*, observa la forma en que se ha utilizado la rosa en tus cartas. ¿Alguno de los pensamientos que has escrito te da una idea de por qué la rosa podría haber aparecido en una determinada carta?

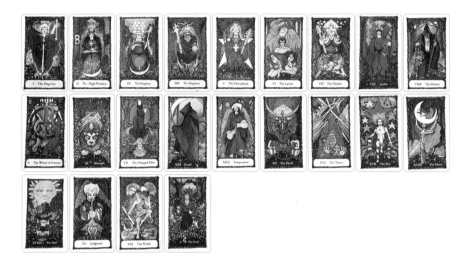

DEL TAROT DE LA ROSA SAGRADA, diseñado por Johanna Sherman y publicado por primera vez en 1982 por U. S. Games Systems, Inc. Aquí los Arcanos Mayores están dispuestos en tres filas horizontales. Cualquier carta de abajo se reducirá, sumando los dígitos, al número de la fila superior que está directamente encima de ella; por ejemplo, 16 = 1 + 6 = 7. La diferencia entre el número más alto y el más bajo es siempre nueve, como en 7 + 9 = 16. Según Richard Roberts, el arquetipo de cada número se eleva así a otro nivel por la suma de nueve (el Ermitaño o Buscador). En su libro Tarot Revelations, Roberts explora motivos comunes en cada serie vertical, como el motivo de juicio en las cartas 2, 11 y 20, y lo que sucede cuando se añade cada carta a las siguientes.

Capítulo 1

onociendo las cartas

ROTA TARO ORAT TORA ATOR
La rueda del tarot habla la ley de Hathor.

Tomar la decisión de trabajar con el tarot es como embarcarse en una larga travesía, un viaje interior que no puede tomarse a la ligera. Se trata de una disciplina cuyos orígenes son antiguos y oscuros. La palabra *tarot* ha sido asociada con el «camino real de la vida» egipcio, y el anagrama *rota*, que en latín significa 'rueda', sugiere el medio de avanzar por ese camino.

También se la ha llamado mapa o llave. Los arcanos mayor y menor en los que se divide la baraja son «arcas» o recipientes que, según el *American Heritage Dictionary*, «guardan el gran secreto de la naturaleza que buscaban los alquimistas», el conocimiento oculto del ser. Estos arcanos son las llaves que abren el recipiente del ser.

Paul Foster Case imaginó las llaves de los Arcanos Mayores como las creadoras de las dimensiones estructurales de un cubo espacial: los cimientos de nuestro universo. En el centro de este cubo hay una cruz, similar a la rosacruz que aparece en la parte posterior de la baraja de Crowley-Harris (Thoth).

Los ocultistas franceses Eliphas Lévi y Gerard Encausse (Papus) contemplaban el Árbol de

La rosacruz

la Vida como un paisaje de tarot viviente, cuyo mapa detallado se encuentra en la obra de Gareth Knight *Guía práctica del simbolismo cabalístico*.

La Rueda de la Fortuna

Como en la cita al principio de este capítulo, *rota* da al tarot su definición de «rueda», un centro de energía giratorio que Charles Williams, en su novela *The Greater Trumps* [Los mayores triunfos], describió como la danza de la vida. Si pudieras seguir las complejidades de esta danza serías uno con el Loco, el centro inmóvil de la danza.

El tarot también representa la Torá, que se traduce del hebreo como 'la ley'. Los primeros cinco libros del testamento judío también se llaman la Torá. El tarot como libro de «torá» es el libro de la ley que la Suma Sacerdotisa sostiene en su regazo, representando la ley, que solo puede ser conocida por intuición, mediante la experiencia personal. Ella es el oráculo o sibila, una sacerdotisa de Hathor, la diosa egipcia de la tierra que precede a Isis. El tocado con cuernos de esta diosa con cabeza de vaca marca las lunas creciente, llena y menguante; el ciclo o rueda de la creación, la medida básica de tiempo utilizada en todas las civilizaciones.

El Loco

En este capítulo aprenderás a explorar las cartas de forma intuitiva y a abrirte a tus propias impresiones de ellas, aprendiendo lo que significan para ti. Aprenderás lo que ya sabes de ellas. Prepárate para sorprenderte de tus percepciones. ¡Sabes más de lo que crees!

La Suma Sacerdotisa

Dentro de varios años, lo que hayas escrito en este libro será un importante recordatorio de quién eras cuando empezaste tu viaje de autodescubrimiento; así que ten siempre a mano un bolígrafo o lápiz para registrar los pensamientos y percepciones que surjan mientras trabajas con los diversos diseños y ejercicios. A medida que leas las preguntas que siguen, anota tu primera respuesta; cáptala y escríbela, espontáneamente y sin juzgarla.

¿Qué es el tarot? (Escribe tu propia definición como si se la estuvieras explicando a un amigo).

¿Cuál crees que es el propósito de las cartas del tarot?

¿Qué quieres aprender del tarot?

¿Qué esperas conseguir con este libro?

Fecha: _____

Perfil del tarot
Símbolos personales del tarot para la guía e inspiración

La antropóloga y profesora de tarot Ángeles Arrien, nacida en el País Vasco (España), enseña un método para determinar qué cartas de los Arcanos Mayores pueden emplearse como cartas individuales de tu vida. En cierto modo, son similares a los signos solares astrológicos. Es una forma ideal de establecer tu propia relación personal con estos antiguos símbolos arquetípicos: un modo de descubrir cómo el tarot puede ayudarte a obtener una visión personal del significado y el propósito de tu viaje individual.

Las cartas de la personalidad y el alma

Utilizando tu fecha de nacimiento puedes calcular numerológicamente tus cartas de la personalidad y el alma. La primera indica lo que has venido a aprender en esta vida en particular. La carta del alma muestra el propósito de tu alma a través de todas tus vidas.

Para determinar estas dos cartas se suman el mes, el día y el año de nacimiento de la siguiente manera:

Ejemplo:

$$14 \text{ de octubre de } 1947 = \begin{array}{r} 14 \\ 10 \\ + 1947 \\ \hline 1971 \end{array}$$

La Luna

Luego se suma cada dígito del número resultante:

$$1 + 9 + 7 + 1 = 18$$

Quédate con cualquier número del 1 al 22. El número resultante es el número de la personalidad, que en este caso corresponde a la carta 18 de los Arcanos Mayores: la Luna.

Entonces sumas $1 + 8 = 9$. Este es tu número del alma, que en este caso se corresponde con la novena carta de los Arcanos Mayores: el Ermitaño. Tu número del alma debe estar entre 1 y 9.

El Ermitaño

En algunos casos el número sumará más de 22. Como solo hay veintidós cartas de Arcanos Mayores, reduce el número a 22 o menos.

Ejemplo:

$$4 \text{ de febrero de } 1980 = \begin{array}{r} 4 \\ 2 \\ + 1980 \\ \hline 1986 \end{array}$$

Los Amantes

1 + 9 + 8 + 6 = 24 / 2 + 4 = 6. En este caso el número 6 (los Amantes) es *tanto* tu número de la personalidad como del Alma. En esta vida estás trabajando específicamente en el propósito de tu alma. Esto te hace más centrado y orientado.

Hay un caso en el que pueden aparecer más de dos cartas. Si tu primer número es el 19, tendrás tres.

Ejemplo:

16 de noviembre de 1954 =   16
                             11
                           + 1954
1981 = 19 = 1 + 9 = 10 = 1 + 0 = 1

| El Sol | La Rueda de la Fortuna | El Mago |

Este es un camino especialmente creativo en el que las tres cartas operan a la vez como cartas de la personalidad *y* del alma. Quienes tienen esta secuencia *deben* aprender a comunicar sus expresiones creativas individuales. Su identidad personal y su sentido de sí mismos se combinarán inextricablemente con el propósito de su vida y de su alma. Su capacidad para relacionarse con los demás dependerá de que tengan una armonía de visión y propósito con ellos.

Si tu fecha de nacimiento suma 22, tienes un número de gran impulsividad y misterio, una fina línea que hay que equilibrar. El 22 representa el 0 (el Loco) y se reduce a 4 (el Emperador). Aunque puedes considerar el 4 (el Emperador) como tu carta del alma y 22/0 (el Loco) como tu carta de la personalidad (especialmente cuando calculas tus cartas de lecciones numerológicas y oportunidades), creo que en la práctica funcionan como una unidad.

Calcula tus propias cartas de la personalidad y del alma como se indica a continuación:

Añade:

El Emperador

El mes en que nací: _____
El día en que nací: _____
El año en que nací: _____
Igual a: _____
Suma cada dígito: ____ + ____ + ____ + ____ = ____

El Loco

Si tienes una respuesta de dos dígitos, vuelve a sumar:

____ + ____ = ____

Mi número de personalidad es _____ (el más alto de los dos números que has recibido, pero 22 o menos). La carta de los Arcanos Mayores correspondiente a este número es _____

Mi número del alma es _____ (el número de un solo dígito en su reducción final). La carta de los Arcanos Mayores correspondiente a este número es _____ (anota las excepciones como se explica anteriormente).

Tu carta del factor oculto

Además de los números obtenidos directamente a través de la suma y la reducción, a menudo hay otro concepto de número y carta relacionado indirectamente con tu fecha de nacimiento, que yo llamo tu carta del factor oculto. La tabla de la página 50 te ayudará a determinar este número.

Constelaciones del tarot

Una «constelación del tarot» consiste en todas las cartas con el mismo número primo (del 1 al 9), así como todas las demás cartas de los Arcanos Mayores cuyos números se reducen a ese número primo.

Sus energías se constelan, o se juntan, basándose en principios similares; es decir, en esencias vibratorias de calidad similar.

Recordemos la fecha de nacimiento del 4 de febrero de 1980
usado como ejemplo. Ambas cartas de la personalidad y el alma son
los Amantes (6). Ahora mira la tabla de patrones de destino personal
(página 50) y observa que hay otro número de Arcanos Mayores
en esta constelación: 15. Como esta persona no obtuvo un 15 en los
cálculos, es un aspecto oculto de la esencia vibratoria de nacimiento.
Esta es la carta del factor oculto: el Diablo (15). Todos los 6 de los
Arcanos Menores también pertenecen a esta constelación, que es la
constelación de la relación y la elección.

Si tu fecha de nacimiento suma 21, entonces el Mundo es tu
carta de la personalidad, la Emperatriz (3) es tu carta del alma y el
Colgado (12) es tu carta del factor oculto. Si tu fecha de nacimiento
suma directamente un 3, la Emperatriz es tu carta de la personalidad
y del alma, y el Mundo y el Ahorcado son tus cartas de factor oculto.

Las cartas nocturnas

Si tu fecha de nacimiento suma un 14, 15, 16, 17 o 18, no tendrás ninguna carta del factor oculto. Sin embargo, estos números son
lo que se puede llamar las «cartas de la noche». El sol se pone con la
Templanza (14) y después de la Luna (18) sale como el Sol. Los aspectos de la sombra son por lo tanto una parte integral de la personalidad de aquellos cuya fecha de nacimiento coincide con una carta
nocturna, pero con un elemento añadido de naturalidad, confianza o
fascinación respecto a la sombra en sus vidas.

El factor oculto como carta de la sombra

Tu carta del factor oculto indica aspectos de ti mismo que temes,
rechazas o no ves, por lo que también puede ser llamada carta de la
sombra. La sombra, un término usado y definido por Carl Jung, se
refiere a partes desconocidas o poco reconocidas de la personalidad.
Estos son aspectos de ti mismo que rechazas, y por lo tanto no puedes
ver directamente. Sin embargo, permanecerás sensible a estas cualidades y por ello tenderás a verlas en los demás a través del mecanismo
psicológico de la «proyección».

PATRONES DE DESTINO PERSONAL

Patrones de la carta de la personalidad y alma	Cartas del factor oculto (maestras)	Cartas de Arcanos Menores	Constelación de	Principio de
1-1 10-1 19-10-1	10 y 19 19 10 (Maestra)	10 y 1	El Mago (Sol, Rueda de la Fortuna, Mago).	Voluntad y conciencia enfocada.
2-2 11-2 20-2	11 y 20 20 11	2	La Suma Sacerdotisa (Juicio, Justicia, Suma Sacerdotisa).	Juicio equilibrado a través de la conciencia intuitiva.
3-3 12-3 21-3	12 y 21 21 12	3	La Emperatriz (Mundo, Colgado, Emperatriz).	Amor e imaginación creativa.
4-4 13-4 22-4	13 y 22 22 13	4	El Emperador (Loco, Muerte, Emperador).	Fuerza vital y realización del poder.
5-5 14-5	14 *	5	El Papa (Templanza, Hierofante).	Enseñanza y aprendizaje.
6-6 15-6	15 *	6	Los Amantes (Demonio, Amantes.	Relación y elección.
7-7 16-7	16 *	7	El Carro (Torre, Carro).	Dominio a través del cambio.
8-8 17-8	17 *	8	La Fuerza (Estrella, Fuerza).	Valor y autoestima.
9-9 18-9	18 *	9	El Ermitaño (Luna, Ermitaño).	Introspección e integridad personal.

El factor oculto como carta maestra

La carta del factor oculto tiende a actuar como tu sombra más fuertemente durante tus años de juventud. El planeta Saturno tarda de veintiocho a treinta años en completar un circuito del Zodiaco, es decir, volver a donde estaba en el cielo cuando naciste. Este ciclo aproximado de veintinueve años de Saturno se conoce como «regreso a Saturno». Así, Saturno, que en astrología representa la sombra y que tiene el mismo significado que el factor oculto, ha de enfrentarse a sí mismo cada veintinueve años. Para cuando tengas treinta, probablemente habrás encontrado tus mayores problemas con las sombras. Carl Jung afirmó que la sombra es tu mayor maestro, y que solo conociéndola puedes lograr la individuación.

Con los mayores de treinta años, la carta del factor oculto funciona más obviamente como carta maestra, ya que están listos para trabajar activa y conscientemente con sus principios.

Tu carta del factor oculto se convierte en tu maestra cuando te esfuerzas activamente por desarrollar y comprender sus cualidades en ti mismo y en el mundo que te rodea. Entonces representa tus fortalezas.

Si eres un 19-10-1, no tendrás ninguna carta del factor oculto; en cambio, la Rueda de la Fortuna (10) será tu carta maestra. En este patrón, confías conscientemente en que la vida te brinde las experiencias que necesitas para lograr tu propósito. En el peor de los casos, tenderás a ir a la deriva por la vida, sin que se te rete a usar tus abundantes talentos.

El número de mi carta del factor oculto/carta maestra es/son: _____

La(s) carta(s) de los Arcanos Mayores que corresponden a este o estos números es/son:_____

Nota: Consulta mi libro *Tarot Constellations: Patterns of Personal Destiny* [Constelaciones del tarot: Patrones del destino personal] para descripciones más específicas de tus cartas de vida y de año.

Una vez que hayas identificado estas cartas, es importante averiguar lo que significan para ti. Puedes buscar sus significados en el apéndice A y en otros libros, pero la mejor manera de ponerse en contacto con su significado personal es vivir con ellas. Toma las cartas de la personalidad, del alma y del factor oculto (si procede) de tu mazo de tarot y colócalas en la pared de tu habitación. Identifícate con las imágenes y visualízalas en meditación.

Otro método es preguntar a una de las imágenes de tu carta de la personalidad, alma o factor oculto qué necesitas aprender de ella en esta vida. Escribe la primera respuesta que se te ocurra. Haz más preguntas y escribe tus respuestas impulsivas y sin autocensurarte. Obtendrás diferentes respuestas en diferentes periodos de tu vida, así que vuelve a pasar por este proceso en otro momento. Gradualmente llegarás a entender quién es el Ermitaño, o la Emperatriz, o la Luna para ti.

Haz esto ahora mismo en el espacio indicado antes de seguir adelante. Pasa siete minutos escribiendo sin parar cada pensamiento que cruza por tu cabeza mientras te centras en las imágenes de tu carta. Es posible que experimentes algunos bloqueos o resistencia a continuar más allá del primer comentario que hagas. Es importante seguir escribiendo. Recuerda que el humor a menudo ayuda a romper estos bloqueos y la perseverancia es recompensada con material inesperado y más interesante. Utiliza más papel si es necesario.

Mi carta (marca una) de personalidad [   ], alma [   ] o factor oculto [   ]
es _____   La fecha de hoy _____
Elige una figura específica de la carta para dirigir tu pregunta. He elegido _____

Pregúntale a esta figura: «¿Qué puedes enseñarme sobre lo que necesito aprender en esta vida?».

Puedes llevar un registro de las cartas de la personalidad y del alma de tus familiares y amigos aquí:

Nombre	Fecha de nacimiento	N.º de personalidad y carta	N.º de alma y carta	N.º de factor oculto y carta
_____	_____	_____	_____	_____
_____	_____	_____	_____	_____
_____	_____	_____	_____	_____
_____	_____	_____	_____	_____
_____	_____	_____	_____	_____
_____	_____	_____	_____	_____
_____	_____	_____	_____	_____
_____	_____	_____	_____	_____
_____	_____	_____	_____	_____
_____	_____	_____	_____	_____
_____	_____	_____	_____	_____

Tu carta anual

También tienes una carta anual personal que representa las pruebas, lecciones y experiencias que pasarás este año.

Añade el mes y la fecha de tu nacimiento al año en curso:

Ejemplo:

$$14 \text{ de octubre de } 2011 = \begin{array}{r} 14 \\ 10 \\ + 2011 \\ \hline 2036 \end{array} = 11 \text{ (la Rueda de la Fortuna)}$$

Al determinar la carta anual, siempre se mantiene el número más alto por debajo de 23. (Recuerda, 22 = el Loco). El número resultante corresponde a tu carta anual.

La Rueda de la Fortuna

Añade:
El mes de mi nacimiento: _____
El día de mi nacimiento: _____
El año en curso: _____
Es igual a: _____
Para el año 20 _____ mi número de año es _____, que corresponde con la carta de los Arcanos Mayores _____.

El Ermitaño

Hay dos maneras de establecer cuándo comienza este «año»:

1) El 1 de enero de este año o 2) en tu cumpleaños de este año. En cualquier caso, se trata de un período de doce meses. Creo que ambos sistemas funcionan y los uso simultáneamente. Por ejemplo, la persona nacida el 14 de octubre solo estaría en un año puramente 10 (Rueda de la Fortuna) dos meses y medio durante el intervalo entre su cumpleaños y el final del año. Durante la mayor parte de 2011 el Ermitaño estuvo en activo simultáneamente con la Rueda de la Fortuna. Desde enero de 2012 hasta el 14 de octubre de ese mismo año, la Rueda de la Fortuna interactuó con la Justicia. Cada persona, al cumplir años en un momento determinado del ciclo anual, establece su propio ritmo. En mi caso, he comprobado que el periodo de enero a enero es el de mayor importancia exterior para ayudarme a entender los acontecimientos de mi vida. El ciclo de cumpleaños a cumpleaños parece ser un tiempo de integración durante el cual las nuevas lecciones se convierten en parte de mí. Así que de enero a enero

La Rueda de la Fortuna

La Justicia

experimento circunstancias que exigen que aprenda nuevas formas de reaccionar o directrices. Alrededor de mi cumpleaños empiezo a integrar mi aprendizaje, y durante el ciclo de cumpleaños a cumpleaños estas nuevas lecciones, que producen nuevas acciones, se ensayan y se prueban y así se convierten en una parte natural de mí.

En las listas que vienen a continuación encontrarás otras cartas que tienen importancia para ti. Rellénalas en tu perfil del tarot, en la página 59. Trabaja con cada una en meditación y a través de la escritura intuitiva.

Tu carta del Zodíaco

Para determinar qué carta corresponde a tu signo solar astrológico, revisa la siguiente lista . (Todas las correspondencias astrológicas siguen las de la Orden de la Aurora Dorada, Crowley, Waite, Paul Foster Case, etc. Cámbialas por las tuyas si son diferentes).

ARIES - el Emperador (4)
TAURO - el Papa (5)
GÉMINIS - los Amantes (6)
CÁNCER - el Carro (7)
LEO - la Fuerza/el Deseo (11/8)
VIRGO - el Eremita (9)
LIBRA - la Justicia/el Ajuste (8/11)
ESCORPIO - la Muerte (13)
SAGITARIO - la Templanza/el Arte (14)
CAPRICORNIO - el Diablo (15)
ACUARIO - la Estrella (17)
PISCIS - la Luna (18)
Mi signo solar es _____
Mi carta del Zodíaco es _____

Tus cartas de lecciones numerológicas y oportunidades

Estas son las cuatro cartas de Arcanos Menores (una de cada palo), que tienen el mismo número que tu número del alma. Por ejemplo, si tu número del alma es 3, entonces tus cartas de lecciones y oportunidades son el tres de bastos, el tres de copas, el tres de espadas y el tres de pentáculos. Si eres un 22/4, usa el cuatro. Si eres un 19-10-1, tanto el as como el diez pueden aplicarse.

Mi número del alma es ____. Mis cuatro cartas de lecciones numerológicas y oportunidades son: el ____ de bastos, el ____ de copas, el ____ de espadas y el ____ de pentáculos.

Tus cartas de lecciones y oportunidades zodiacales

Estas son tres cartas de Arcanos Menores que se corresponden con tu signo solar astrológico. Encuentra tu signo solar en la tabla de abajo. Las tres cartas de tarot correspondientes representan tus lecciones y oportunidades zodiacales.

ARIES	21 al 30 de marzo	Dos de bastos
	31 de marzo al 10 de abril	Tres de bastos
	11 al 20 de abril	Cuatro de bastos
TAURO	21 al 30 de abril	Cinco de pentáculos
	1 al 10 de mayo	Seis de pentáculos
	11 al 20 de mayo	Siete de pentáculos
GÉMINIS	21 al 31 de mayo	Ocho de espadas
	1 al 10 de junio	Nueve de espadas
	11 al 20 de junio	Diez de espadas
CÁNCER	21 de junio al 1 de julio	Dos de copas
	2 al 11 de julio	Tres de copas
	12 al 21 de julio	Cuatro de copas
LEO	22 de julio al 1 de agosto	Cinco de bastos
	2 al 11 de agosto	Seis de bastos
	12 al 22 de agosto	Siete de bastos
VIRGO	23 de agosto al 1 de septiembre	Ocho de pentáculos
	2 al 11 de septiembre	Nueve de pentáculos
	12 al 22 de septiembre	Diez de pentáculos

LIBRA	23 de septiembre al 2 de octubre	Dos de espadas
	3 al 12 de octubre	Tres de espadas
	13 al 22 de octubre	Cuatro de espadas
ESCORPIO	23 de octubre al 1 de noviembre	Cinco de copas
	2 al 12 de noviembre	Seis de copas
	13 al 22 de noviembre	Siete de copas
SAGITARIO	23 de noviembre al 2 de diciembre	Ocho de bastos
	3 al 12 de diciembre	Nueve de bastos
	13 al 21 de diciembre	Diez de bastos
CAPRICORNIO	22 al 30 de diciembre	Dos de pentáculos
	31 de diciembre al 9 de enero	Tres de pentáculos
	10 al 19 de enero	Cuatro de pentáculos
ACUARIO	20 al 29 de enero	Cinco de espadas
	30 de enero al 8 de febrero	Seis de espadas
	9 al 18 de febrero	Siete de espadas
PISCIS	19 al 29 de febrero	Ocho de copas
	1 al 10 de marzo	Nueve de copas
	11 al 20 de marzo	Diez de copas

Mi signo solar es _____ Mis cartas de lecciones y oportunidades del Zodíaco son _____, _____ y _____.

Tu carta del destino

Tu carta del destino es la carta de los Arcanos Menores que se corresponde con tu fecha de nacimiento real. Está tomada de la lista anterior y será una de tus cartas de lecciones y oportunidades del Zodíaco. En esta carta puedes encontrar indicaciones de tus impulsos fundamentales, deseos y reacciones como individuo. (Ver *The Pursuit of Destiny* [La búsqueda del destino] en la lista de libros al final de este capítulo).

Mi fecha de nacimiento es _____

Mi carta del destino es _____

Tus cartas personales

Las cartas personales son tres cartas basadas en la correspondencia entre las cartas de la corte y tu carta del horóscopo natal. Necesitas
conocer tus signos del sol, la luna y el nacimiento para determinar estas cartas (excepto tu carta de potencial personal, para la cual solo necesitas tu signo solar). Si no tienes una carta natal, consulta a un astrólogo o uno de los sitios de cálculo de cartas gratuitos en Internet. Los
signos astrológicos se dan con sus correspondientes cartas de la corte.
(Si utilizas un sistema de correspondencia diferente, cambia los que
aparecen a continuación para que coincidan con tu propio sistema).

INTRODUCE TUS PROPIAS
CORRESPONDENCIAS
(SI DIFIEREN DE LAS DADAS)

ARIES	Reina de bastos	_____
TAURO	Rey de pentáculos	_____
GÉMINIS	Caballero de espadas	_____
CÁNCER	Reina de copas	_____
LEO	Rey de bastos	_____
VIRGO	Caballero de pentáculos	_____
LIBRA	Reina de espadas	_____
ESCORPIO	Rey de copas	_____
SAGITARIO	Caballero de bastos	_____
CAPRICORNIO	Reina de pentáculos	_____
ACUARIO	Rey de espadas	_____
PISCIS	Caballero de copas	_____

Tu carta de potencial personal es la carta de la corte correspondiente a tu signo solar. Mi signo solar es _____,
así que mi carta de potencial personal es _____.
Tu carta maestra interna es la carta de la corte que corresponde a tu signo lunar en _____. Mi luna está en

≈ PERFIL DEL TAROT ≈
Símbolos personales del tarot para la guía e inspiración

NOMBRE _____

FECHA _____

Las siguientes cartas, utilizadas en la meditación y las visualizaciones, pueden ayudarte a encontrar el significado, el propósito y la dirección de tu vida.

CARTA DE LA PERSONALIDAD _____

Indica el propósito de mi vida, mis aspiraciones y las lecciones que debo aprender.

CARTA DEL ALMA _____

Indica el propósito de mi alma y las cualidades que me ayudarán.

CARTA(S) DE FACTOR OCULTO/MAESTRA(S) _____

Indica las cualidades que temo, rechazo o no veo que pueden convertirse en mis mayores fortalezas.

CARTA DEL ZODÍACO O DEL SIGNO SOLAR_____

Indica lo que necesito para expresarme.

CARTA ANUAL ACTUAL _____ para 20 _____

Indica las cualidades que necesito desarrollar este año.

CARTAS DEL AÑO ANTERIOR		CARTAS DEL AÑO PRÓXIMO	
AÑO	CARTA	AÑO	CARTA
_____ = = _____		_____ = = _____	
_____ = = _____		_____ = = _____	
_____ = = _____		_____ = = _____	

Pon una estrella junto a cualquier carta anual que sea igual a tu carta de la personalidad, alma, factor oculto o zodíaco. Estos años son significativos como indicadores de tu forma de expresar tu propósito de vida.

LECCIONES NUMEROLÓGICAS Y CARTAS DE OPORTUNIDADES

Las cuatro cartas de Arcanos Menores que corresponden a mi número del alma:

_____ de bastos.   _____ de copas.

_____ de espadas.   _____ de pentáculos.

CARTAS DE LECCIONES Y OPORTUNIDADES DEL ZODÍACO

Las tres cartas de Arcanos Menores correspondientes a mi signo solar:

_____

_____

_____

CARTA DEL DESTINO _____

La carta de los Arcanos Menores que indica mis impulsos, deseos y reacciones fundamentales como individuo.

CARTAS PERSONALES:

CARTA DE POTENCIALIDAD PERSONAL _____

La carta de la corte correspondiente a mi signo solar.

CARTA DE MAESTRO INTERIOR _____

La carta de la corte correspondiente a mi signo lunar.

MODO DE EXPRESIÓN EN EL MUNDO _____

La carta de la corte correspondiente a mi ascendente.

_____, así que mi carta maestra interna es _____ .

Tu modo de expresión en el mundo está indicado por la carta de la corte correspondiente a tu signo ascendente. Mi signo ascendente es _____, así que mi modo de expresión en el mundo puede describirse con _____.

Rituales

Los rituales son muy importantes para establecer una relación con tus cartas, pero no es necesario formalizarlos. A través del tiempo y la práctica, desarrollarás de forma natural rituales personales a través de acciones como la manera de barajar, dónde y cómo guardas las cartas, y en qué momentos las usas. La repetición de estas acciones te ayudará a prepararte para una lectura, relajándote y sacándote de la corriente cotidiana. No dudes en experimentar; crea tus propios rituales. Pero recuerda que para potenciar el ritual y los objetos simbólicos que elijas usar, has de tener fe en ellos; también debes estar seguro de que el acto tendrá resultados significativos en el plano espiritual, psicológico o físico. A través de la observación de los resultados durante un período de tiempo es como validas tus rituales.

Rituales sugeridos

Cuando tengas tu baraja de cartas, prueba a dormir con ellas bajo la almohada, o al menos ponlas con tus posesiones personales, para empezar a crear un vínculo especial entre vosotros.

Envuelve las cartas en un paño, o mantenlas en una bolsa que te provoque una buena sensación, algo que te parezca hermoso y que te guste mirar y tocar. Muchos lectores de tarot usan bolsas de satén o terciopelo finamente bordadas. Otros envoltorios interesantes son los bolsos chinos, los bolsos de noche de segunda mano o antiguos, las bolsas de cuero con abalorios, las cajas talladas a mano y los recipientes de cerámica o esmaltados.

La seda negra es un envoltorio tradicional porque la seda es un aislante psíquico especialmente bueno. Sin embargo, no es recomendable para el almacenamiento a largo plazo. Tejidos como el algodón y la lana también son muy adecuados. El pino blanco es la madera preferida para las cajas, aunque eso nunca me ha impedido encontrar una caja que me parezca hermosa. La madera puede afectar negativamente al papel y no se recomienda para el almacenamiento. Si coleccionas mazos, guarda todas las cajas originales e infórmate de cuáles son los mejores métodos para el almacenamiento y cuidado del papel.

Purificar tus cartas de tarot

Cuando adquieras una nueva baraja, purifica tus cartas. Hazlo también entre las lecturas y antes de leerlas para ti o meditar sobre ellas, especialmente si las usaste por última vez con otra persona.

Hay varios métodos para purificar las cartas:

1. BARAJADO REPETIDO Y RÍTMICO. Esta es la forma más básica de purificación, una parte esencial de cualquier lectura, no por eso menos evocadora de la conciencia enfocada, uno de los resultados de la purificación. Purificar significa limpiar. Barajar las cartas no solo introduce nuevas energías, sino que también elimina las viejas. Es bueno barajar tanto al final de una lectura como al principio.

2. AHUMAR LAS CARTAS con cedro, salvia, piñas o hierba dulce. Es especialmente eficaz quemar estas hierbas secas en una cáscara de algarrobo o similar, como representación del elemento agua; la planta representa el elemento tierra, el humo el elemento aire y el fuego es su propio elemento. Esta unión de los cuatro elementos es una parte importante del ritual. Pero no dudes en usar lo que tengas a mano. Pasa el mazo de cartas a través del humo varias veces y asegúrate de soplar el humo sobre ti y sobre cualquier otra persona presente. Esto se conoce como «manchar», y puede hacerse con una pluma grande para esparcir el humo.

3. LLENAR LA BARAJA DE LUZ. Para hacer esto, primero cierra los ojos. En una posición a unos cuarenta y cinco centímetros por encima de tu mazo, imagina una pequeña semilla de pura luz blanca radiante, o del color que elijas (el oro también se recomienda). Imagina la semilla de luz creciendo hasta formar una corona que luego vierte un rayo de luz en tus cartas. Ten presente que esta

corriente de luz purifica la baraja para tu uso. Emplea esta técnica en conjunto con las otras.

4. FROTAR CON UNA TELA DE SEDA O DE ALGODÓN, tal vez con la que envuelves la baraja.

5. LIMPIEZA CON SAL DE MAR Y AGUA (para cartas plastificadas). Limpia cada carta con una esponja ligeramente humedecida con sal marina y agua dulce. Seca bien. Espolvoréales talco si se vuelven pegajosas.

6. ENTERRARLAS. Una energía desagradable especialmente fuerte puede requerir el enterramiento de la baraja durante siete días o durante el período comprendido entre la luna llena y la primera *brizna* de la luna nueva. Visualiza a la Madre Tierra absorbiendo todas las energías negativas. Rara vez es necesario quemar una baraja de tarot, aunque he conocido gente que lo hace.

7. ORDENAR LA BARAJA DESPUÉS DE USARLA es una excelente manera de conocer las cartas en su orden arquetípico; las purifica. Una baraja de tarot en su orden arquetípico es un símbolo del camino hacia el autoconocimiento. Puedes colocar una carta en la que has estado trabajando encima de la baraja para que sea lo primero que veas al volver a tu mazo. El orden que yo uso es: Arcanos Mayores, el Loco a través del Universo; luego cada palo en orden (del as al diez) seguido del rey, la reina, el caballero y la sota. Los palos están ordenados: bastos, copas, espadas y pentáculos.

Cuando se trabaja con las cartas, el ambiente debe ser agradable y relajado. Es preferible no tomar café, té negro, alcohol o drogas. Las infusiones de hierbas que tradicionalmente benefician el desarrollo psíquico, la visión, la claridad mental, la alegría y el bienestar son las de verbena, artemisa, anís, hierbaluisa, manzanilla, canela, laurel, hisopo, poleo (no lo uses si estás embarazada), plátano, romero, uva ursi y yerba santa. Quizá te convendría probar uno o más de estos, o simplemente agua, en lugar de una bebida con cafeína.

Tradicionalmente se considera que la energía fluye de este a oeste y de norte a sur. Se pueden aprovechar estas corrientes de energía de la Tierra mirando en la dirección de la que proviene la energía, normalmente del este o del norte.

Otra cuestión es si alguien más debería tocar tus cartas. Esto es completamente personal. El temor de que alguien las «profane» puede ser perturbador y causar reacciones adversas si ocurre. Lleno mis cartas con amor e invito a mis amigos a ser parte de ese amor libremente.

A veces no me agrada que determinada persona las toque. Pienso que la purificación restaura los buenos sentimientos y el bienestar.

Experimenta con los rituales anteriores y otros de tu propia creación. Recuerda que la repetición y la creencia es lo que da poder a tus rituales. Hay un elemento teatral en el ritual, que implica una suspensión voluntaria de la incredulidad, que crea su propia magia y un tiempo y un espacio especiales.

Anota aquí tus propias ideas para los rituales:

Imaginación activa

Al leer el tarot puedes buscar los significados de las cartas en el apéndice A o en otros libros, o mirar las imágenes y símbolos de las propias cartas e imaginar tus propios significados para estas imágenes. El mismo método de imaginar activamente se utiliza en la interpretación de los sueños y en los procesos psicoanalíticos como la gestalt o la psicosíntesis. Otros nombres para la imaginación activa son ensoñación dirigida, visualización creativa, manipulación simbólica y juego imaginativo; incluso la autohipnosis utiliza estos principios.

Para activar la capacidad de emplear la imaginación de manera productiva, es importante estar relajado pero alerta, con la mente libre de preocupaciones mundanas. Utiliza el siguiente ejercicio de relajación antes de todo tu trabajo con el tarot.

Ejercicio de relajación y conexión con la tierra

Primero, lee las instrucciones que siguen. Luego grábalas en algún soporte de audio o pídele a un amigo que te las lea. Tras hacer el ejercicio varias veces, ya no necesitarás la grabación; al tomar las tres primeras respiraciones, el proceso será casi automático. Con el tiempo, podrás despejar tu campo de energía rápidamente y alcanzar un estado profundo y relajado en solo uno o dos minutos; pero al principio, tómate tu tiempo.

A este ejercicio también se lo llama «enraizamiento». En cualquier labor psíquica, el objetivo es convertirte en un canal despejado para que no retengas nada del trabajo dentro de tu cuerpo, donde puede crear bloqueos y posiblemente experimentarse en forma de tensión o incluso como enfermedad. Al enraizar tu energía, sientes tus experiencias, pero no te aferras a ellas, sino que permites que pasen a través de ti y vayan a la Madre Tierra o al Padre Cielo.

Es mejor sentarse erguido en una silla corriente, con la columna recta, los pies en el suelo y sin zapatos. Coloca las manos sobre las piernas, con las palmas hacia abajo.

Haz este ejercicio antes de comenzar cualquier trabajo de tarot

Respira profundamente tres veces: lleva el aire primero al fondo de tus pulmones y lentamente llénalos hasta la parte superior. Tu estómago debe expandirse. Aguanta mientras cuentas hasta tres. Espira empujando el aire desde la parte superior de tus pulmones y expúlsalo hasta que la parte inferior esté completamente vacía y tu estómago se haya contraído. Aguanta mientras cuentas hasta tres antes de volver a inhalar.

Sigue respirando de la misma manera lenta y suave. En cada espiración, visualiza todas tus preocupaciones y tensiones saliendo por las plantas de tus pies. En cada inspiración, absorbe la energía revitalizada a través de las plantas de los pies. Imagínate a ti mismo como un árbol que extrae vida y alimento de la Madre Tierra y libera los residuos de tu vida. Continúa haciendo esto hasta que hayas establecido un ritmo de respiración regular y uniforme. Trata de mantenerlo durante el resto del ejercicio.

Luego, mientras inspiras, visualiza que traes la energía vital o savia de la Madre Tierra pasándola por todo tu cuerpo y a través de la coronilla de tu cabeza, liberándola en la atmósfera a tu alrededor en forma de polvo dorado brillante, creando una nube ovalada a tu alrededor. Siente la sensación de bienestar y salud que brinda esta energía.

En la siguiente inhalación, conéctate con un punto de luz a unos treinta centímetros por encima de tu cabeza e imagina un rayo de oro que desciende hasta tu corazón. Al exhalar, este rayo de oro irradia desde tu corazón en todas las direcciones.

Variaciones

Una vez que te sientas completamente cómodo con el ejercicio anterior y lo hayas practicado a menudo, quizá quieras probar una de las siguientes variaciones o crear la tuya propia:

1. Exhala una luz rosada (el color del cuarzo rosa) desde el corazón. Imagínala como el color del Amor Universal.

2. Intercambia la corriente energética de arriba y abajo inspirando simultáneamente la energía de la luz dorada de la Madre Tierra y el Padre Sol, para reunirlas en el centro de tu corazón mientras contienes la respiración. Cuando espires, envía el alimento y la vida de la Madre Tierra hasta el Padre Sol y el rayo iluminador del Padre Sol a la Madre Tierra para darle vida. Esto genera energía limpia y libre para todos.

3. Cuando inhales y exhales, aprende a mantener abierta la garganta. Para ello, permite que un ligero sonido surja de ella acompañando a tu respiración. Una vez que sepas lo que se siente al mantener la garganta abierta, puedes respirar de esa manera sin hacer ningún ruido.

4. Añade tu propia variación aquí:

Introducirte en una carta

Coloca tus cartas de Arcanos Mayores delante de ti en tres filas de siete cartas con el Loco arriba. (Ver la ilustración de la página 72). Escoge la que más te atraiga _____:

1. Describe lo que ves, permitiendo que tu mirada recorra libremente la carta y registrando los símbolos mientras la enfocas. Anota cuáles te llaman la atención.

2. Enumera cualquier imagen u objeto de la carta que no hayas mencionado anteriormente.

3. ¿Qué colores predominan?

Cierra los ojos e intenta recrear la carta en tu imaginación. Luego ábrelos y fíjate en si te olvidaste de algo.

Lee atentamente las siguientes instrucciones antes de comenzar este nuevo ejercicio. Utiliza la misma carta que en el anterior. Tal vez podrías grabar las instrucciones o hacer que un amigo te las lea. Ten en cuenta que los puntos suspensivos indican un silencio corto.

Cierra los ojos y haz tres respiraciones lentas y profundas para centrarte. Imagina que la carta que has elegido se vuelve cada vez más grande hasta que las figuras en ella son de tamaño natural. Cruza el umbral de la carta y entra en ella. El paisaje ahora se extiende tan lejos como puedas ver en todas las direcciones. Mira a tu alrededor. ¿Qué ves? ¿Oyes algún ruido?... ¿Qué hueles?... ¿Qué temperatura hace?...

¿Qué hora del día es?... Examina más de cerca cualquier cosa que te interese. Tócala si es aceptable hacerlo; ¿qué sensación te da? ¿Quién más está en este paisaje de tarot contigo? Acércate a la figura que más te atraiga. Él o ella tiene un regalo para ti, algo que puedes llevar a tu vida para ayudarte en tu camino hacia el autoconocimiento. Acepta el regalo y míralo cuidadosamente... Dale las gracias a quien te lo entregó. Pregúntale para qué sirve. Echa una última mirada alrededor y luego imagina que el umbral de la carta está detrás de ti. Date la vuelta y pasa al otro lado mientras observas cómo la carta se reduce instantáneamente a su tamaño normal. Abre los ojos.

Como en los sueños, los detalles de tu experiencia desaparecerán rápidamente si no los apuntas. Mientras escribes, puedes darte cuenta de más detalles de los que creías haber visto; anota también esas impresiones y sensaciones.

Carta en la que has entrado _____ Fecha _____
Razón por la que escogí esta carta _____
_____

¿Qué es lo que he visto? Descríbelo con el mayor detalle posible.

¿Qué olores había?

¿Qué escuché?

¿Cuál era la temperatura y el clima?

¿A qué hora del día fue?

¿Qué toqué y cómo era su textura?

¿Probé algo?

Colores que no mencioné en mi descripción:

¿Qué figuras había (animal/humano/espíritu)? Descríbelas.

¿Qué regalo recibí? ¿De qué figura?

¿Había algún mensaje o instrucciones para mí?

¿Qué cualidades positivas representa para mí ese regalo?

Escribe una declaración en la que afirmes que ya tienes esas cualidades en ti.

Variaciones

Es posible entrar en cualquiera de las cartas del tarot y explorarlas o conocer las figuras en ellas. También puedes mantener diálogos prolongados y pedir información sobre las cartas en sí o pedir consejos para tu vida. Otras posibilidades son:

1. Introducirte en tus cartas de personalidad, alma o año.
2. Introducirte en una carta que no te guste o que te moleste para ver si puedes aprender más sobre ella. Recuerda que puedes cortar cuando quieras.
3. Introducirte en dos cartas a la vez simplemente colocándolas una al lado de la otra e imaginando que sus paisajes se conectan. Entonces puedes observar un encuentro entre las figuras de las dos cartas y escuchar su diálogo o iniciar una conversación a tres bandas. Esto te ayudará a entender la interrelación de las cartas en una lectura.
4. Introducirte en una carta puedes preguntarle directamente a una imagen o símbolo cuál es su significado. Algunas de las respuestas serán sorprendentemente esclarecedoras y apropiadas para ti.

Asegúrate de escribir tus respuestas inmediatamente después de dejar la carta del tarot, o puedes intentar escribir *mientras* imaginas la experiencia.

LECTURAS SUGERIDAS PARA EL CAPÍTULO UNO

Numerology and the Divine Triangle [Numerología y el triángulo divino]. Faith Javane y Dusty Bunker. Rockport, MA: Para Research, 1979.

The Pursuit of Destiny [La búsqueda del destino]. Muriel Bruce Hasbrouck. Nueva York: Warner Destiny Books, 1976.

Mind Games [Juegos de la mente]. Robert Masters y Jean Houston. Nueva York: Dell, 1972.

DEL TAROT DE MARSELLA, publicado originalmente en la Francia del siglo XVII y que sigue siendo uno de los mazos de tarot más influyentes y populares. Aquí los Arcanos Mayores están dispuestos en tres filas verticales de siete cartas cada una. John D. Blakeley, en The Mystical Tower of the Tarot [La torre mística del tarot], describe su búsqueda del posible origen sufí del tarot. Encontró un libro escrito en 1899 llamado The Mystic Rose from the Garden of the King [La rosa mística del jardín del rey] de sir Fairfax L. Cartwright. Se trata de un relato contado por un derviche místico en el que un vagabundo se acerca a una torre «impulsado por el deseo de aprender». En respuesta a la pregunta: «¿Qué buscas?», responde: «Conocimiento», y afirma que con la debida orientación tiene «la fuerza y la determinación de subir a la cámara más alta de la torre». Hay tres cámaras en cada planta, cada una contiene un arquetipo de tarot viviente, y cada piso presenta «otro plano de pensamiento [...] otro aspecto de las cosas». Al final descubre que la extraña tierra en la que se encuentra este Templo del Conocimiento está en el corazón humano.

Capítulo 2

El diario del tarot

La mejor manera de familiarizarse con el tarot es fijarte en cómo funcionan las cartas en tu propia vida. Reconoce los altibajos de la fortuna observando los patrones diarios de las cartas. Observa que ciertas cartas, como el Sol, el Mundo y el dos de copas, o quizás el Diablo, la Torre y el nueve de espadas, aparecen y desaparecen a un ritmo siempre cambiante; descubre lo que significan para ti estas cartas. Por ejemplo, en la vida cotidiana la Torre con frecuencia indica que has perdido los estribos, que te lastimaste o cortaste con algo, o que has sentido el impulso repentino de limpiar tu refrigerador: es decir, una rápida explosión de energía. Si la Torre aparece a menudo, es probable que estés pasando por un período de cambio que implique un rompimiento de viejos patrones. A veces podría significar una ruptura con todo lo que es conocido y «seguro» en tu vida, o la destrucción de tus estructuras de seguridad, como perder de repente tu trabajo. En el caso de la Torre, se te pide que rompas las viejas estructuras de tu vida que ya no benefician tu crecimiento pero que te están causando una rigidez en tus creencias y valores. Es una oportunidad para vivir con mayor libertad y despertar a nuevos conocimientos. Todas tus viejas defensas han quedado anticuadas, lo que te permite ahora ir más allá. De esta manera las cartas señalan las lecciones y oportunidades que se te presentan. Lo bien que manejes las situaciones de la vida depende en gran medida de la rapidez con que aprendas tus lecciones.

Escribe *todas* tus lecturas y féchalas adjuntando notas sobre lo que significan para ti las cartas en ese momento. Añade copias de las lecturas significativas a tu diario, si tienes uno, o apunta en la lectura misma lo que está sucediendo en tu vida en este momento: unas breves pinceladas sobre el tema. De cuatro a ocho semanas después, vuelve a estas lecturas significativas. Observa el progreso de los acontecimientos. ¿Puedes ahora identificar las figuras con más claridad? ¿Quién era el misterioso caballero de bastos? ¿Cómo manifestabas realmente esta energía masculina de caballero? ¿A qué se debía esa discusión (cinco de bastos)? ¿O era algo más que una discusión? ¿De qué tuviste que desprenderte (la Muerte)? ¿Cuál fue el impulso final que te hizo dejarlo ir? ¿Puede identificarse con otra carta en la lectura?

Cuando vuelvo a una lectura antigua, uso bolígrafos de diferentes colores, para escribir mis nuevos comentarios junto a los antiguos. Fecho estos comentarios y luego vuelvo seis meses o un año después y añado una tercera serie de notas en un tercer color de tinta.

En la tercera visión general puedes empezar a ver cómo evolucionan tus propios patrones personales. Atravesando las capas de autoengaño, comienzas a reconocer los juegos a los que juegas con tu propia persona, tu incapacidad o falta de voluntad para «ver los hechos». Busca evidencias de tu propia intuición, sabiduría inherente y palabras de consejo que regresen a ti en los momentos más apropiados. Observa también los temas particulares que siguen reapareciendo. Y pregúntate qué aspectos de tu vida tienden a no aparecer en tus lecturas. ¿Por qué no?

No es necesario reflexionar en profundidad sobre cada tirada de tarot que hagas para ti mismo en los próximos años. Pero establece lecturas particulares para representar los hitos y puntos de inflexión en tu vida, como el comienzo de cualquier cosa: un nuevo trabajo, una nueva casa, una nueva relación o tu cumpleaños; también el final de cualquier cosa, o lecturas para las lunas nuevas y llenas. Para las mujeres, el primer día de la luna (período menstrual) es un excelente momento para centrarse en sí mismas y en sus propias necesidades. Los hombres podrían ritualizar sus propios ciclos de una manera similar: prueba ese día cada mes cuando la luna vuelve a su posición natal en tu carta astral. De este modo, observarás tus ritmos emocionales.

La tirada de tres cartas

Ahora hemos llegado a la primera tirada que aprenderás, y que usan casi todos los practicantes del arte. La tirada de tres cartas, aunque básica, es extraordinariamente útil, sobre todo para llevar un diario de tarot. Esta tirada es una poderosa herramienta para retroalimentar la información sobre tus propios procesos a la hora de tomar decisiones y manejar situaciones. Te ayudará a clarificar las opciones antes de actuar y a entender las dinámicas que tienen lugar después. También te enseñará a percibir en qué direcciones te impulsan los tres niveles del yo: cuerpo, mente y espíritu.

Cada pregunta se puede enfocar desde tres aspectos. Cada acción, por ejemplo, implica generalmente tres opciones: tu posición actual, una nueva posibilidad o una acción opuesta y la integración de estas dos de una nueva manera. La resolución de problemas se podría abordar desde tu experiencia en el *pasado*, cómo te sientes en el *presente* y las expectativas del *futuro*. Y en cada elección participan tu *cuerpo* con sus impulsos y hábitos, tu *mente* con sus pensamientos y razonamientos, y tu *espíritu* con sus ideales y objetivos. Las tres cartas de la tirada pueden leerse como tres elecciones, tres aspectos del tiempo, o tres niveles del yo.

El número tres es también la base de la creatividad. La creatividad se ha definido como la combinación de al menos dos cosas de una nueva manera, formando una tercera. Esto se ejemplifica en la carta número 3, la Emperatriz, que lleva en su vientre el nuevo hijo de su cuerpo y de la semilla del hombre, y sin embargo un nuevo ser totalmente diferente.

Preparación para la lectura de la tirada de tres cartas

Para utilizar la tirada de tres cartas a modo de diario del tarot, reserva una hora y un lugar determinado para la lectura de cada día. Realizar la tirada como parte de tu meditación diaria o práctica de centrado te ayuda a asegurarte un estado mental tranquilo.

Anota las cartas que sacas, y luego, a lo largo del día, observa cómo se manifiestan. Más tarde, escribe lo que has observado o simplemente describe los acontecimientos del día. Lleva una tabla diaria (que se muestra más adelante, en la página 77).

Codifica tu gráfico sombreando ligeramente cada palo con lápices de diferentes colores: bastos, copas, espadas, pentáculos y Arcanos Mayores. Observa qué cartas o palos siguen reapareciendo. ¿Es el rey de pentáculos una persona en particular en tu vida? ¿Quién es la reina de copas? ¿Hay ciertas cartas que representan una experiencia de ansiedad y tensión y otras que representan la creatividad y la pasión en tu vida? ¿Qué cartas parecen representarte cuando estás en un momento de «subida», cuando todo va sobre ruedas?

Si te pierdes un día, siempre puedes elegir las cartas en una fecha posterior dejando claro antes de barajar que tienes la *intención* de realizar la lectura para el día que te saltaste.

Ten en cuenta que la simple lectura no basta para ayudarte a entender. Debes HACER los ejercicios. Ahora es el momento de preparar las cartas del tarot.

Barajar las cartas

Empleando el mazo que prefieras baraja las cartas para desprender la energía de las lecturas anteriores. Haz una pausa y respira profundamente tres veces, absorbiendo la energía a través de los pies con cada inspiración y liberándola de nuevo en la tierra mientras espiras. Baraja otra vez y detente cuando consideres que están bien mezcladas. A continuación, con la mano izquierda corta el mazo en tres montones.

Elegir las cartas

Frótate las manos rápidamente hasta que generen calor y sientas un cosquilleo. Con la palma hacia abajo, mueve la mano izquierda sobre los tres montones y decide intuitivamente cuál es tu cuerpo, cuál es tu mente y cuál es tu espíritu. Lo más fácil de encontrar suele ser el cuerpo. Tiende a ejercer una atracción «magnética», una energía más cálida o «cosquilleante» y algo más densa. Luego decide qué montón es tu mente y cuál es tu espíritu. Creo que es más fácil determinar el montón de cartas que representa el espíritu. Tiende a tener una carga energética más ligera y «efímera». Sentirás como si la mano flotara sobre él. Una sensación extremadamente sutil y expansiva. La energía de la mente es eléctrica y fría. Observa lo que sientes, trata de describirlo y, sobre todo, ¡confía en que cualquier cosa que hagas

TABLA DE LECTURA DIARIA

Fecha	Cuerpo	Mente	Espíritu	Sucesos del día

será la apropiada! Coloca los tres montones en el siguiente orden, de izquierda a derecha: cuerpo, mente, espíritu. Los métodos más simples y directos son cortar la baraja tres veces, como se describió anteriormente, y dar la vuelta a la carta superior de cada montón, o volver a apilar las cartas tras el corte, abrirlas en abanico y elegir tres cartas de cualquier parte de la baraja.

Antes de dar la vuelta a las cartas, observa cualquier impresión que te venga a la mente en cuanto al palo, el color o la imagen. Presta atención a esas cartas cuyas emanaciones son tan fuertes que sientes que tienen una importancia especial para ti. También debes fijarte en cualquier carta que se caiga del mazo mientras barajas. Si reaparecen durante la lectura, dales una consideración especial en tu interpretación. Los accidentes cuentan.

Interpretar las cartas

Haz una lectura de tres cartas a fondo, siguiendo este formato. Después de eso improvisa y usa los pasos que mejor te funcionen. Voltea la carta superior de cada montón. Las cartas que has elegido son:

CUERPO: _____ MENTE: _____ ESPÍRITU: _____

Anota tus primeras impresiones:

¿Qué es lo que ves?

¿Qué colores?

¿Qué significa para ti el número de cada carta?

¿Qué figuras humanas o animales ves?

¿Cuál es el entorno de cada carta?

¿Qué símbolos hay?

¿Puedes describir las cartas en términos de una emoción? ¿Cómo te sientes cuando miras cada una de ellas? ¿Aprensivo? ¿Esperanzado? ¿Contento? ¿Triste? ¿Enfadado?

Observa en qué dirección miran las figuras de las cartas: se miran unas a otras o se dan la espalda, se mueven en dirección al cuerpo o al espíritu, se enfocan en el centro, etc. Anota las relaciones que veas:

Ahora asocia cada carta con el significado de su posición. Trabaja con sus imágenes como si fueran las de un sueño. O crea una historia mediante un juego de roles. Conviértete en los diversos personajes y en las cosas que aparecen en las cartas. Dialoga con las imágenes en voz alta o por escrito para averiguar lo que tienen que contarte y lo que deben decirse unas a otras. Si no conoces el significado de las cartas, búscalas en el apéndice A.

CUERPO: el estado de tu cuerpo físico y el medioambiente. Hábitos y respuestas automáticas. Cómo te conectas con la tierra. Cómo te has estado manifestando y las obras que has producido. A menudo el origen o fuente de la situación. Sentimientos.

Mi carta del cuerpo me está diciendo:

MENTE: lo que piensas y eres consciente de estar tratando. Cómo razonas y racionalizas las cosas; tus actitudes. El estado mental con el que abordas la lectura de las cartas.

Mi carta de la mente me está diciendo:

ESPÍRITU: tus ideales, metas y aspiraciones. El espíritu es como tu yo superior que te abre a nuevas posibilidades y te da consejos para resolver tus problemas. Tiendes a sentirte atraído hacia la manifestación de lo que indica la carta. Si la carta es negativa, podrías estar bloqueando aquello que tu espíritu quiere que veas o resistiéndote a ello.

Mi carta del espíritu me está diciendo:

Por ejemplo, en la siguiente lectura el Ermitaño apareció en la posición del cuerpo, el tres de espadas en la de la mente, y el Mundo en la posición del espíritu. (Para esta lectura utilicé la baraja de Waite-Smith).

Mi cuerpo quiere que me retire y esté solo, para curarme del dolor y el sufrimiento mental que mi

mente me dice que estoy experimentando, mientras que mi espíritu me insta a superar mis sentimientos de limitación y vivir la sensación de libertad que viene una vez que acepto el dolor y la pérdida.

Conecta las tres cartas que sacaste en una sola frase. ¿Puedes hilvanar un relato, o contar un cuento usando lo que ves en las cartas? Escribe tu propio mensaje empleando el siguiente formato:

Mientras mi cuerpo quiere _____,
mi mente me dice _____,
pero mi espíritu me impulsa a _____
_____.

En este punto puedes terminar la lectura o continuar para obtener más profundidad y comprensión. El resto de esta sección te explica cómo alcanzar una mayor comprensión empleando estas mismas tres cartas.

Lectura para profundizar

El siguiente paso es volver atrás y mirar tu lectura desde una perspectiva de «tiempo»: pasado, presente, futuro. Por ejemplo:

He sido un solitario, dándole la espalda al compromiso por miedo a ser herido. Y ahora tengo que hacerle frente a una relación y tratar con el dolor que esta me produce. Mi espíritu me está pidiendo que sea mucho más libre

y que me abra a las oportunidades de la vida en el futuro próximo. En otras palabras, que me despoje de esta capa con la que me he estado protegiendo. Debo permitir que la lluvia que cae en el tres de espadas me limpie para poder usar la claridad que he adquirido en mi trayectoria interior como Ermitaño, a pesar de mis miedos.

¿Qué te dice tu lectura sobre tu pasado, presente y futuro?

PASADO: _____.
PRESENTE: _____.
FUTURO: _____.

Ha llegado el momento de ser osado. Toma las riendas de tu vida: mueve las cartas como quieras. Para continuar con el ejemplo:

Ahora el Ermitaño está buscando el Mundo: mi propia alma interior, mi yo, que no teme enfrentarse a quienes traen aflicción y dolor a mi vida. Ahora soy consciente de que la situación que me hace sufrir servirá para devolverme a mi propio sentido del yo y de la integridad.

Fíjate en cómo la dirección en la que las figuras miran o se mueven se vuelve importante para la interpretación.

Ordena tus cartas de otra manera diferente. ¿Te gusta más este orden?

¿Qué nuevas perspectivas ves?

Puedes mover las cartas de nuevo; por ejemplo:

He superado mi dolor, confiando en mi Ermitaño, mi propio yo sabio, para entender lo que pasó y utilizar lo que aprendí de la experiencia. Miro hacia atrás, arrojando luz sobre el camino que tomé a partir de esa circunstancia dolorosa. Estoy emprendiendo un nuevo camino, solo, pero llevando conmigo la sabiduría y la confianza en mi capacidad de abrirme paso en el mundo.

Anota cualquier otra información que obtengas moviendo tus cartas:

Una vez que hayas mirado tus tres cartas desde estas perspectivas diferentes, vuelve a colocarlas en sus posiciones originales. Observa cuánta información has ganado sobre esta disposición original y las posibilidades que presenta. El énfasis se ha puesto en el tiempo, ya sea que algo haya sucedido en el pasado o que vaya a suceder en el futuro. El pasado fue, en algún momento, tu futuro. El futuro será algún día el ahora. Cambiando tu perspectiva, comprendes lo que significa «ahora» y empiezas a experimentarlo de forma cíclica.

Si quieres, puedes seguir moviendo las cartas en diversas posiciones y órdenes. Cada vez que lo hagas, aumentará la profundidad de tu comprensión. Algunas posibilidades son:

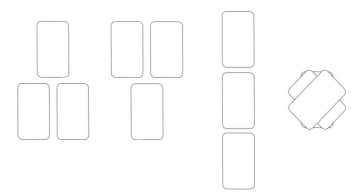

Las tres posiciones de esta tirada también asumen diversos significados. Las siguientes son algunas de mis variaciones favoritas, pero añade las tuyas a medida que encuentres lo que te funcione mejor.

Cuerpo	Mente	Espíritu
Pasado	Presente	Futuro
Subconsciente	Consciente	Superconsciente
Niño	Padre	Adulto
Maya/ilusión	Conocimiento	Magia
Tesis	Antítesis	Síntesis
Comienzo	Oposición	Integración
Una idea o plan	Su crítica	Cómo sacar el máximo partido de tus limitaciones

Repasar tus lecturas diarias

Una de mis estudiantes, Linda Tigges, registró un mes de lecturas diarias de tres cartas y luego seleccionó todas las que aparecieron tres veces o más para comprender mejor su desarrollo a lo largo del mes. También miró los números que sacaba más a menudo, ases. A continuación, utilizó todos los ases y la carta de los Arcanos Mayores numerada como 1, el Mago, como claves para el significado de las experiencias de su mes.

Seleccionar las cartas eligiéndolas personalmente

En muchos de los siguientes ejercicios utilizarás un nuevo método de trabajo con el tarot. Escogerás las cartas de la baraja mientras las miras bocarriba. En algunos casos tomarás una carta basándote en tu reacción personal a las ilustraciones e imágenes que aparecen en ella. En otros casos te daré una lista de «usos» de cada carta y seleccionarás uno de ellos y la carta que lo acompaña. Trabajar con las imágenes de las cartas es especialmente importante en ambos casos.

La cantidad de imágenes de tu baraja de trabajo marcará una gran diferencia en tus elecciones e interpretaciones. Las cartas con las que has elegido trabajar deben ser significativas para ti a nivel personal y, a menos que seas especialmente experto en numerología y trabajes con imágenes abstractas, han de contener imágenes y símbolos tanto del arcano mayor como del menor. (En la introducción hay una lista de numerosas barajas disponibles en la actualidad).

A medida que trabajes con los ejercicios que vienen a continuación, es posible que, por ejemplo, se te pida «elegir de una a tres cartas que representen tus mejores habilidades». Para hacer esto, revisa rápidamente toda la baraja con las cartas bocarriba. Saca todas las que puedan servir para realizar la descripción. Normalmente es mejor no intentar determinar de antemano la respuesta, sino preguntar a cada carta: «¿Representas una habilidad mía?». Si dudas sobre alguna (¿debo sacarla o no?), colócala en tu montón de «posibles» cartas. Probablemente sacarás de cinco a veinticinco. Extiéndelas y elimina las que en ese momento ves que no encajan o no responden a la pregunta elegida, así como algunas de las otras. Ahora deberías tener de cinco a siete cartas, más o menos. Compara cada carta con una de las otras preguntándote: «Si tuviera que eliminar una de estas dos, ¿de cuál podría prescindir?». De esta manera, reduces gradualmente tu montón a una o tres cartas que expresen de manera más sucinta y adecuada tus mejores habilidades. Por lo general, tendrás la opción de elegir más de una carta, sobre todo cuando las energías de una carta deban ser modificadas por otra. Aunque a veces quizá resulte difícil eliminar cartas, te será mucho más fácil trabajar con menos.

Ahora haz el siguiente ejercicio tal y como hemos visto aquí:

Mis mejores habilidades pueden describirse por medio de (escoge de una a tres cartas):

_____   _____   _____

Estas cartas describen las siguientes habilidades:

Gráfico de la carta anual

En el primer capítulo aprendiste a encontrar tu carta anual actual. También puedes calcular las cartas anuales de toda tu vida y representarlas en un gráfico. Usa la tabla práctica «Cálculo de tu carta anual», en la página siguiente, para encontrar la carta de cada año. Los números de cuatro dígitos son la suma de un día + mes + año. El número de uno o dos dígitos de la derecha es la carta de los Arcanos Mayores a la que este número se reduce.

Al trazar estas cartas en un gráfico verás el patrón de tus lecciones de vida desplegado ante ti. Algunas cartas aparecerán una y otra vez en tus tiradas. Otras saldrán solo una o dos veces y ya no volverán a hacerlo. Algunas nunca aparecen. Debido a que nuestro sistema matemático tiene una base decimal, verás que los números se desarrollan en ciclos de diez años, y que ciertos números o ciclos predominarán, dependiendo de cuándo naciste. Por ejemplo, después del 1 de enero de 1988, no nacieron más personalidades 19-10-1 aunque habían sido relativamente abundantes en el pasado. Volverán a aparecer después de 2069.

Usando los gráficos de las páginas 90-91 (o cualquier papel cuadriculado), designa una carta de Arcanos Mayores para cada línea horizontal. Cada una de estas líneas representa un año de tu vida. Comenzando por tu año de nacimiento, escribe cada año consecutivo en la parte superior de la página, y como referencia fácil, escribe encima de cada uno la edad que tenías entonces.

Tras determinar una carta anual para cada año de tu vida (siguiendo las instrucciones del capítulo uno), escríbelas en el gráfico con una serie de puntos. Conecta los puntos con líneas para ver los patrones que se forman, como en el ejemplo de la página 89.

Examina tu gráfico. Busca los ciclos de diez años. El final de cada ciclo indica un punto de inflexión importante en tu vida.

¿En qué años finalizaste un ciclo de diez años? ¿Qué ciclo personal completaste en cada uno de esos años?

≋ CÁLCULO DE TU CARTA ANUAL ≋

Número de la izquierda = suma del día y mes de nacimiento más año que se
quiere consultar
Número de la derecha = Carta anual

1890	18	1927	19	1964	20	2001	3	2038	13	2075	14
1891	19	1928	20	1965	21	2002	4	2039	14	2076	15
1892	20	1929	21	1966	22	2003	5	2040	6	2077	16
1893	21	1930	13	1967	5	2004	6	2041	7	2078	17
1894	22	1931	14	1968	6	2005	7	2042	8	2079	18
1895	5	1932	15	1969	7	2006	8	2043	9	2080	10
1896	6	1933	16	1970	17	2007	9	2044	10	2081	11
1897	7	1934	17	1971	18	2008	10	2045	11	2082	12
1898	8	1935	18	1972	19	2009	11	2046	12	2083	13
1899	9	1936	19	1973	20	2010	3	2047	13	2084	14
1900	10	1937	20	1974	21	2011	4	2048	14	2085	15
1901	11	1938	21	1975	22	2012	5	2049	15	2086	16
1902	12	1939	22	1976	5	2013	6	2050	7	2087	17
1903	13	1940	14	1977	6	2014	7	2051	8	2088	18
1904	14	1941	15	1978	7	2015	8	2052	9	2089	19
1905	15	1942	16	1979	8	2016	9	2053	10	2090	11
1906	16	1943	17	1980	18	2017	10	2054	11	2091	12
1907	17	1944	18	1981	19	2018	11	2055	12	2092	13
1908	18	1945	19	1982	20	2019	12	2056	13	2093	14
1909	19	1946	20	1983	21	2020	4	2057	14	2094	15
1910	11	1947	21	1984	22	2021	5	2058	15	2095	16
1911	12	1948	22	1985	5	2022	6	2059	16	2096	17
1912	13	1949	5	1986	6	2023	7	2060	8	2097	18
1913	14	1950	15	1987	7	2024	8	2061	9	2098	19
1914	15	1951	16	1988	8	2025	9	2062	10	2099	20
1915	16	1952	17	1989	9	2026	10	2063	11	2100	3
1916	17	1953	18	1990	19	2027	11	2064	12	2101	4
1917	18	1954	19	1991	20	2028	12	2065	13	2102	5
1918	19	1955	20	1992	21	2029	13	2066	14	2103	6
1919	20	1956	21	1993	22	2030	5	2067	15	2104	7
1920	12	1957	22	1994	5	2031	6	2068	16		
1921	13	1958	5	1995	6	2032	7	2069	17		
1922	14	1959	6	1996	7	2033	8	2070	9		
1923	15	1960	16	1997	8	2034	9	2071	10		
1924	16	1961	17	1998	9	2035	10	2072	11		
1925	17	1962	18	1999	10	2036	11	2073	12		
1926	18	1963	19	2000	2	2037	12	2074	13		

AÑO EDAD COMPLETADO

_____ _____ _____

_____ _____ _____

_____ _____ _____

_____ _____ _____

_____ _____ _____

_____ _____ _____

¿En qué años comenzó un ciclo de diez años? ¿Qué ciclo personal comenzó en cada uno de esos años?

AÑO EDAD COMENZÓ

_____ _____ _____

_____ _____ _____

_____ _____ _____

_____ _____ _____

_____ _____ _____

_____ _____ _____

Marca con un círculo en tu gráfico los años en los que tienes cartas que se corresponden con tus cartas de personalidad y de alma. Estas son especialmente significativas. En tus años de personalidad y alma probablemente te sentiste atraído por cosas que eran especialmente importantes para el propósito de tu alma en esta vida y te implicaste en ellas. En otras palabras, probablemente estabas haciendo algo en lo que podías emplear tus cualidades más elevadas. Estabas realizando actividades que te enseñaban lo que necesitabas aprender para sacar tu máximo potencial. Cada uno de estos años te ofrece, a medida que surge en tu vida, la oportunidad de reafirmar tu dirección y entrar en contacto con tus objetivos vitales. Apunta a continuación algunos de los acontecimientos más destacados de tus años de personalidad y alma, para poder comprender mejor tus lecciones de vida.

EJEMPLO DE GRÁFICO DE UNA VIDA POR AÑOS

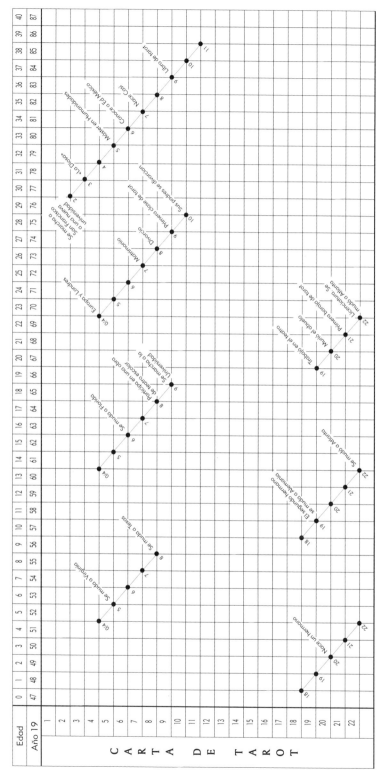

Gráfico de carta de una vida por años

Edad	0	1	2	3	4	5	6	7	8	9	10	11	12	13	14	15	16	17	18	19	20	21	22	23	24	25	26	27	28	29	30	31	32	33	34	35	36	37	38	39	40
Año																																									

CARTA DE TAROT

| 1 |
| 2 |
| 3 |
| 4 |
| 5 |
| 6 |
| 7 |
| 8 |
| 9 |
| 10 |
| 11 |
| 12 |
| 13 |
| 14 |
| 15 |
| 16 |
| 17 |
| 18 |
| 19 |
| 20 |
| 21 |
| 22 |

Edad	41	42	43	44	45	46	47	48	49	50	51	52	53	54	55	56	57	58	59	60	61	62	63	64	65	66	67	68	69	70	71	72	73	74	75	76	77	78	79	80	81
Año																																									
1																																									
2																																									
3																																									
4																																									
5																																									
6																																									
7																																									
8																																									
9																																									
10																																									
11																																									
12																																									
13																																									
14																																									
15																																									
16																																									
17																																									
18																																									
19																																									
20																																									
21																																									
22																																									

CARTA DE TAROT

AÑOS NUMERADOS DE PERSONALIDAD Y ALMA:

AÑO	EDAD	CARTA	ACONTECIMIENTOS IMPORTANTES
___	___	_____	_____
___	___	_____	_____
___	___	_____	_____
___	___	_____	_____
___	___	_____	_____
___	___	_____	_____
___	___	_____	_____

Busca también la aparición de nuevos números. Estas son nuevas experiencias y lecciones que debes integrar ahora. A continuación, anota los años en los que aparecen nuevos números por primera vez (especialmente después del primer ciclo de diez años).

PRIMERA APARICIÓN DE NÚMEROS/CARTAS:

AÑO	EDAD	CARTA	AÑO	EDAD	CARTA
___	___	_____	___	___	_____
___	___	_____	___	___	_____
___	___	_____	___	___	_____
___	___	_____	___	___	_____
___	___	_____	___	___	_____

¿Cuándo desaparecen los números, y no vuelven a aparecer? Estas son las lecciones aprendidas. Anota la última aparición de un número.

ÚLTIMA APARICIÓN DE UN NÚMERO:

AÑO	EDAD	CARTA	AÑO	EDAD	CARTA
___	___	_____	___	___	_____
___	___	_____	___	___	_____
___	___	_____	___	___	_____
___	___	_____	___	___	_____
___	___	_____	___	___	_____

¿Qué cartas aparecen con más frecuencia? Estas son las áreas de mayor dificultad y fortalecimiento. No podrás aprenderlo todo a la primera, así que tendrás muchas más oportunidades. Escribe a continuación las cartas que aparecen más a menudo en tus tiradas –seis o más veces– y lo que has observado sobre su significado en tu vida.

NÚMEROS QUE APARECEN CON MAYOR FRECUENCIA:

CARTA	N.º DE VECES	IMPORTANCIA PARA TI
———	———	———————————————
———	———	———————————————
———	———	———————————————
———	———	———————————————
———	———	———————————————
———	———	———————————————
———	———	———————————————

He visto que es útil escribir los acontecimientos clave en el gráfico que aparece al lado de cada año. Así descubrí que dos veces en un año del Loco/el Emperador (22/4) me mudé a Atlanta con diez años de diferencia. Mi abuelo murió en un año del Juicio (20), que corresponde al planeta de la muerte y el renacimiento: Plutón. Busqué importantes maestros en tres años diferentes del Papa (5) y enseñé mi primera clase de tarot en un año del Ermitaño (9) (que es mi carta del alma, que indica el propósito de mi alma). También pasé una luna de miel de diez meses en México durante mi año de los Amantes (6). Mientras escribo este libro estoy en otro año del Ermitaño (9), lo que parece propicio para su finalización.

Aunque he encontrado ejemplos similares de congruencia sobresaliente en los gráficos de las cartas anuales de otras personas y sus relatos de los acontecimientos de sus vidas, creo que es importante destacar que deberías centrarte en *observar* lo que significan las cartas anuales para ti. Por ejemplo, la carta de los Amantes podría salir durante un año de celibato en el que te cuestionas profundamente sobre lo que realmente quieres en una relación, haciendo así hincapié en que puedes elegir una relación que sea significativa y que valga la pena.

Lecciones de la carta anual

La siguiente lista sugiere algunas de las posibles lecciones que podrías aprender de tu carta anual:

- EL MAGO: enfocar tu atención, escribir, comunicar, magia, el uso de la mente sobre la materia, todos los esfuerzos mentales.
- LA SUMA SACERDOTISA: independencia, desarrollo intuitivo o psíquico, tu habilidad para relacionarte con las mujeres, autosuficiencia.
- LA EMPERATRIZ: creatividad, embarazo, cuidado de los demás, relación con las mujeres, amor al placer y a las cosas bellas, ser magnético y atractivo.
- EL EMPERADOR: empezar cosas nuevas, ser pionero, construir, estructurar, ser asertivo y autoritario, establecer un trabajo preliminar o una base segura. Relacionada con los hombres.
- EL PAPA: aprender y enseñar, escuchar y hablar, trabajar dentro de las estructuras sociales y jerarquías: entender «el sistema».
- LOS AMANTES: relacionarse, las principales decisiones que tienen que ver con las relaciones, tomar decisiones y aceptar la responsabilidad de las mismas.
- EL CARRO: probarse a uno mismo en el mundo, moverse, viajar, aprender a protegerse, cuidar de sí mismo y de los demás. Fijar y alcanzar objetivos.
- LA FUERZA/EL DESEO: deseo de creatividad, pasiones y deseos fuertes, un desafío que requiere gran fuerza y resistencia. Manejar la ira.
- EL ERMITAÑO: soledad, introspección, aprender por experiencia o a través de un modelo a seguir, perfeccionando, buscando, completando un proyecto.
- LA RUEDA DE LA FORTUNA: cambio importante de residencia, trabajo, perspectivas; finalización de un ciclo y comienzo de otro, suerte y destino, fama y fortuna.
- LA JUSTICIA/EL AJUSTE: consideraciones legales y financieras, equilibrio y armonía, aprender a llevarse bien con los demás y ser fiel a uno mismo, sociedades, contratos.

- EL COLGADO: manejar tus bloqueos, autosacrificio, martirio, alcoholismo y adicciones, renunciar a tus ideas, actitudes y creencias fijas. Adquirir una nueva perspectiva.

- LA MUERTE: desprenderse de algo, romper las formas desgastadas para permitir un nuevo crecimiento, renacimiento y regeneración, el dolor, examinar las cosas en toda su profundidad, la investigación.

- LA TEMPLANZA/EL ARTE: desarrollar prácticas de salud y curación, probar y ensayar tus creencias y filosofía, combinaciones creativas.

- EL DIABLO: luchas de poder, manipulación, mantener el sentido del humor, agitar el malestar, cuestionar la autoridad, una fuerte sexualidad.

- LA TORRE: limpieza (trabajo corporal, dieta, ayuno, limpieza de la casa); ira y dolor, derribar o quemar las viejas estructuras que ya no son necesarias.

- LA ESTRELLA: reconocimiento por tus logros, idealismo y humanismo, con la necesidad de actuar sobre ellos; conciencia de la tierra como una entidad viva, con el deseo de sanarla.

- LA LUNA: la imaginación y los sueños actúan con mucha fuerza, sensación de ser atraído por un deseo desconocido, relaciones kármicas.

- EL SOL: reconocimiento, logro de una meta importante, matrimonio o nacimiento, autoestima.

- EL JUICIO/AEÓN: tratar con el juicio, la crítica, la evaluación de uno mismo y de los demás; avance hacia nuevas creencias, visión del mundo, comprensión; nacer de nuevo, tratar con la muerte y las transiciones.

- EL MUNDO/EL UNIVERSO: aprender a sacar partido a tus propias limitaciones, trabajar dentro de unos límites o una estructura, sentido de potencial infinito.

- EL LOCO: aventura, viaje, audacia, apertura a nuevas experiencias.

Visualizar el tarot

Lianne Graves, una estudiante de una de mis clases de tarot, escribió la siguiente narración. Surgió de una meditación sobre las cartas del Loco, el Mago y la Suma Sacerdotisa y me pareció tan fascinante que la adapté como visualización guiada y se la leí a mis estudiantes con un fondo musical. Empleando una música tranquila con un ritmo lento, te será más fácil relajarte y dejar que las palabras lleguen a ti sin los juicios y barreras habituales. He encontrado algunas secciones de *Las cuatro estaciones* de Vivaldi bastante apropiadas para acompañar la visualización, y actualmente hay diversas grabaciones que pueden servirte.

Graba la narración en un dispositivo de audio o pídele a alguien que te la lea, preferiblemente con acompañamiento musical, procurando que la música marque el ritmo de las palabras.

Como con todas las visualizaciones, primero debes respirar tres veces y conectar tu energía con la tierra. Vuelve a leer las instrucciones del capítulo uno si no las recuerdas.

Un relato sobre el tarot

No hay palabras para describir la belleza del jardín que rodea el templo. Te ha guiado hasta aquí un personaje extravagante y despreocupado. Está tan absorto en su propio mundo que te sientes incómodo. Si no fuera por ti y por ese perrito blanco que lo acompaña, habría sufrido muchos percances. Debes prestar mucha atención al terreno que pisas para seguir sus pasos; él parece estar tan en las nubes que temes que se haya vuelto loco. Subes tras él por el acantilado y bajas al barranco, hasta que empiezas a marearte. Al detenerte a recuperar el aliento, lo ves desaparecer en un jardín de rosas. Cuando recuperas el sentido, una nueva conciencia se apodera de ti. Sientes como si se hubiera producido una transformación. Una increíble fuerza energética te llama desde el rosal.

Te abres paso entre las parras colgantes. Al otro lado está el jardín; a lo lejos, el templo. Cuando entras en ese maravilloso oasis, te sorprende la intensidad que te rodea. A tu izquierda hay una mesa de madera cuadrada. Frente a ella se encuentra un hombre cuya belleza te deja sin aliento. Parece estar dirigiendo una sinfonía invisible mientras levanta la batuta con su mano derecha y canaliza la energía con su mano izquierda. Irradia electricidad por cada poro de su piel. Delante de él hay una mesa con una copa, una vara, una espada y una especie de moneda gigante que tiene una estrella en el medio. Este personaje te resulta extrañamente familiar, como si lo hubieras seguido hasta aquí en un sueño. Le preguntas su nombre. Te mira y te hace un guiño. Parece como si jugara con tu mente. Entre tú y él surgen visiones y fantasías, pero son más que meras alucinaciones. Cada nueva imagen-pensamiento que se te presenta te brinda una claridad y una conciencia que nunca habías conocido.

Es todo lo que puedes hacer para permanecer a su lado. Además, es muy atractivo con su camisa blanca y su capa roja. Lo que ya resulta demasiado extravagante es este ocho borroso que flota sobre su cabeza, girando, agitándose, emanando luz y energía. Es hipnótico. Solo sus ojos te mantienen centrado. Miran profundamente dentro de tu alma como nadie lo ha hecho jamás. En el jardín, rodeado de vides colgantes, rosas, plantas e innumerables flores, te sientes unido a este ser y al escenario que os rodea. Vuestras almas son una sola. Quieres fundirte con él, entrar en su canal y convertirte en uno con la fuente que surge a través de él.

Antes de que puedas terminar tu pensamiento, una voz entra en tu cerebro. «Primero has de terminar tu viaje. Debes dejar el jardín y entrar en el templo. Allí, si te aceptan, te darán más información y se te mostrará el camino». Tu corazón siente el dolor de la pérdida, con la que viene la respuesta: «Somos uno; nuestras almas son del mismo Padre. Antes de que pueda regresar y llevarte conmigo, tendrás que pasar por la iniciación. Muchos como tú han estado ante mí, y ninguno logró permanecer tanto tiempo. He engañado, deslumbrado y asombrado a seres más grandes que tú, y sin embargo, ante tu brillo y tu belleza siento una emoción que me embarga. Es como si todo lo que creé para llenar esta pérdida de verdadera magia se encontrara ante mí con su propia y perfecta creación. Soy el Mago, y aun así tu inocencia y tu fe me han deslumbrado. Antes de que podamos volver a ser uno, has de dejar el jardín y alejarte de mí. Si eres quien yo creo, volveremos a ser uno como en el principio. El camino es duro; el viaje es largo. El final, la eternidad como un solo ser. Tu búsqueda te ha llevado una vez más al jardín. Me has encontrado y te has visto en mí. No puedo entregarte nada material: ni alimento, ni refugio, ni talismán, ni poción. Se me permite darte un poco de inspiración: una palabra, una visión, para que recuerdes quién soy. Piénsalo bien. Solo esto te llevará de vuelta a mí. Aquí permaneceré, para siempre, seguiré siendo el ilusionista hasta que una fuerza externa a mí consiga mostrarme unas perspectivas superiores. Veo los horizontes de tu alma. Siento dentro de ti la presencia de un espíritu tan grande como el que yo canalizo. Eres mi alma, mi pareja, la parte de mí que perdí cuando nos alejamos de la gracia. La eternidad no ha sido más que el sueño de una noche. Te he visto dormir y ahora has despertado. Escoge bien, mi amor, porque este será tu único recuerdo de mí hasta que ambos elevemos nuestros corazones a Dios para regresar una vez más».

Es como si ya hubieras estado aquí antes. Sus ojos no dejan nunca de mirarte, su boca no se abre ni una sola vez. Sabes dónde te encuentras y quién es él. Un escalofrío de electricidad recorre cada átomo de tu ser. Bajas la cabeza y agradeces a la Fuente esta bendición. Miras de nuevo y ves que está complacido. El momento finalmente ha llegado. Has cruzado el umbral, has atravesado *maya*, tu destino se encuentra ante ti. Le pides una canción. Una canción que se entrelazará con todas las que escuches. Sus ojos brillan intensamente. Asiente con la cabeza y agrega: «A una solicitud tan sencilla se le añadirá otra. Me conocerás cuando esté allí. Esta será tu mayor prueba. Soy el aliento de vida, el arroyo que fluye a través de todo. Y, sin embargo, como ilusionista que soy, mi esencia no puede ocultarse. Soy uno; no hubo ninguno antes ni lo habrá después. Me conocerás sin saber por qué. No me busques, siempre estoy ahí. Ten fe en mi presencia y escucha mi canción. Si superas la iniciación y completas el viaje, estaremos unidos y dejaremos el jardín como uno. Si en algún momento fallas, te encontrarás de nuevo ante el jardín de rosas, solo que cada vez será más difícil apartar el velo, serás menos inocente y la esperanza de renovación se alejará un poco de tu alcance. Todo esto se desvanecerá tanto para ti como para mí. Solo quedará la canción y una cierta mirada que pasará entre nosotros antes de que me vaya. Ve con un corazón puro y una mente abierta. Estoy contigo, como antes, como siempre».

El sonido de sus últimas palabras resuena por todo el jardín. La luz que lo rodea se vuelve brillante. No puedes mirarlo a los ojos. Al aventurar una última mirada a través del resplandor, te golpea una mirada que llega a tu ser y toca un acorde, creando un sonido en tu interior. A medida que el sonido crece, la luz se atenúa hasta que el sonido y la luz se funden en un tono fino y distante. Podrías seguir esta nota, pero algo en el interior te mantiene en tierra y, de repente, te encuentras ante un elevado templo blanco. Sin pensar en cómo llegaste ahí, o en lo que pasó antes de entrar en los portales abiertos, ves al final de un largo pasillo a una mujer vestida con unos velos azules que flotan con la brisa. Sientes la presencia de un ser lleno de conocimiento. Una copa para saciar tu sed interior... El viaje acaba de comenzar.

Visualización guiada de la Suma Sacerdotisa

Tómate un pequeño descanso, y luego continúa la historia acercándote a la Suma Sacerdotisa en su templo. Esta narración también tienes que grabarla o pedirle a alguien que te la lea. Asegúrate de descansar y hacer varias respiraciones donde se indica con el signo #. A más signos, más largas las pausas, aproximadamente una larga inhalación/exhalación cada una.

Cierra los ojos, relájate y haz tres respiraciones profundas. # # #
Ahora imagínate ante un templo alto y blanco.
Acepta cualquier imagen que te venga a la mente. # # #
Acércate al templo y entra en él.
Un largo pasillo se extiende ante ti.
Mira a tu alrededor. Imagina cómo es el interior de este templo. Puede que te encuentres en un lugar insólito... Está bien. Este es el templo de tu mente y puede ser cualquier cosa que desees. # # # #
Camina por el largo pasillo, adentrándote cada vez más en el corazón del templo. #

Ahora estás ante la Suma Sacerdotisa. Obsérvala con atención, fíjate en lo que lleva puesto, dónde se encuentra, si permanece de pie o sentada y qué está haciendo.

Tal vez cambie de apariencia mientras contemplas como, poco a poco, su imagen se va volviendo más nítida. # # # #

Tómate un momento para respirar profundamente. Respira los aromas del templo. # # #

Escucha... ¿Oyes algún sonido? # Si es así, ¿qué oyes? # # #

A la Sacerdotisa también se la conoce como el Oráculo. Escudriña profundamente tu alma con la mirada del conocimiento interior y te convoca desde su recinto de antiguos recuerdos y profundos misterios. #

De ella recibirás ayuda en tu búsqueda. # En una mano sujeta un libro en el que se registran tus comienzos y tus vidas anteriores. En la otra tiene un objeto que no se puede ver. Te hace un gesto para que te presentes, desea entregarte algo que te ayude en tu camino.

En tu mano izquierda coloca el objeto que guardaba. ¿Qué es? Examínalo de cerca. # # # #

¿Qué vas a hacer con él?

Pregúntale cómo debes usarlo en tu vida. # # # #

Luego agradécele su ayuda. # #

Date la vuelta, retrocede por el pasillo y sal por el portal.

Tómate unos momentos para volver al aquí y ahora. Siente la silla o el suelo debajo de ti.

Estírate suavemente y abre los ojos cuando estés listo.

Responde enseguida a las siguientes preguntas:

¿Cómo era tu Suma Sacerdotisa?

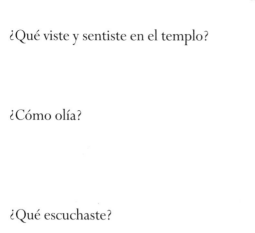

¿Qué viste y sentiste en el templo?

¿Cómo olía?

¿Qué escuchaste?

¿Qué objeto recibiste de tu Suma Sacerdotisa?

¿Qué te dijo que hicieras con él?

LECTURA SUGERIDA PARA EL CAPÍTULO DOS

The New Diary: How to Use a Journal for Self-Guidance and Expanded Creativity
[El nuevo diario: Cómo usar un diario para orientarte y expandir
tu creatividad]. Tristine Rainer. Los Ángeles: J. P. Tarcher, 1978.
Puedes consultar la posición y las fases de la luna en los calenda-
rios y almanaques astrológicos como el *Celestial Influences Calendar*, el
Daily Planet y el *Witches' Almanacs*.*

---

* Se pueden encontrar almanaques lunares y astrológicos en prácticamente cualquier idioma.

DEL TAROT MORGAN-GREER, ilustrado por William Greer bajo la dirección de Lloyd Morgan y publicado en 1979. Estas cartas de los Arcanos Mayores están dispuestas en el patrón de la Rosa de la Cruz hermética y rosacruz. Dicha rosa contiene veintidós pétalos que representan las letras hebreas, las correspondientes claves del tarot, y los signos astrológicos y los planetas. En el centro se encuentran las tres letras madre del alfabeto hebreo: alef, mem, shin, *que corresponden a aire, agua y fuego. Alrededor de ellas están las siete letras dobles:* beth, gimel, daleth, kaph, peh, resh *y* tav, *que corresponden a los siete planetas tradicionales. El círculo exterior de pétalos son las doce letras simples:* heh, vav, zain, cheth, teth, yod, lamed, nun, samekh, ayin, tzaddi, *y* qoph, *que se corresponden en orden, desde Aries hasta Piscis, con los signos del Zodíaco. Esta combinación de letras y los sonidos que representan son la clave del Nombre o la Fuente, que es el objeto de la contemplación mística.*

Capítulo 3

La lectura de las cartas

El tarot no tiene por qué implicar que nuestro sino esté abocado a vencernos, sino que indica la mejor manera de avanzar para cumplir con nuestro destino: que tenemos una opción.
—Suzanne Judith

Todos buscamos soluciones rápidas a nuestros problemas. Queremos a alguien o algo que resuelva nuestros conflictos, que nos dé seguridad, que colme nuestras esperanzas, que alivie nuestras ansiedades. De este deseo humano han surgido los métodos de oráculo comunes a todas las culturas: un medio de predecir el futuro, una forma de adivinar lo que los dioses y diosas nos tienen reservado. El conocimiento oracular representa una forma de evitar la ansiedad del riesgo. Sin embargo, con esto corremos el peligro de engañarnos, porque solo podemos evolucionar a través de nuestro propio acercamiento individual a la vida y al azar.

Lo que aumenta la autoconciencia y el crecimiento personal es la claridad y la percepción con la que ves los acontecimientos a tu alrededor, y aquí es donde te ayudará la formación oracular. Esta, específicamente, responde a preguntas como: ¿cómo utilizas las circunstancias que se te presentan? ¿Valoras tus propias fuerzas y las utilizas de forma efectiva? ¿Vives de una manera que es beneficiosa para ti mismo, el mundo y todos los seres vivos? ¿Qué opciones tienes para expresar tu libre albedrío individual en una determinada circunstancia?

Abrir las puertas de la oportunidad

El tarot te anima a mirar la vida simbólicamente, a observar profundamente sus niveles simultáneos de significado. Te insta a ir más allá del caos que aparece en la superficie y buscar verdades universales más profundas que yacen enterradas en la mente inconsciente para entender, así, el verdadero significado de causa y efecto. Solo cuando te responsabilizas de lo que has atraído a tu vida, puedes encontrar el poder de crear orden a partir del caos.

Por ejemplo, la carta del Diablo representa simbólicamente nuestra servidumbre a la ignorancia. En una lectura, puede denotar una lucha de poder en tu trabajo o en tus relaciones personales, pero también sugiere que reconozcas que la lucha en sí misma te controla ahora. Tu obsesión con el problema puede ser el verdadero diablo, especialmente si limita tu libertad de elección. Una interpretación sombría tal vez, pero esta carta también sugiere una opción, otro modo de percibir la situación. El Diablo te aconseja «alegría», es decir, aprender a reírte de ti mismo, ver el humor y el absurdo en una visión fija y obstinada de la realidad. Es más difícil involucrarse pomposamente en una batalla por el poder y el control cuando se ve lo absurdo de toda la estructura. La carta del Diablo, por lo tanto, te insta a contemplar la situación existente como una inversión de la realidad. En lugar de ceder a la culpa y la ansiedad, el Diablo te recuerda que esto puede ser una oportunidad para crear un nuevo orden a partir del caos. ¿Elegirás ver y aprovechar tu oportunidad? Tus recompensas son proporcionales al nivel de caos en el que te hayas sumergido y a la energía que ejerzas para crear un nuevo entendimiento. Es el camino hacia la cima a través del abismo. Podría significar la inversión de todos tus valores. Y si eres un luchador obsesionado, atado por la sed de control y poder, señala el camino a la libertad de una esclavitud que tú mismo te has buscado. ¡El Diablo te ofrece una oportunidad!

Solo arreglando y reorganizando cuidadosamente las cartas y estudiando sus sutiles interrelaciones es posible empezar a entender cómo se interrelacionan los diversos aspectos de tu existencia.

Entonces podrás ver como los diferentes acontecimientos están interconectados, como tus acciones en un aspecto de tu vida son manifestaciones de las preocupaciones en otro. Por ejemplo, un dolor de espalda quizá surja del resentimiento por las grandes responsabilidades que has asumido.

Para hacer una lectura ya sea para ti o para otra persona, hay varios pasos que son necesarios antes de desplegar las cartas. Estos son:

1. Decidir el propósito de la lectura: por ejemplo, ¿estás haciendo una pregunta específica o una tirada para tu diario?
2. Decidir la tirada más apropiada.
3. Tener papel y bolígrafo o una grabadora a mano para registrar la lectura.
4. Ponerle fecha.
5. Purificar las cartas. Consulta las páginas 62 y siguientes para ver las técnicas de purificación sugeridas.
6. Centrarse y conectarse con la tierra (ver la página 65).
7. Barajar, cortar y luego colocar las cartas (ver la página 76).

Cómo hacer preguntas

En primer lugar, no siempre es necesario hacer preguntas concretas en una lectura del tarot. Normalmente pido una orientación general, empleando una pregunta como «¿qué necesito examinar o mirar en mi vida ahora mismo?» y confiando en que mi Ser Superior enfoque la lectura en el tema más apropiado. En la lectura, el énfasis en un palo en particular a menudo señala el área de la vida que se está tratando. En general, los bastos representan la creatividad y la empresa, las copas son las emociones y el reino psíquico, las espadas son el intelecto o la lucha y los pentáculos son el trabajo, el dinero y la seguridad. Las cartas de la corte se centran en las personas, entre ellas los diferentes papeles que desempeñas en tu propia vida, mientras que los Arcanos Mayores hablan de tus procesos, métodos y lecciones.

En una lectura «abierta» se busca primero el tema que se presenta, y luego los consejos relativos a ese tema. A veces no hay «consejos», sino simplemente una descripción específica y clara de la situación.

Si este es el caso, el mensaje suele tratar sobre la relación entre los diversos factores.

Por ejemplo, una lectura para un hombre que era claramente acerca de su trabajo (muchos pentáculos) también destacaba una carta de la corte femenina que le parecía que describía a su madre y en última instancia su influencia en la elección de su empleo, pero también cómo lo percibían en su lugar de trabajo. Al reconocer que a través de su deseo de complacer a su madre estaba tratando de vivir sus fantasías proyectadas, consiguió ver más claramente la dinámica que se había creado en el trabajo. También liberó parte del resentimiento que a menudo había sentido hacia su madre, al darse cuenta de que sus elecciones a menudo se habían basado en una anticipación equivocada, aunque inconsciente, de lo que ella esperaba de él, en lugar de lo que era apropiado para la situación. Asimismo, se hizo más consciente de la aparición de las cartas femeninas en sus lecturas personales, que representaban la transformación de su feminidad interior, al tratar este tema.

Quizá desees realizar una declaración en la que indiques tu intención de ser guiado por el consejo de tu yo superior, el universo, la Fuente, la Gran Diosa o un ángel o guía determinados. Pedirle a una entidad que proteja y guíe la lectura es lo que denominamos realizar una «invocación». Es conveniente añadir a tu petición que el consejo redunde en el «mayor beneficio de mi espíritu y del mundo (o de todos los demás interesados)».

Escribe en tus propias palabras una o más invocaciones o declaraciones de intención que puedas usar para tus lecturas generales:

Sin embargo, la mayoría de las veces tendrás un propósito más específico al realizar una petición a las energías arquetípicas del tarot. Además de pedir orientación y dirección general, quizá quieras formular:

1. Preguntas sobre la acción más apropiada que puedes tomar.
2. Preguntas sobre elección; es decir, qué opción entre varias es la mejor, o cuáles serían las consecuencias de varias de ellas.
3. Preguntas de «¿por qué?». Estas se expresan mejor en la forma «¿cuál es la lección que necesito aprender?» o «¿qué está tratando de enseñarme esta situación?».
4. Preguntas que pueden ser respondidas con un sí o un no.

Vale la pena dedicar todo el tiempo que sea necesario para aclarar tu pregunta, mirando sus diferentes aspectos y decidiendo lo que realmente necesitas saber para resolverla. La forma que adopte la pregunta determinará en última instancia el tipo de tirada que se utilice, incluida la posibilidad de crear una tirada para obtener exactamente la información necesaria. Por ejemplo, un hombre quería saber si él y su esposa deberían tener un segundo hijo, un punto importante de disputa entre ellos. Al analizar la pregunta, descubrimos que necesitaba saber tres cosas: ¿le convenía tener otro hijo? ¿Era lo mejor para su esposa? ¿Era lo mejor para su relación de pareja?

Decidimos usar una simple tirada de tres cartas de sí-no, con cada pregunta asignada a una de las tres posiciones. (El sí-no se analiza en el capítulo seis). Los resultados fueron «sí» para él, fortaleciendo así un vínculo con su propio niño interior, «no» para ellos como pareja y «no» para su esposa, ya que sería tanto física como mentalmente perjudicial para ella. Con la idea de que más niños le permitirían expresar su frustrado niño interior, examinamos formas alternativas de traer más niños y juegos a su vida.

Descubrirás cómo obtener respuestas a tus preguntas a medida que conozcas las diversas tiradas de este libro.

La interpretación de los palos

Si esta es tu primera experiencia en la interpretación de las cartas, quizás sientas la necesidad de buscar todos los significados en este u otros libros. Aunque esta es una forma de familiarizarse con las cartas, también podrás notar que las interpretaciones varían de un autor a otro. Ten en cuenta que no hay un conjunto definitivo de significados. La forma en que lees una carta en una posición particular en un diseño determinado puede variar de una lectura a otra. Si al principio desarrollas tu propia interacción personal con tus cartas, pronto descubrirás que están tratando de comunicarse contigo de una manera tan única como los símbolos de tus sueños.

Comienza por mirarlas de una manera relajada y receptiva, permitiéndoles que te hablen de sí mismas. En el caso de los Arcanos Mayores, los símbolos son antiguos y arquetípicos y básicamente similares de una baraja a otra. Al acercarse a los Arcanos Menores, es mejor comenzar con una cubierta que tenga símbolos pictóricos en lugar de abstractos, cuando se usan las técnicas enfatizadas aquí.

Por supuesto, se puede memorizar cada carta en su estado vertical e invertido (ciento cincuenta y seis significados en total). O bien, podrías optar por aprender un sistema que te permita comprender no solo los significados de cada carta, sino también su relación con la carta anterior y posterior a ella, y con la carta del mismo número en los otros palos.

En esta sección se introducen los palos y los elementos. En el apéndice A, se exponen las cartas numéricas de los Arcanos Menores acompañándolas de una explicación general del significado simbólico de cada número. Al reunir los conceptos de cada número con cómo actuaría en cada palo (o elemento), conseguirás un buen conocimiento de cualquier carta.

Aunque lo que se expone a continuación no es ni la única forma de conceptualizar los palos ni la única asociación posible entre estos y los elementos, este es el sistema que he utilizado con confianza durante treinta y cinco años. También es el sistema que Crowley, Waite, Case y sus seguidores tenían en mente cuando diseñaron sus barajas, por lo que está en completa armonía con la mayoría de los diseños británico-estadounidenses. Si empleas un sistema diferente, asegúrate de que lo entiendes a fondo y utiliza una cubierta compatible con tu sistema. Por favor, añade tus propias ideas a estas páginas, con dibujos explicativos y variaciones de otros textos.

BASTOS
(varas, bastones, cetros, garrotes)

Los bastos se asocian con el fuego y suelen representarse como ramas ardientes o como ramas cortadas con nuevas hojas verdes que brotan de ellas (indicando nueva vida).

Representan crecimiento, virilidad, creatividad, autodesarrollo, inspiración, empresa, energía, percepción clara, iluminación, pasión y deseo. Están orientados al futuro, son emprendedores e inventivos; inician la acción. Iluminan espacios oscuros y hacen que las cosas se pongan en marcha.

Cuando recibas un basto en una lectura, pregúntate: «¿Qué es lo que deseo? ¿Cómo puedo expresarme creativamente a mí mismo y mis ideas? ¿Qué opciones de autocrecimiento están presentes? ¿Qué primer paso puedo dar?».

VIRTUDES: creatividad, espíritu empresarial, impulso.
VICIOS: orgullo, inquietud, obstinación.
ELEMENTO: fuego.
ESTILO: explotar, activar, inspirar.
FUNCIÓN JUNGUIANA: intuición.
DIRECCIÓN: Sur.
ESTACIÓN: primavera.
IMÁGENES: velas, llamas, cerillas, volcanes, girasoles, objetos fálicos, salamandras, leones y todos los gatos, carneros, todas las formas de nueva vida en crecimiento: bebés, plantas de primavera, etc.

COPAS

(vasijas, calderos, corazones)

 Se asocian con el agua y normalmente aparecen como copas llenas o vacías, y a veces como flores, especialmente lotos.

Las copas representan las emociones, las relaciones, el subconsciente, los mundos astral y onírico, las artes psíquicas e intuitivas, la fantasía, la ilusión, la fertilidad, la gracia y la serenidad. Las copas son amantes del placer, con una orientación estética, y sociables.

Cuando se obtiene una copa en una lectura, pregúntate: «¿Qué o a quién amo? ¿Qué estoy soñando o fantaseando? ¿Qué estoy sintiendo? ¿Cómo estoy respondiendo?».

VIRTUDES:	serenidad, amor, visualización creativa, imaginación, crianza.
VICIOS:	mal humor, excesos y adicción, drenajes psíquicos.
ELEMENTO:	agua.
ESTILO:	fluir, expandir, difundir, amar.
FUNCIÓN JUNGUIANA:	sentir.
DIRECCIÓN:	Oeste.
ESTACIÓN:	verano.
IMÁGENES:	tazas, copas, recipientes, masas de agua, úteros, flores (especialmente lotos), el fénix, ondinas, delfines y todas las criaturas acuáticas.

ESPADAS
(dagas, picas)

Las espadas se asocian con el aire. Fíjate en que en la baraja de Waite-Smith las nubes y el cielo son a menudo indicativos de la «atmósfera» de la carta.

Las espadas representan tus funciones mentales, racionales y lógicas, así como la comunicación y los pensamientos. Asimismo, son indicativas de una lucha o conflicto y apuntan a la necesidad de tomar decisiones o separarse de los apegos pasados. A menudo indican el deseo de conocer la verdad y la necesidad de discernimiento.

Cuando tengas las espadas en una lectura, pregúntate: «¿Dónde están enfocados mis pensamientos? ¿A qué decisión me enfrento? ¿Con qué tensión o conflicto tengo que lidiar? ¿Qué cambios hay que hacer?».

VIRTUDES: conocimiento, coraje, fuerza, verdad y justicia, organización.

VICIOS: desconsideración, juicios, lenguaje agudo, miedo o confusión.

ELEMENTO: aire.

ESTILO: atormentar, congelar, esforzarse, conceptualizar, comunicar, confrontar, cortar a través de algo.

FUNCIÓN JUNGUIANA: pensar.

DIRECCIÓN: Este.

ESTACIÓN: otoño.

IMÁGENES: nubes; viento; cielo; todos los objetos punzantes: navajas, cuchillos, vidrio; sílfides; cuatro vientos; pájaros.

PENTÁCULOS

(denarios, discos, monedas, estrellas, diamantes, oros)

 Los pentáculos se asocian con la tierra y a menudo se representan como dinero, artesanías hechas a mano o frutos (de plantas o de tu labor).

Indican una preocupación por el dinero, el resultado del trabajo, la acumulación de conocimientos y el desarrollo de habilidades. Los pentáculos representan lo que te sustenta y estabiliza, así como las tradiciones, las bases y las herencias. Dado que cuestionan tu sentido de autoestima y lo que valoras, pueden representar el dinero, el trabajo o tu casa, dependiendo de dónde se encuentre tu sentido de seguridad. Basándose en los supuestos de su cultura, la baraja de Waite-Smith representa a los pentáculos dentro de un marco capitalista y a menudo muestra la disparidad entre los que tienen y los que no tienen.

Cuando tengas a los pentáculos en una lectura, pregúntate: «¿Qué valoro? ¿Dónde encuentro mi mayor sensación de seguridad? ¿Por qué me siento inseguro? ¿Qué objetivos se están materializando? ¿Qué mensajes estoy recibiendo de mi cuerpo físico y de mi entorno?».

VIRTUDES:	conocimiento y habilidad, resistencia, estabilidad.
VICIOS:	estrés y ansiedad, terquedad, incapacidad para cambiar, posesividad, codicia...
ELEMENTO:	tierra.
ESTILO:	secar, agrietar, materializar, solidificar, cristalizar.
FUNCIÓN JUNGUIANA:	sensación.
DIRECCIÓN:	Norte.
ESTACIÓN:	invierno.
IMÁGENES:	dinero, bandejas, piedras, frutos de la tierra, artesanías, maquinaria, la Madre Tierra, gnomos, toros, vacas, cabras.

Purificación con la tierra, el agua, el aire y el fuego

En este ejercicio se experimentan realmente las energías de cada uno de los cuatro elementos correspondientes a los cuatro palos. Al igual que con las visualizaciones creativas, necesitarás grabar el ejercicio con un dispositivo de audio o hacer que un amigo te lo lea. El ejercicio se inspiró en uno que experimenté en un retiro de meditación sufí con Pir Valayat Khan, que aparece en su libro *Toward the One* [Hacia la unidad]. Para la purificación con la tierra tomé prestadas las ideas de *The Greater Trumps,* de Charles Williams.

Preparación básica

Ordena tu mazo de tarot en cuatro montones por palos, desde los ases hasta los pajes. Ponlos delante de ti en una mesa. También puedes colocar un objeto ritual para cada elemento; por ejemplo, una vela o una vara para el fuego, un vaso de agua para el agua, un palo de incienso o un cuchillo para el aire y una moneda, una pequeña olla de tierra o hierbas para la tierra.

Comienza por quitarte los zapatos y ponte de pie con las manos extendidas frente a ti, con las palmas hacia arriba. Respira lenta y uniformemente por la nariz.

A medida que inhalas, visualiza que estás atrayendo energía a través del plexo solar (un punto a cinco centímetros por encima del ombligo), de las plantas de los pies y de la cavidad de la parte superior de la cabeza.

Al exhalar, irradia energía desde el centro de tu corazón y simultáneamente desde los hombros y las palmas de las manos.

Sigue haciendo lo anterior.

Así, tenemos tres *entradas* de energía: 1) energía terrestre del campo magnético de la tierra, que entra por las plantas de los pies; 2) prana, o energía cósmica, que entra por el plexo solar, y 3) energía celeste que entra por la coronilla.

Inspira la energía a través de estos centros.

También tenemos tres *salidas* para la energía: 1) el amor que irradia desde el centro del corazón, 2) el aura, o campo magnético personal, que irradia desde los hombros y 3) la energía curativa que irradia desde las palmas de las manos.

Purificación con la tierra
(inspira y espira por la nariz)

Sostén el palo de pentáculos en tus manos y piensa en la tierra: el moho del jardín, la materia de los campos y el polvo seco de los caminos; la tierra en la que crecen tus flores, la tierra a la que vuelve nuestro cuerpo, la que de una u otra forma hace que el terreno se separe de las aguas. La tierra, la tierra de las cosas que crecen y se descomponen, llena tu mente con su imagen. Deja que tus manos estén listas para barajar las cartas. Sostenlas con seguridad pero suavemente, y si parecen moverse, déjalas que se salgan. Ayúdalas; ayúdalas a deslizarse y a mezclarse.

Siente cómo la gravedad tira de ti. Estás extendiendo tus raíces hacia las profundidades de la tierra, empujándolas hacia el húmedo y oscuro subsuelo, en busca de alimento. Exhala todas las toxinas y los aspectos más densos de ti mismo en la tierra donde esta energía rancia se renueva. Inhala la energía filtrada, alimentada y recargada por la Madre Tierra.

Cuando espires, siente cómo el campo magnético de la Tierra atrae el campo magnético de tu cuerpo hacia ella.

Al inspirar, siente cómo el campo magnético de tu cuerpo atrae al de la Tierra hacia sí mismo, al igual que la planta atrae hacia sí la tierra y el agua. Baraja los pentáculos. Siente como las cartas se deslizan una sobre otra como si la tierra se desmoronara entre tus dedos. Estás desmenuzando y frotando un trozo de tierra entre tus manos. Están llenas de tierra, se amontona en ellas. Una carta de tierra quiere caer de entre tus dedos; déjala. Déjala caer al suelo a tus pies.

Ahora presiona el montón de cartas con firmeza, pensando que son solo eso, cartas, simplemente dibujos de líneas y colores. Colócalas sobre la mesa delante de ti. Recoge la que has dejado caer y déjala a un lado para más tarde.

PURIFICACIÓN CON AGUA
(inspira por la nariz y espira por la boca)

Toma el palo de copas y piensa en el agua: un lago azul celeste cristalino, un arroyo plateado que atraviesa un bosque, las olas saladas del océano que te engullen, la lluvia torrencial que refresca la tierra, limpiando y reverdeciendo la naturaleza, renovándola. Siente cómo la energía de las copas fluye de una mano a la otra igual que las ondas de un estanque y la corriente de un arroyo. Permite que el agua corra a través de las yemas de tus dedos; deja que tus manos guíen la corriente como si fueran las orillas de un río.

Imagina que tu propio campo magnético es un lago y que una corriente clara fluye a través de él, limpiándote y purificándote con su fluir.

Al espirar, las impurezas de tu campo magnético son arrastradas hacia la corriente.

Te sientes poroso como un tamiz, con muchos pequeños agujeros que atraviesan tu solidez.

Al inspirar, el fluir cósmico se vierte en cada célula. Deja que la energía te recorra. Ponte de puntillas bajo una cascada.

Deja que el agua fluya a través de ti, pasando por tus manos. Siéntete completamente relajado. Estás mojado, completamente empapado.

Baraja las copas. Siente como el agua fluye a lo largo de tus manos: sigues estando bajo la cascada, el agua fluye a través de los espacios abiertos de tu cuerpo... Entre cada célula, limpiando y purificando. La sientes en el cabello, en la piel y entre los dedos; húmeda y fluyente. Las olas llevan una carta a tus dedos. Tómala y ponla a un lado.

Ahora, vuelve a ser consciente de las cartas como lo que son: cartulinas con dibujos. Siente su dureza y resistencia. Vuelve a apilarlas firmemente y ponlas sobre la mesa delante de ti. Coloca la copa que recibiste con el pentáculo.

PURIFICACIÓN CON AIRE

(inspira y espira por la boca, con los labios semicerrados, para
que entre y salga una corriente suave y depurada de aire)

Toma el palo de las espadas: piensa en el aire. Imagina que estás en el exterior, y hay viento. Lo sientes correr, despeinándote, agitando tu ropa. Inhala por la boca y exhala por la boca, abriendo bien los dedos de las manos y de los pies y extendiendo los brazos desde los hombros.

Mientras inspiras, te sientes como un águila agitando sus plumas. Espira, dejando que el aire fluya a través de tus alas.

Inspira a través de los poros de tu piel, siente cómo te recorre el viento, por los espacios entre las células y los átomos de tu cuerpo. Al espirar, te disuelves en las corrientes de aire, fundiéndote con la respiración del mundo.

Siente las espadas en tus manos, suspendidas en el espacio entre tus respiraciones, serenas. Ahora están entrando en acción. Barájalas. Deja que el movimiento fluido del viento las lleve a donde quiera, tal y como te lleva y te mueve. Quizás sientas que el viento te sacude, te hace girar, te alza como un ave, en la punta de los dedos de los pies. Entre las respiraciones te suspendes, equilibrado sobre la punta de la espada. Luego el viento te levanta de nuevo, estás volando. Toda la densidad, toda la gravedad queda detrás de ti. Eres totalmente receptivo a las corrientes siempre dinámicas del aliento de luz, el Espíritu Santo. Fu-u-u-u-u. Mientras exhalas, eres arrastrado por los vientos de destrucción, y luego regresas a ti unido a tu respiración. Flotando.

Los vientos llevan una carta a tu mano. La tomas. Ahora el viento se ha detenido.

Lleva las cartas suavemente a su lugar. Son cartulinas pintadas, sólidas, entre tus dedos. Las apilas cuidadosamente en un montón y las colocas sobre la mesa, poniendo la carta de la espada que te dio el aire con el pentáculo de la tierra y la copa del agua.

Purificación con fuego
(inspira por la boca, espira por la nariz; al inhalar, los labios deben estar casi cerrados, para que entre un fino chorro de aire)

Toma el palo de bastos: piensa en el fuego. El extremo brillante de una varilla de incienso, la llama de una vela que oscila en una habitación oscura: rojo, naranja, amarillo, azul. Leños de roble que arden en una chimenea, cálidos, envolventes. Un oscuro volcán contra el cielo nocturno que de repente entra en erupción en brillantes chispas, lava fundida dorada que desciende a través de las rocas negras. Siente tu propio proceso interno de combustión: cómo los alimentos en tu cuerpo se queman para proporcionar energía. Siente como te quema el deseo de tus ideales, como a medida que se manifiestan, se van convirtiendo uno por uno en luz blanca pura que ilumina todo lo que te rodea. Siente los bastos en tus manos. Las cartas de luz fluyen, se han vuelto transparentes a la claridad. Conforme barajas los bastos estos iluminan todo lo que te rodea.

Con la boca casi cerrada, aspira la llama a través del plexo solar y la luz a través del chakra de la coronilla atrayendo la llama y la luz al centro del corazón, donde se encuentran y explotan en una luminosidad radiante y pura.

Al espirar por la nariz, el centro del corazón se abre e irradia como el sol, mientras que la luz también surge como una fuente por la coronilla en la parte superior de la cabeza. Se divide en todos los colores del espectro y cae como un manto alrededor de ti en chispas multicolores. Inspira el fuego. Espira la luz. Inspira a través del plexo solar y desde la fuente de luz que brota sobre tu cabeza. Cuando la luz se encuentre y explote en el centro de tu corazón, exhala y siente como esta irradia desde tu corazón, llenando la habitación, mientras que desde tu coronilla cae una fuente de arcoíris que te envuelve. Sientes tu luminosidad; comienzas a sentirte como un ser de luz. Las luces del arcoíris parpadean en tus manos. Barájalas. Son bolas de luz danzantes. Saca del montón un fiero basto para iluminar tu camino y colócalo con las otras tres cartas.

Apílalas de nuevo. Se vuelven bidimensionales y opacas. Ahora son simplemente cartas. Nada más que imágenes con colores pintados. La luz se ha atenuado, aunque ya sabes dónde encontrarla.

Escribe aquí las cartas que recibiste de cada montón.

Recibí el

_____ de pentáculos _____ de copas

_____ de espadas _____ de bastos

Estas cartas indican dónde puedes encontrar ahora mismo las acciones y energías de ese palo/elemento en tu vida. Escribe aquí dónde y cómo sientes que se están manifestando en la actualidad, como indican las cartas que sacaste:

Cartas invertidas

Otra cuestión que debe resolverse antes de una lectura es cómo interpretar las «cartas invertidas», o las cartas que, cuando se giran de derecha a izquierda, aparecen al revés.

Cuando empecé a leer el tarot, no me gustaba interpretar las cartas «invertidas». Temía su aparición y siempre tenía que buscar los significados porque nunca los recordaba. Finalmente decidí no leer las cartas invertidas de forma diferente, lo que me liberó para confiar en ellas a un nivel mucho más profundo. Veía cada carta como un arcoíris que contenía un espectro de significado. En un extremo de la escala estaban las interpretaciones negativas de la carta, y en el otro sus significados más positivos y beneficiosos. Cuando sacaba una carta, sintonizaba con su energía en general, pero normalmente podía decir qué extremo del espectro se manifestaba (como en el *I-Ching*, cuando se refiere al «hombre superior», y debes preguntarte si eres el «hombre superior»). También descubrí que una vez que reconocía mi capacidad de elegir, podía retroceder y avanzar a lo largo de ese espectro, manifestando así a elección los aspectos más beneficiosos o problemáticos de cualquier carta. A partir de ahí confirmé que el tarot no «predice» un futuro fijo y predestinado, sino que es en realidad una herramienta para determinar el tipo de energías que puedo utilizar, permitiéndome dar un paso atrás y mirarlas y aceptar la responsabilidad personal por las acciones tomadas. También podría ver qué direcciones elegir para usar mi propio potencial más elevado.

Varios años después comencé a reconsiderar las cartas invertidas. Después de todo, si hay un significado en las cartas que caen del mazo mientras barajo, o en las posiciones que ocupan en una disposición particular, entonces debe haber un significado en una carta que aparece en una posición invertida en una lectura. También me he dado cuenta de que mi intención juega un papel importante en el trabajo intuitivo y psíquico. Es por eso por lo que múltiples interpretaciones y técnicas muy diferentes entre sí «funcionan» para diferentes personas.

Las siguientes sugerencias indican cómo la inversión de una carta puede modificar su significado o significados verticales. Prueba todas las posibilidades hasta que encuentres una o más categorías que funcionen mejor para ti y que se ajusten a tu estilo personal de lectura y tu visión del mundo. Si tienes alguna duda, prueba una de las tres primeras categorías. Por ejemplo, un as invertido puede indicar que hay dificultades y retrasos con los nuevos comienzos, pero comprueba si podrías estar negando subconscientemente la oportunidad que tienes ante ti. Un rey invertido puede significar que no quieres ser como tu padre, que reprimía o rechazaba el dominio de ese palo. Y también, que eres tranquilo y modesto por fuera, pero en tu interior posees la determinación y la capacidad del rey.

1. La energía que normalmente describe la carta puede ser bloqueada, reprimida, negada, rechazada o resistida. El potencial está presente pero no se utiliza ni se libera.
2. Puede haber vacilación, incertidumbre, dificultad o retrasos. Si muchas cartas se invierten, puede simplemente indicar retrasos generales y la frustración consiguiente.

3. La energía puede ser inconsciente, interna o privada en lugar de consciente, externa o pública. Si es verdaderamente inconsciente, el consultante puede negarla o no reconocerla.

4. Como fase de luna nueva u oscura, puede indicar lo que es instintivo, oculto, y en el momento de la concepción o la reforma.

5. Tal vez estés proyectando en los demás algo que rechazas de ti. Estas características podrían ser tanto cualidades que admiras como rasgos que no te gustan.

6. Quizá el consultante esté cambiando, saliendo, liberándose, rechazando, rehusando o alejándose del significado de la carta en su posición normal.

7. Puede mostrar el final o la desaparición de una situación, un relajamiento o un cambio de dirección.

8. Puede ser que no haya *ninguna* de las cualidades de la posición derecha de la carta. *No* es eso. Intenta añadir prefijos como *i-* o *im-*.

9. La inversión puede tener un significado extremo, ya sea intensificando o disminuyendo el efecto: muy poco o demasiado, poco o demasiado desarrollado, inmaduro o senil. Puede mostrar una compensación en sentido positivo o negativo, o pasar de una polaridad a la otra.

10. Puede haber un comienzo fallido, un momento inoportuno o un mal uso, apropiación indebida o desviación.

11. La inversión sugiere palabras que comienzan con *re-*, como en la expresión *retrogradación planetaria*, que denotan movimiento de retroceso, retirada, oposición, negación o tener que hacer algo de nuevo. Puede que tengas que revisar, reconsiderar o rehacer acciones anteriores.

12. La inversión puede ser tanto la enfermedad como su remedio. Un *remedio* es un «agente utilizado para restaurar la salud». Como en el caso del colgado, ¿qué nuevas perspectivas te pide la inversión que tengas en cuenta?

13. Si una carta derecha representa la sabiduría convencional, entonces la inversión ilustra la sabiduría no convencional. Describe los mundos de las sombras, mágico y chamánico. Puede jugar el papel de embaucador, pidiéndote que no tomes una situación tan seriamente.

La aparición de las cartas invertidas te ofrece la oportunidad de reconocer lo que está pasando bajo la superficie de las cosas y quizás, si es apropiado, tomar algún tipo de acción para exteriorizarlas.

Ahora, con algún conocimiento de los palos de los Arcanos Menores, la experiencia con la tirada básica de tres cartas y un conocimiento de las posibilidades de las cartas invertidas, estás listo para explorar las posibilidades de una de las tiradas más versátiles que el tarot puede ofrecer.

LAS DIEZ PRIMERAS CARTAS de los Arcanos Mayores de la baraja de Rider-Waite-Smith están dispuestas en orden en el patrón de la cruz celta diseñado por Susan St. Thomas. El Mago y la Suma Sacerdotisa representan la dualidad básica o la oposición de la voluntad contra la receptividad. La Emperatriz es el fértil inconsciente en el que se plantan las ideas de la semilla. El Emperador es la forma y la estructura establecida: tu pasado. El Papa significa tus más altas aspiraciones. En los Amantes eliges la dirección de tu futuro. El Carro es tu vehículo personal, mientras que la Fuerza es tu habilidad para manejar tu entorno. El Ermitaño busca la lección en todo esto, y en la Rueda de la Fortuna encuentras que el final es solo un nuevo comienzo.

Capítulo 4

La tirada de la cruz celta

Uno de los métodos más antiguos para leer el tarot se conoce como la cruz celta o tirada de diez cartas. Con pequeñas variaciones ocasionales, sigue siendo hasta hoy el método más popular de «echar» las cartas. No se sabe mucho sobre sus orígenes aparte de que A. E. Waite la dio a conocer por primera vez en 1910 como un «antiguo método celta». La utilizaban los miembros de la Orden Hermética de la Aurora Dorada, uno de los cuales la llamaba tirada «gitana», y otro la describía como un método que «no pertenecía a ninguna orden» y, por lo tanto, podía utilizarse con los no miembros sin romper los juramentos de secreto.[1]

Existen múltiples estilos y formas de leer el tarot. El hecho de que tanto los lectores aficionados como los profesionales sigan confiando en la tirada de la cruz celta después de años de experiencia da testimonio de su amplia aplicabilidad, practicidad y significado. Este capítulo demostrará lo que hace que esta tirada sea tan versátil y arquetípica y asimismo presentará nuevas formas de ampliar su capacidad para ayudar al crecimiento personal y espiritual.

Los antecedentes históricos y simbólicos de la cruz celta

La cruz celta es un tipo de cruz que se encuentra por toda Irlanda. Muchas de ellas, como la famosa Cruz de Muireadach, en Monasterboice, Irlanda, sirvieron en el siglo X d. C. como apoyos visuales durante los sermones al aire libre. Estas cruces de piedra, de hasta seis metros y medio de altura, suelen estar talladas con motivos en espiral y escenas de la Biblia y la vida de Jesús. «Los recuadros con escenas grabadas en bajorrelieve que adornan profusamente las cruces se empleaban para enseñar las Escrituras a los campesinos».[2] La Cruz de Muireadach está cubierta con escenas del Antiguo y Nuevo Testamento que culminan en el centro con Cristo en el Juicio Final. Estas cruces son inusuales en el cristianismo ya que los cuatro brazos están unidos en una gran rueda, representando así la unidad del espíritu con la materia.

La cruz celta

En las inmediaciones de estas estructuras cristianas aparecen siempre los monolitos celtas y anteriores a la cultura celta de la antigua religión.

Conocidas como megalitos, u ónfalos (ombligos), estas piedras verticales parecen conectar el cielo y la Tierra, a menudo señalando estrellas particulares, mientras la tierra gira en sus ciclos anuales. En las antiguas religiones predruídicas de la fertilidad, el monolito representa el falo creativo generativo. También representa una única visión unificada como la varita del Mago. Como monolito, es un camino o escalera a través de la cual podemos aspirar a los cielos espirituales por encima del intento eterno del hombre de alcanzar la divinidad. Como ónfalo u ombligo, es el vínculo de conexión con la Madre Tierra y el camino hacia la protección y el cuidado eterno. De cualquier manera, apunta hacia la unidad con el todo. Es interesante que el motivo de la escalera también se encuentre en Monasterboice en una leyenda sobre su fundador, san Buite, de quien se dice que a su muerte subió al cielo por una escalera que le entregaron los ángeles.[3]

Es posible que estos elementos cristiano-celtas hayan inspirado la tirada de la cruz celta, ya que las cartas aquí están dispuestas en forma de cruz arquetípica, junto con un monolito de cartas adyacente, normalmente a la derecha de la cruz. Simbólicamente, la barra horizontal de la cruz representa la dualidad positivo/negativo del plano material, el yo terrenal. La barra vertical representa el impulso espiritual que desciende hacia la materia (involución) y asciende fuera de esta (evolución), impregnando la tierra, creando conciencia en la forma física. Es el eje del mundo apuntando siempre a su propio centro, donde se encuentra el sentido del yo. Aquí se reúnen todas las dualidades: luz/oscuridad, arriba/abajo, espíritu/materia, consciente/ inconsciente, lógica/intuición, masculino/femenino. J. E. Cirlot, en su indispensable obra *Diccionario de símbolos*, identifica la cruz como «un nudo mágico que une una determinada combinación de elementos para formar un individuo».[4] Ese individuo es identificado más a menudo como el Cristo, pero también es una descripción apropiada de la disposición de la cruz celta en la que buscamos nuestro propio ser más elevado, el Cristo interior. Como signo de crucifixión, la cruz representa el sufrimiento, el conflicto, la agonía, el dolor, la muerte y, al contrario, el renacimiento, la esperanza, el amor, la unidad, el perdón. Puedes reconocerte en una o ambas perspectivas. Este símbolo representa la manera en que afrontas un problema (la cruz que tienes que soportar). En cambio, la escalera es una forma en la que puedes superar las barreras y las limitaciones.

La tirada y la importancia del 10

La tirada básica de la cruz celta está compuesta por diez cartas, que representan la totalidad, la perfección y la finalización. El 10, un símbolo del final de un ciclo o década, nos devuelve de nuevo a uno, pero ahora habiendo experimentado todos los demás números, con conciencia de sí mismo. El 10 se representa a veces como un punto o una línea dentro de un círculo. La dualidad masculina y femenina (o hemisferios izquierdo y derecho) se fusiona en la conciencia del todo.

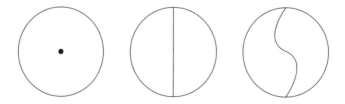

Comenzamos con un 1 y terminamos con otro 1 que se ha vuelto más consciente de sí mismo. El ciclo de sucesos está completo, ahora comienza otro ciclo superior. Esto nos recuerda que cada punto de la

Rueda de la Fortuna (arcano diez) es un punto de inicio y un punto final. Así que cada extensión es, por lo tanto, una imagen total, completa en sí misma. Aunque se pueden añadir otras cartas, como significantes y «cartas de deseos», personalmente no me parece necesario usar ninguna otra carta en la tirada de la cruz celta y no me referiré a ellas. Sin embargo, si a ti te funcionan, no dudes en utilizarlas.

Las primeras seis cartas forman una cruz que consiste en las cuatro direcciones: Norte, Sur, Este y Oeste, con las que estamos familiarizados. También tenemos dos direcciones adicionales representadas por las cartas centrales del cielo y la tierra, la de arriba y la de abajo que se encuentran esotéricamente en el centro de nuestro corazón, conocidas por los pueblos indígenas de Norteamérica como Padre Cielo y Madre Tierra. Por lo tanto, en realidad hay seis direcciones. Estas seis cartas forman la cruz básica de la tirada.

NORTE
Arriba, encima.
Cabeza o coronilla.
Medio cielo astrológico.
Conciencia.
Aspiración.

OESTE	CIELO/TIERRA	ESTE
La mano izquierda.	El corazón.	La mano derecha.
El sol poniente.	Centro, dualidad.	El sol naciente.
El descendente.	Energía vital.	El ascendente.
Pasivo, receptivo y orientado al pasado.	Tensión dinámica.	Agresivo, activo y orientado al futuro.

SUR
Abajo, debajo.
Los pies o la base de la columna.
El nadir.
La base o subconsciente.

Experimenta la tirada de la cruz celta

Antes de hacer un diseño real, tal vez desees probar personalmente la dinámica de una tirada de la cruz celta internalizada. Comienza sentándote con las piernas cruzadas en el suelo, o recto en una silla. Con los codos relajados, extiende las manos a los lados, con las palmas hacia arriba. Imagina una carta de tarot en el centro de tu cabeza, una en cada mano y una cuarta en la base de tu columna vertebral.

Dedica un momento a sentir cada una de estas partes de tu cuerpo y cada carta del tarot que encuentres allí. ¿Qué sientes hacia cada carta? ¿Puedes verlas claramente? A medida que las imaginas en sus respectivas posiciones en tu cuerpo, ¿te vienen a la mente cartas específicas de la baraja?

Escribe cualquier característica de las cartas que puedas descubrir:

En mi cabeza:_____

En mi mano izquierda: _____

En mi mano derecha: _____

En la base de mi columna: _____

Ahora agrega dos cartas que se cruzan en el centro de tu ser, sobre tu corazón y justo encima de tu plexo solar. Siente la tensión y el equilibrio de las dos.

¿Qué características presentan estas cartas del corazón?

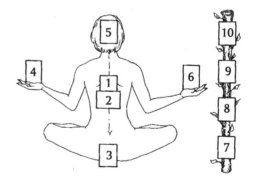

Descrúzalas, poniendo una directamente sobre la otra. Ahora coloca la de abajo encima. ¿Sientes el cambio, el deslizamiento de las energías cuando una y luego la otra predominan, cómo se entrelazan, se fusionan y se cruzan? Estas dos cartas centrales del «corazón» son realmente el corazón de la lectura: a menudo no necesitas ir más allá, y en última instancia debes volver a ellas. Las demás son solo otra elaboración de este tema central. Reúne estas seis cartas imaginarias y ponlas de nuevo en tu baraja.

Las cartas que visualizaste en este ejercicio han demostrado que puedes trabajar con las energías arquetípicas que representan, tanto si tienes una baraja física como si no. La capacidad de ver una carta con claridad y sentir su significado dentro de ti mismo es importante cuando, más adelante, escojas las cartas para la inspiración y la meditación.

Además de las cinco cartas que componen la cruz central básica, cuatro cartas más forman una línea vertical a la derecha. Estas cuatro cartas representan el camino, la senda o la escalera por la que viajas, la dirección que *podrías tomar*. Es una línea de probabilidad: la acción que seguramente tomes, basada en quién eres, lo que has aprendido, tu pasado y tus expectativas en el momento de la lectura.

Paradójicamente, como estás haciendo esta lectura, al tomar conciencia de las energías que operan en tu vida, ahora tienes la opción de cambiar esta línea de probabilidad. Estas cuatro cartas representan los cuatro elementos y los cuatro palos del arcano menor —los aspectos perceptivos (bastos), emocionales (copas), mentales (espadas) y físicos (pentáculos) de ti mismo—. Ocasionalmente, las encontrarás colocadas en los cuatro ángulos abiertos de la cruz, muy parecido a los símbolos de los cuatro signos fijos del Zodíaco: el león (Leo), el águila (Escorpio), el ángel (Acuario) y el toro (Tauro), que también aparecen en muchas versiones de las cartas de la Rueda de la Fortuna y el Mundo.

La lectura de la tirada de la cruz celta

Cada uno lee esta tirada de forma ligeramente diferente, y el orden en el que las cartas están dispuestas varía un poco. Estas ambigüedades pueden convertirse de hecho en una ventaja. Pon a prueba tu sentido de la ambigüedad y lee las mismas cartas usando los diversos métodos.

A medida que leas cada una, trata de entenderla desde muchas perspectivas a la vez. Esto te ayuda a evitar ser fijo y dogmático sobre lo que ves. Por ejemplo, la carta de la izquierda (n.º 4) tradicionalmente representa la influencia que estás sintiendo, pero también puede interpretarse como los talentos creativos y las habilidades naturales que traes a la situación. Así, reconoce que tus habilidades actuales provienen de experiencias pasadas, posiblemente incluso de vidas pasadas. Cualquier fuerza que estés desarrollando ahora (principalmente las cartas 5, 6 y 10) te servirá en el futuro, y llegará un momento, en alguna lectura futura, en que se convertirán en cartas del pasado. (Este concepto se explica con más detalle en el capítulo seis).

El significado de las posiciones

Lo que viene a continuación es una selección de variaciones en los significados de las posiciones de la cruz celta adaptadas de libros sobre el tarot y de amigos que me han ayudado a ver el tarot de muchas maneras diferentes y simultáneas. Las fuentes de los significados están identificadas por las iniciales del creador (siempre que sea posible).

Estas son:

TRAD: tradicional, principalmente Waite.

JUNG: el estilo junguiano se desarrolló a partir de varias fuentes.

A. A.:   Ángeles Arrien.

J. K.:   Joanne Kowalski.

OTR: un conjunto de fuentes, entre ellas la autora.

Antes de leer la siguiente sección, saca tus cartas y baraja de cualquier manera que te resulte cómoda, asegurándote de que las has mezclado bien. No olvides respirar profunda y uniformemente, para conectar con la tierra y centrarte. Ahora toma las primeras diez cartas de la parte superior del mazo y colócalas bocabajo en el orden en que aparezcan, o bien abre el mazo en abanico y saca las cartas al azar. A medida que estudies el significado de cada posición, da la vuelta a la carta que recibiste y analiza lo que significa para ti.

CARTAS UNO Y DOS

Las dos primeras cartas en realidad ofrecen la esencia de toda la lectura. Expresan la tensión dinámica de tu situación actual, creada por tus acciones pasadas, que es el impulso para las acciones futuras. Como tu corazón/núcleo/centro, estas cartas te dicen lo que tu yo interno (verdadero) quiere que sepas. El resto de las cartas te darán la oportunidad de explorar esta tensión energética básica y de comprender tu responsabilidad personal por los acontecimientos que están ocurriendo en tu vida. Solo entonces podrás controlarlos.

CARTA UNO

TRAD: el ambiente general o atmósfera. Lo que te cubre.

JUNG: igual que la tradicional.

A. A.:   tu corazón en el pasado. Relaciones kármicas.

J. K.:   el camino hacia el autodesarrollo. En lo que debes trabajar. Fortalezas que puedes usar, en las que puedes confiar, con las que puedes contar.

OTR: donde pusiste tus energías anteriormente, tus hábitos, vidas pasadas. Lo que se desarrolla y se manifiesta. El enfoque de tus energías. De lo que eres consciente. El comienzo. Lo que quieres crear. El yo interno.

CARTA DOS

TRAD: conflictos y obstáculos. Aquello que se te cruza.

JUNG: igual que en la tradicional.

A. A.:   tu corazón en el presente. Visionario en perspectiva.

J. K.:   impedimentos contra tu autodesarrollo.

OTR: lo que se desarrolla y se manifiesta. Lo que desvía o aumenta el enfoque de tus energías. Un desequilibrio que causa el potencial de cambio, el crecimiento. Reacción. Lo que quieres preservar. El yo externo.

CARTA TRES

TRAD: el fundamento o base de la situación. Algo que ya es parte de tu experiencia. Lo que está debajo de ti.

JUNG: tu sombra. Lo que no puedes o no quieres mirar en ti mismo. El inconsciente colectivo.

A. A.:   la mente subconsciente. Las piernas y los pies. La capacidad de conectar con el suelo y exprimir tu energía natural.

J. K.:   la internalización de los atributos del pasado.

OTR: la base de la columna vertebral. La energía del primer y segundo chakras. Tus deseos subconscientes y necesidades físicas y emocionales. De lo que aún no eres consciente. Las raíces. Hábitos inconscientes. Equilibrio. Interacción subconscientemente conocida de las cartas 1 y 2. Fuerza motivadora. Habilidades intuitivas.

CARTA CUATRO

TRAD: el pasado. Lo que está sucediendo por influencia. Lo que está detrás de ti.

JUNG: el *animus*. Tu naturaleza receptiva y femenina.

A. A.:   el brazo (o lado del cuerpo) izquierdo. Habilidad para recibir y estructurar situaciones y oportunidades. Lo que atraes hacia ti o recibes. Talentos, habilidades y destrezas creativas.

J. K.:   igual que la tradicional.

OTR: oportunidades presentadas, que puedes tomar o no. La parte estética, visual y de producción de imágenes de ti mismo. Cosas que «sabes» sin saber cómo; tu intuición. Tu habilidad para relacionarte con los demás. Lo que has realizado o logrado a través de la experiencia. Resoluciones pasadas. Lo que ya posees.

CARTA CINCO

TRAD: tus objetivos. Lo que está arriba. Lo mejor que se puede lograr. El propósito. Objetivo. Ideales.

JUNG: tu yo superior o guía.

A. A.:   la mente consciente. La cabeza o centro de la conciencia humana. Conciencia de tu propio poder.

J. K.:   lo que debes esforzarte por incorporar dentro de tu ser.

OTR: aquello de lo que eres consciente. Lo que te esfuerzas por hacer o aspiras a ser. El superego freudiano: lo que crees que «debes» o «deberías» hacer. Reconocimiento: cómo o por qué serás reconocido. Aquello por lo que te guías o en lo que pones autoridad. Una nueva dirección o nuevos talentos que necesitas desarrollar (en contraste con los que ya has desarrollado [carta 4]) y que te ayudarán a resolver la tensión entre las cartas 1 y 2. Clave del conflicto.

CARTA SEIS

TRAD: lo que está delante de ti. El futuro. El próximo giro de los acontecimientos.

JUNG: el *animus*. Masculino, directivo, energía saliente.

A. A.:   el brazo (o lado del cuerpo) derecho. La habilidad de dar y llevar a cabo experiencias y oportunidades. Lo que tú causas. Tu capacidad para tomar decisiones.

J. K.:   igual que la tradicional.

OTR: tu capacidad para tomar medidas. Lo que pones en el mundo. Las expresiones externas de tu ser y tus necesidades, especialmente a través de la acción. Cómo usarás tus habilidades.

CARTA SIETE

TRAD: cómo te ves a ti mismo.

JUNG: la persona o la máscara.

A. A.:   estado, trabajo, posibilidades creativas.

J. K.:   tu fuente y nivel de energía, fuerzas motivadoras, perspectiva individual.

OTR: tu estado y actitudes en el momento de la lectura. Fortalezas y debilidades personales. Autoconcepto.

CARTA OCHO

TRAD: tu entorno. Tu casa, trabajo, familia, amigos, parejas. Lo que te rodea.

JUNG: lo mismo que la tradicional.

A. A.:   lo mismo que la tradicional.

J. K.:   lo mismo que la tradicional.

OTR: lo que no eres tú. Influencias, actitudes, emociones de los que están cerca de ti. El mundo. Las actitudes de los demás hacia ti, o cómo te influyen. Cómo te ven los demás (que tiendes a «proyectar» en tu experiencia con ellos).

CARTA NUEVE

TRAD: tanto tus esperanzas como tus miedos de alcanzar la meta.

JUNG: lo mismo que en la tradicional.

A. A.:   cómo afrontas y manejas las polaridades dentro de tu ser.

J. K.:   algo no resuelto que está creando un bloqueo de energía. Aquello que debe ser resuelto para que el desarrollo posterior tenga lugar.

OTR: la forma de integrarse con el medioambiente. Emociones internas y deseos secretos. Ansiedades. Secretos ocultos de otras personas. La lección que hay que aprender.

CARTA DIEZ

TRAD: el resultado.

JUNG: lo mismo que la tradicional.

⬱ LECTURA BÁSICA DE LA CRUZ CELTA ⬱

Fecha: _____
Leer para: _____
Fecha de nacimiento: _____
Leída por: _____
Baraja usada: _____
Pregunta realizada: _____
_____
_____
_____

```
        5            10

        4  1  6      9
           2         8

        3            7
```

N.º de la personalidad _____.
N.º del alma _____.
N.º de factor oculto _____.
N.º anual _____.

CARTAS

1 y 2   ¿Cuál es el enfoque interno (1) y externo (2) de tus energías?
         ¿Qué conflicto o tensión hay en tu corazón?

3   ¿Cuáles son tus necesidades y deseos subconscientes que for-
         man la base de la situación?

4   ¿Qué talento o habilidad que traes contigo del pasado te ayu-
         dará o estorbará? ¿A qué oportunidades eres más receptivo?

5   ¿En qué piensas? ¿Cuáles son tus ideas y ambiciones en la si-
         tuación?

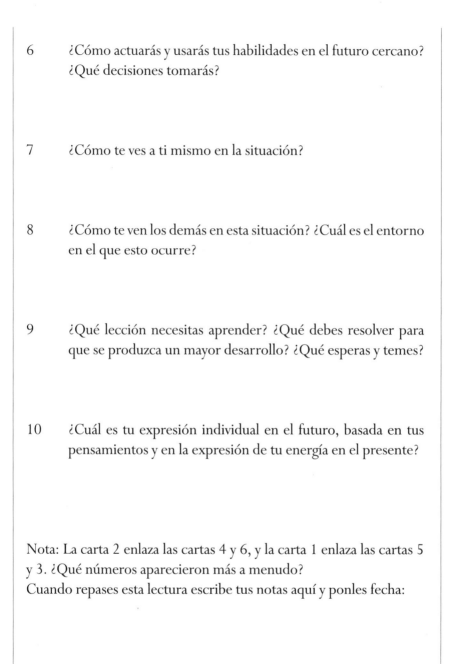

6   ¿Cómo actuarás y usarás tus habilidades en el futuro cercano? ¿Qué decisiones tomarás?

7   ¿Cómo te ves a ti mismo en la situación?

8   ¿Cómo te ven los demás en esta situación? ¿Cuál es el entorno en el que esto ocurre?

9   ¿Qué lección necesitas aprender? ¿Qué debes resolver para que se produzca un mayor desarrollo? ¿Qué esperas y temes?

10   ¿Cuál es tu expresión individual en el futuro, basada en tus pensamientos y en la expresión de tu energía en el presente?

Nota: La carta 2 enlaza las cartas 4 y 6, y la carta 1 enlaza las cartas 5 y 3. ¿Qué números aparecieron más a menudo?

Cuando repases esta lectura escribe tus notas aquí y ponles fecha:

A. A.:   tu expresión individual en el futuro, basada en tus pensamientos y tu expresión de energía en el presente. Los bloqueos u obstáculos que estás decidido a liberar.

J. K.:   lo mismo que la tradicional.

OTR: culminación. Resolución. El resultado del camino tomado. La calidad o herramienta que te ayudará a lograr un avance. El final de un ciclo y el comienzo de otro. Un elemento adicional que puedes o no haber tenido en cuenta. La recompensa. Lo que ganarás de esta experiencia.

Muestra de lectura - Tirada de la cruz celta

Nota: Todos los ejemplos fueron escritos a principios de los años ochenta. En retrospectiva, son también un excelente ejemplo de lo beneficioso que es escribir un diario. Gracias a él, tanto mi hija, que está a punto de independizarse, como yo podemos recordar momentos significativos y fases de desarrollo que nos ayudan a entender el patrón de nuestra relación actual. Espero que tú también, al escribir en este libro, consigas claridad en la exploración de tus dilemas y opciones.

La pregunta es: «¿Qué lección debo aprender ahora en mi relación con Casi?». Ed está fuera de la ciudad durante un mes. Estoy trabajando a tiempo completo en el New College y tratando de terminar este libro. Mi hija de dos años y medio, Casi, está en la guardería, pero desde que la recojo por las tardes y los fines de semana, me resulta imposible hacer nada que requiera concentración o tranquilidad porque necesita que le dedique atención constantemente. Me siento frustrada en mi necesidad de trabajar en este libro y enojada conmigo misma por sentarme a su lado frente al televisor en lugar de dedicar tiempo a disfrutar de mi hija, pero estoy tan agotada que me quedo dormida poco después de llevarla a la cama. Me siento abrumada por sentimientos de culpa, resentimiento, frustración y enojo conmigo misma.

He decidido usar la baraja Motherpeace* ya que encuentro en ella mucho apoyo y sensibilidad para estos conflictos internos entre el crecimiento personal y la relación. He sacado las siguientes cartas:

---

* Paz materna (N. del T.).

Las dos primeras cartas son el ocho de espadas y la hija de Espadas. Como siempre, estas describen adecuadamente la situación e incluso me ayudan a redefinir mi pregunta. Veo en el ocho de espadas mi sensación de inutilidad al sentirme atrapada por las responsabilidades sin ninguna escapatoria y esperando a que Ed regrese para rescatarme. La hija de espadas me hace pensar inmediatamente en Casi como comunicadora, siempre hablando, siempre pinchándome; me siento atrapada por su necesidad de comunicación. Pero, al mismo tiempo, yo también soy la hija tratando valientemente de superar mi propia depresión.

La tercera carta, el inconsciente, el dos de bastos invertido, indica mi sensación de estar fuera de control. Muestra cómo estoy bloqueando mi comprensión de que tengo el control y negando mi capacidad de tomar decisiones. Y con el dos de espadas invertido (cuarta carta) detrás de mí como las habilidades y destrezas que he traído conmigo del pasado, me doy cuenta de que he estado sacrificando mis necesidades. He de hacer las paces con mi hija y conmigo misma.

La quinta carta, la de la fuerza, indica lo que sé conscientemente y mis ideales al respecto. Sé que necesito expresar mi amor y estar en sintonía con mis instintos. Esta carta también representa mi deseo de creatividad. ¿Cómo podré vivir en armonía con Casi y aun así ser capaz de trabajar en mis propios proyectos?

En el futuro (sexta carta) tengo el siete de pentáculos: valorar mis esfuerzos y examinar mis valores, ver los resultados o frutos de mi trabajo y, con suerte, aprender de mis errores. He de ver claramente lo que aprecio para saber con más exactitud hacia dónde dirigir mi energía.

Me veo a mí misma (séptima carta) como el hijo de bastos, deseando el autocrecimiento, el cambio y la emoción, con entusiasmo por el juego y lo inesperado en mi vida, más que por lo aburrido y la rutina. También soy muy obstinada y bastante egocéntrica.

En mi entorno (octava carta) encuentro el ocho de copas invertido. El camino de la retirada está bloqueado. No puedo huir, pero necesito quedarme. Al mismo tiempo, no soy capaz de proporcionar un ambiente de cuidado y amor todo el tiempo, me resulta demasiado agotador. Tengo que reconocer que necesito un retiro y tiempo para mí misma.

Para las esperanzas y los miedos (novena carta) he sacado el siete de bastos. Me estoy defendiendo a mí y a mi necesidad de tener tiempo para mí misma y para trabajar. Espero poder resistir a todas las fuerzas en contra y temo que siempre estaré librando la misma batalla; que siempre estaré luchando contra Casi y sus exigencias. Aun así, necesito aprender a defenderme.

La última carta (décima) es el as de espadas, que me brinda oportunidades de comunicación y expande mis conceptos, ayudándome a descubrir que tengo nuevas opciones. Estoy dando los primeros pasos más importantes, abriendo comunicaciones francas y desprendiendo las capas del problema. Me dice que tengo que ser «justa» tanto con Casi como conmigo misma.

Las dos cartas de dos revelan la división que veo entre Casi y yo, o entre ella y mi trabajo. Los dos sietes indican que tendré que probar o ensayar varias opciones; los dos ochos, la necesidad de priorizar y reconsiderar los parámetros de la situación.

Esta lectura no está completa. Seguiré ampliándola con las «permutaciones» del capítulo seis. Es especialmente importante en cualquier lectura la etapa llamada «superando obstáculos» (también en el capítulo seis), que trae una resolución y finalización al descubrir la clave de la lectura.

Completa la ficha de lectura de la cruz celta con las cartas que recibiste en tu lectura, y luego escribe lo que crees que las cartas representan en tu vida.

LECTURAS SUGERIDAS PARA EL CAPÍTULO CUATRO

Sobre los símbolos:
Diccionario de símbolos. José Eduardo Cirlot. Madrid: Siruela, 2018.

Sobre la interpretación de las cartas:
Ver especialmente Butler, Douglas, Fairfield, Gerhardt, Gray, Noble y Pollack en la bibliografía, y las interpretaciones en el apéndice A.

DEL TAROT NATIVO AMERI-
CANO, *creado por el equipo for-
mado por el matrimonio Magda
y J. A. González y publicado por
U.S. Games Systems en 1982.
Las barajas contemporáneas cada
vez se toman más libertades al
nombrar las cartas de la corte. Los
autores de esta baraja afirman lo
siguiente sobre su elección de nombres: «Las matriarcas indígenas de
Norteamérica son ancianas respe-
tadas por sus habilidades y sabiduría. A los jefes no se los considera
gobernantes. Más bien son hombres sabios y respetados que se han
ganado su título y sus responsabilidades. Los guerreros son hombres
jóvenes que aún se están probando a sí mismos. Las doncellas son
mujeres jóvenes, casadas o solteras,*
que también deben demostrar su valía». *Las matriarcas son la esencia del poder
espiritual interior, los jefes son el potencial de poder intelectual, los guerreros
son el poder material activado y las doncellas son el poder emocional que fluye.
Estas ideas son similares a las de la Orden de la Aurora Dorada, en donde las
cartas de la corte se asocian con los elementos para que todos los reyes tengan la
cualidad de fuego; las reinas, de agua; los caballeros, de aire, y los pentáculos,
de tierra. Por lo tanto, el rey de bastos es considerado como fuego de fuego (bastos), el caballero de copas es aire de agua, y así sucesivamente.*

Capítulo 5

Las personalidades de las cartas de la corte

Para la mayoría de los lectores, las cartas de la corte son la parte más difícil de interpretar de una lectura. Tal vez te agobie que siete de cada diez cartas en una lectura sean cartas de la corte. El objetivo de los ejercicios que se incluyen aquí es ayudarte a desarrollar una relación íntima y personal con cada una de estas figuras arquetípicas.

Por lo general, cuando estas cartas aparecen en una tirada, operan de dos maneras simultáneas. En primer lugar, siempre te representan a ti, es decir, a la persona para la que se hace la lectura; y en segundo, podrían representar a alguien que conoces, especialmente a alguien en quien hayas «proyectado» parte de tu personalidad.

En el caso de la segunda opción, las cartas de la corte a menudo representan a alguien que conoces. Por ejemplo, un rey o una reina podrían ser tu padre o tu madre, o una persona con autoridad o a quien busques para recibir orientación. Los reyes y las reinas suelen ser maduros y buenos consejeros. Influyen en la situación de la forma descrita por su posición en la tirada. Normalmente los caballeros son hombres jóvenes que introducen un torrente de nueva energía en tu vida: te invitan, atraen, animan y arrastran con sus intereses. Por ejemplo, en una lectura para mi amiga Alice, el rey de pentáculos representaba a su marido, Jason, con quien tenía una larga relación. Luego apareció Albert, un caballero de copas, que se convirtió en su amante atrayéndola con la emoción de lo inesperado, con nueva energía y vitalidad. Los caballeros tienden a ser experimentados y a la vez testarudos y centrados. Los pajes podrían ser niños, mujeres jóvenes o a veces cualquier persona que traiga mensajes e ideas nuevas. A menudo son catalizadores fortuitos para el cambio en tu vida.

Los diseños y nombres de las cartas de la corte varían dependiendo de las diferentes barajas. Por ejemplo, el caballero Crowley-Harris es más maduro que el Waite-Smith; toma el lugar del rey Waite-Smith, pero con más dinamismo. El príncipe Crowley-Harris es el hijo del caballero y la reina, y más trabajador; desarrolla sus habilidades y aún está aprendiendo. El paje Crowley-Harris se llama la princesa y es una joven o niña sensible, audaz y capaz de asumir riesgos y explorar nuevas posibilidades sin miedo. La baraja Motherpeace presenta al chamán, la sacerdotisa, el hijo y la hija, aportando así un sentimiento mágico a la baraja y sugiriendo que tienes la capacidad de crear tu propio futuro.

Como mencioné anteriormente, las cartas de la corte casi siempre representan aspectos de ti mismo. En la lectura, señalan la forma en que actúas en la situación, los aspectos de tu identidad de los que echas mano o la máscara que te pones en cualquier circunstancia particular. Por ejemplo, ¿te sientes maduro y capaz, con todo bajo control? Es decir, ¿rey? ¿O eres sensible y receptivo a las necesidades de los demás, tratando de satisfacer esas necesidades lo mejor posible a la manera de una reina? ¿Eres un caballero enérgico y atrevido, que actúa según sus propios deseos? ¿O más bien un paje, un novato en alguna disciplina, ingenuo y abierto a aprender tanto como sea posible?

La psicología junguiana proporciona un marco para integrar ambos puntos de vista: la carta de la corte como uno mismo y como otro. El concepto llamado «proyección» se refiere a proyectar (o impulsar) tus cualidades internas sobre otros individuos que hay a tu alrededor, tengan o no dichas cualidades. De esta manera se convierten en oscuros reflejos de ti. Funciona así: notas en otras personas algunas de las características que no reconoces en ti mismo, tanto positivas como negativas. Por consiguiente, tiendes a dejar que representen tus propias percepciones inconscientes de ti mismo y tus situaciones internas, o te disgustas con ellos cuando no lo hacen. Por ejemplo, Susan, que estaba fascinada por los libros y la escritura, vivía con Thomas, un buen carpintero que aspiraba a escribir obras de teatro. La relación le permitió a Susan continuar su fascinación sin tener que intentar escribir por su cuenta. Le encantaba elogiar la escritura de Thomas y estimular su ego como una forma de gratificar sus propios deseos no reconocidos, pero también podía ser muy molesta cuando él se dedicaba a otras actividades y no quería escribir. Si ella hubiese reconocido su propio deseo de expresarse a través de la escritura, no le habría insistido tanto a su pareja para que estuviera siempre produciendo.

Con la aparición de las cartas de la corte en una tirada, verás qué poder y aptitudes podrías estar «regalando». ¿Qué papeles en tu vida quieres que otras personas asuman por ti? Estas proyecciones son especialmente fuertes en ambos sexos, cuando a un hombre se le disuade de expresar su lado femenino y por lo tanto debe encontrar a una mujer que lo haga por él, y viceversa. Una vez que liberas a otros de estas proyecciones, les permites que sean quienes realmente son. También eres libre de dedicarte a hacer realidad tus ambiciones y deseos.

Otra forma de proyección es la asociada con nuestra sombra, es decir, esas cualidades internas negativas que tratamos de repudiar. Observa las acciones que te molestan en los demás. ¿Alguna vez has actuado de la misma manera, o has querido hacerlo, pero has dejado que otros lo hagan por ti? Busca estas proyecciones de sombra, especialmente en las posiciones de la cruz celta del inconsciente (carta 3), el pasado (carta 4), y tus esperanzas y miedos (carta 9).

Una lectura que contenga varias cartas de la corte a menudo se refiere a tus relaciones interpersonales y a los diversos papeles que tienes que interpretar. A veces todas esas diferentes personalidades y aspectos que estás expresando indican una fragmentación de tus energías. Por ejemplo, está la ejecutiva empresaria que, al mismo tiempo, es la madre que cuida de su hijo, la amante seductora de su marido y la hija respetuosa de su madre, por no mencionar la militante feminista para un grupo de amigas y la amable anfitriona para otro; y luego está su vida secreta como estudiante de tarot y astrología. Cada papel

implica un cambio de ritmo, de ropa, de tono vocal, de nivel energético, de enfoque, etc. Podríamos representar sus diversos papeles
respectivamente como: rey de bastos, reina de pentáculos, reina de
copas, paje de bastos, caballero de espadas, reina de bastos y reina de
espadas, aunque tú puedes elegir diferentes cartas para expresar estas
mismas características.

Identifica de cinco a diez papeles que interpretas habitualmente
y elige la carta de la corte que mejor te represente en cada uno. Si lo
necesitas, usa las cartas más de una vez o utiliza más de una para representar un determinado rol.

PAPELES ACTUALES EN MI VIDA	CARTA DE LA CORTE CORRESPONDIENTE
_____	_____
_____	_____
_____	_____
_____	_____
_____	_____
_____	_____
_____	_____
_____	_____
_____	_____

Elige las cartas de la corte para representar a las personas más
importantes de tu vida en el aspecto en que las encuentras más fre-
cuentemente.

PERSONA	CARTA DE LA CORTE CORRESPONDIENTE
_____	_____
_____	_____
_____	_____
_____	_____
_____	_____
_____	_____
_____	_____
_____	_____
_____	_____

Recuerda que cada una de estas personas tiene varios papeles que desempeñar y por lo tanto podría aparecer en una tirada representada por cartas de la corte distintas de la que has seleccionado aquí. En tus lecturas diarias de tres cartas, observa las diversas formas en que tú y las personas cercanas a ti soléis aparecer.

La fiesta de las cartas de la corte

Ahora es el momento de conocer a todas las personalidades de estas cartas. Saca las dieciséis cartas de la corte de tu mazo y extiéndelas al azar frente a ti. Imagina que son personas en una fiesta.

Me siento atraído hacia:

Me gustaría evitar a:

Me siento incómodo con:

Me siento feliz y conversador con:

Me inspiran un sentimiento de misterio y soledad:

Me parecen distantes o groseros:

Me siento acogido y arropado por:

Para entender mejor las personalidades de estas cartas de la corte, elige dos de estas que sientas que se atraen entre sí. Imagina que dialogan sobre algún tema controvertido. Escríbelo en otra hoja de papel.

CARTAS DE LA CORTE: _____ Y _____
TEMA: _____

Comprender a las cartas de la corte

El siguiente ejercicio estimula las imágenes intuitivas que te inspiran los demás. He adaptado esta actividad para realizarla con las cartas del Tarot de Frances Vaughan, *Awakening Intuition*. Nueva York: Anchor Press/Doubleday, 1979.

Primero, elige una carta de la corte que te atraiga.

Escribe espontáneamente y sin autocensurarte la primera imagen que surja.

FECHA: _____

LA CARTA DE LA CORTE QUE ESCOGÍ PARA ESTE EJERCICIO ES:_____

Si la persona de esta carta fuera un animal, ¿qué clase de animal sería?
¿Qué clase de planta sería?

Si fuera un paisaje, ¿cómo sería?

Si fuera una masa de agua, ¿de qué tipo sería?

    ¿Cuál sería su profundidad?

    ¿Cómo sería de clara?

    ¿Qué temperatura tendría?

    Describe su movimiento:

Si fuera una luz:
    ¿Qué color tendría?

    ¿Qué intensidad?

Si fuera un símbolo geométrico, ¿cuál sería?

Si fuera un tipo de música, ¿cómo sería?

Si fuera una herramienta, ¿qué sería?

Si fuera un personaje de la historia, ¿quién sería?

¿Cómo visualizarías a esta persona de niño?

¿Cómo es su campo de energía?

¿Cómo es el campo de energía entre tú y esta persona?

Tómate unos minutos para estar tranquilo y receptivo a cualquier imagen que surja espontáneamente mientras sigues centrando tu atención en la figura de la carta.

Anota cualquier imagen adicional que surja:

Describe cómo te pareces a la carta que has sacado:

¿En qué te diferencias de ella?

Si te gustó este ejercicio y te funcionó, repítelo con más cartas, o incluso con todas las de la corte. Utiliza la tabla «Imágenes de la carta de la corte» como un espacio para registrar tus respuestas y para darte la oportunidad de comparar y contrastar tus imágenes. Algunas de las cartas de la corte serán más fáciles de «manejar» si las contrastas con

IMÁGENES DE LAS CARTAS DE LA CORTE

	Animal	Planta	Paisaje	Masa de agua	Luz y color	Forma geométrica	Música	Herramienta	Personaje histórico	Otro
Rey de										
Rey de										
Rey de										
Rey de										
Reina de										
Reina de										
Reina de										
Reina de										
Caballero de										
Caballero de										
Caballero de										
Caballero de										
Paje de										
Paje de										
Paje de										
Paje de										

otras. Por ejemplo, ¿en qué se diferencia el caballero de bastos del rey de bastos, y cómo expresarías esta diferencia en términos de dos tipos diferentes de animales?

Los tres modos del tarot

La historia del siguiente ejercicio es un ejemplo de la sincronicidad que se produjo mientras trabajaba en este libro. Confirma la naturaleza arquetípica del tarot como una expresión del inconsciente colectivo y revela las cualidades inherentes que están ahí para quienes deseen descubrirlas.

Estaba trabajando en un método para mejorar la comprensión de las cartas de la corte: ¿qué las hacía diferentes de las demás? ¿Cuáles eran las cualidades especiales que poseían? ¿Cuál sería la mejor manera de aprender a usarlas en las lecturas? Había escrito la mayoría de los demás ejercicios para la sección de cartas de la corte, cuando pensé en crear una lectura en la que las setenta y ocho cartas se dividieran en sus tres agrupaciones naturales (o modos): Arcanos Mayores, cartas numéricas y cartas de la corte. Me di cuenta de que se podía sacar una carta de cada montón e integrarla en una lectura. Esto evolucionó en el ejercicio ofrecido aquí, y lo usé y probé en mis clases con excelentes resultados. Unos cuatro meses después un amigo me dio una copia ya agotada de *Magic Ritual Methods*, de William B. Gray. Aunque le dedica poco espacio al tarot, tiene una sección sobre las cartas de la corte. En su explicación de cómo entenderlas, describe la misma tirada que yo acababa de «inventar», pero con un montón adicional y separado para los cuatro ases. En cualquier caso, el lector elige una carta de cada montón para formar la tirada. No solo había «inventado» la misma tirada, sino que también la había descubierto al pasar por el mismo proceso que yo, esforzándose por entender las cartas de la corte.

Mi primera reacción fue de consternación... ¡No había creado esta tirada! De repente me di cuenta de que este incidente demuestra dos puntos muy importantes sobre el tarot (y muchos otros sistemas metafísicos). En primer lugar, su naturaleza arquetípica se manifiesta no solamente en las imágenes de las cartas, sino en la estructura misma de la baraja. Cualquiera que explora diligentemente las cartas

~ TRES MODOS DE LECTURA DEL TAROT ~

1. Lo que estoy experimentando:
   Estoy actuando como _____
   (carta de la corte)

   | Carta de la corte | Carta de los Arcanos Menores | Carta de los Arcanos Mayores |

   Un/a _____
   (describe el tipo de persona que ves en esa carta)
   _____

   en una _____ situación en la que _____
   (carta de los Arcanos Menores)
   _____
   (describe tu situación usando verbos de acción)
   _____

   debido a _____, que describe mi necesidad de
   (carta de los Arcanos Mayores)
   _____
   (describe las energías arquetípicas en ti que necesitan ser expresadas)
   _____

   Para consejos sobre cómo manejar la situación, mira las mismas cartas con el siguiente formato:

2. ¿Cómo puedo manejar mejor esta situación?
   Puedo usar los atributos de _____ para _____
   (carta de los Arcanos Mayores)
   _____
   (describe las mejores cualidades que veas en esta carta)

   con el fin de tratar con _____, que expresa mi de-
   (carta de los Arcanos Menores)
   seo de _____
   (describe la situación que has atraído)
   _____

   experimentada por mi _____ interior, que _____
   (carta de la corte)
   _____
   (describe ese aspecto de ti mismo que eligió experimentar la situación)
   _____

   Diseña tus propias oraciones para expresar tu comprensión de las relaciones entre los modos del tarot.

~ ~

es dirigido por ellas hacia el «inconsciente colectivo», el término que utilizaba Jung para designar los recuerdos y experiencias de la humanidad que se expresan en imágenes «arquetípicas». Descubrimientos como estos abren las puertas a una comprensión interna de la forma en que operamos en nuestra búsqueda del autoconocimiento.

En segundo lugar, existe la seguridad intuitiva de que cuando llegue el momento, se revelarán nuevos conocimientos. Darwin no inventó la teoría de la evolución. Los rudimentos de la teoría habían sido publicados anteriormente. Pero era una idea cuyo momento había llegado. Esto también es cierto para el tarot. Mientras trabajaba en este libro, lo he observado una y otra vez. Por ejemplo, después de asignar afirmaciones a cada una de las cartas del tarot, asistí a una conferencia de Ángeles Arrien en la que habló de hacer lo mismo. Una lista de sus afirmaciones para los Arcanos Mayores apareció en el primer ejemplar de la publicación *Tarot Network News* apenas unas semanas después. Fue en ese mismo momento que Shakti Gawain publicó su libro, *Visualización creativa,*[*] que popularizó el «pensamiento positivo» en un nuevo marco de afirmaciones para el crecimiento personal.

El ejercicio que sigue es el que he ideado para comprender mejor las diferencias entre los tres modos de cartas del tarot. Estos son los siguientes:

CARTAS DE LA CORTE: modo o método de actuación. ¿Cómo estás actuando? Tus subpersonalidades. Máscaras y personajes. ¿Qué papeles estás interpretando?

ARCANOS MENORES: una descripción de tu situación. ¿A qué te enfrentas?

ARCANOS MAYORES: las energías arquetípicas que hay en tu interior que necesitan ser expresadas. ¿Cómo estás enfrentándote a la situación? ¿Qué habilidades estás usando?

William Gray añade una cuarta categoría, los cuatro ases, que he incluido con los Arcanos Menores. Puedes apartarlos libremente. Si los usas por separado indican el aspecto de tu vida que está afectado.

---

[*] Editorial Sirio, 2013.

Divide tu mazo de tarot en tres montones: cartas de la corte, cartas numéricas y Arcanos Mayores. Baraja cada montón y luego escoge una carta, no vista, de cada uno. Anota la carta y lo que indica, o una corta interpretación personalizada, mediante una frase al margen.

Contactar con tu carta maestra interior de la corte

Si vuelves al capítulo uno, encontrarás instrucciones para determinar tu carta maestra interior de la corte (para esto necesitarás saber en qué signo zodiacal se encuentra tu luna). Si no tienes esa información, o si lo prefieres, elige la carta de la corte que creas que mejor representa a tu maestro interior. Para hacer esto, coloca todas las cartas de la corte y escoge la figura que más te atraiga como maestro: una personalidad en la que puedas confiar para que te oriente internamente acerca de tu potencial más elevado. Dedica unos momentos a sentarte en silencio con esta personalidad; pregúntale a tu Yo Superior si tiene objeciones a este maestro. Sigue adelante con el ejercicio, a no ser que sientas un «no» rotundo o alguna sensación de incomodidad. Mike Samuels y Hal Bennett, en su libro *Spirit Guides: Access to Inner Worlds*, te enseñan a revisar la información que recibes para ver si es de una fuente «espiritual», o lo que ellos llaman «ego estático». Resumo sus consejos en los siguientes puntos:

1. ¿Tienes los músculos relajados y te sientes a gusto?
2. ¿La información no tiene carácter de crítica?
3. ¿No perjudica a nadie?
4. ¿Está basada en el amor?
5. ¿Te complace o gratifica excesivamente? ¿O saca a relucir tus dudas y miedos internos? Si es así, quizá sea tu ego (o tu propia sombra) quien habla.

Pon la carta de la corte que representa a tu maestro interior frente a ti. Mírala atentamente hasta que consigas reproducirla en tu mente con los ojos cerrados. Relájate en una profunda respiración rítmica y conecta tus energías con la tierra (como se describe en la página 65).

Visualízate a ti mismo como un árbol cuyas raíces crecen cada vez más profundamente hasta que penetran en una cueva en el centro de la tierra. Luego desciende a esa cueva utilizando una de esas raíces, como si fuera un ascensor. Entra en la gruta. Mira a tu alrededor. Observa las paredes, el suelo, la temperatura, los colores. No te preocupes si tus impresiones son vagas y no «ves» nada. También es aceptable inventar una situación imaginaria.

Tu maestro interior se acerca y te besa en la frente para abrir tu visión, bendecirte y protegerte; luego te toca el corazón para hacerte receptivo solo a los pensamientos nacidos del amor.

Pídele que se revele a ti en el aspecto más perfecto y en el potencial más elevado. Sé consciente de que estás completamente a salvo dentro de tu círculo de protección. Observa a tu maestro interior; fíjate en cómo el ambiente que lo rodea cambia e intensifica su color, forma, sonido y textura. No te preocupes si tienes dificultades para «ver». Usa todos tus sentidos en el plano interno; siente cualquier cambio sutil, nota las reacciones en tu propio cuerpo. A menudo ciertos símbolos, imágenes e impresiones aparecerán alrededor de la figura. Anótalos.

Cuando vuelvas, anota todas las impresiones. No dudes en usar imágenes y metáforas.

Mis impresiones de mi maestro interior en su aspecto más perfecto y de mayor potencial pueden ser descritas como:

Lo que viene a continuación es una descripción del entorno y los objetos e imágenes que rodean a mi maestro interior:

La carta maestra interior se puede utilizar en otras formas de orientación. Prueba algunas de las siguientes variaciones:

Respira profundamente, relájate y conecta con la tierra. Entra en la gruta como antes y crea un lugar cómodo para sentarte. En la cueva te espera tu guía, tu maestro interior, que te saluda y te muestra los alrededores. Si no estás a gusto, pídele que cambie el entorno hasta que te sientas seguro y tranquilo.

Ahora pídele a tu maestro interior que te lleve a tu ayudante de tarot personal, alguien que te ayude a leer e interpretar las cartas. Permite que tu maestro interior te lleve a la izquierda de la cueva a una abertura soleada que no habías notado antes. El terreno se eleva a medida que te acercas a esa oquedad, y a través de ella ves la luz del día en el exterior. Sales de la gruta y sigues un camino que sube a la derecha y rodea una colina hasta llegar a una pradera elevada. Tu ayudante del tarot te espera allí. Fíjate en su aspecto. Entrégale tu baraja. En un paño o una mesa pequeña, tu ayudante coloca tres cartas y las interpreta para ti. Si tienes dificultad para verlas, pide una sola carta. Haz cualquier pregunta que tengas sobre las cartas, su significado en tu vida o cómo leerlas.

¿Cómo es tu ayudante del tarot?

¿Qué cartas recibiste de él?

¿Cómo las interpretó?

¿Qué otra información sobre la lectura del tarot recibiste?

Ahora que has establecido esta conexión, será más fácil volver a tu ayudante del tarot en cualquier momento y recibir lecturas personales u obtener respuestas a tus preguntas.

También puedes pedirle a tu maestro interior que te guíe a una figura del tarot que pueda actuar como tu guía personal y ayudante para:

1. La curación.
2. Los problemas en el trabajo.
3. La orientación religiosa y espiritual.
4. La comprensión de las relaciones.
5. Las ideas sobre la creatividad.
6. La información sobre vidas pasadas y futuras.
7. El entendimiento político y global.

Al permitir que tu maestro interior te lleve a un arquetipo de tarot, en lugar de seleccionar uno al azar, recibirás conocimientos inesperados y descubrirás nuevos enfoques para tus problemas, simplemente a través del tipo de guía que aparece. Por ejemplo, es posible que hayas pedido orientación en una relación y, para tu sorpresa, tu maestro interior te lleve al arquetipo de la Justicia. Con bastante dureza y sin emociones, la Justicia pregunta qué es lo que quieres en esta relación. Describes tu situación y la Justicia pesa tu respuesta en su balanza. Ahora te das cuenta de que no has sido honesto contigo mismo, ni con tu pareja, en tu declaración de tus deseos y necesidades.

LECTURAS SUGERIDAS PARA EL CAPÍTULO CINCO

Sobre las cartas de la corte:

Magical Ritual Methods [Métodos para rituales mágicos]. William B. Gray. Nueva York: Samuel Weiser, 1969.

Sobre la proyección:

El tao de la psicología. Jean Shinoda Bolen. Barcelona: Editorial Kairós, 2005.

Sobre las imágenes:

Awakening Intuition [La intuición del despertar]. Frances E. Vaughan. Garden City, NY: Anchor Press, 1979.

Sobre los espíritus guía:

Spirit Guides: Access to Inner Worlds [Espíritus guía: acceso a los mundos interiores]. Mike Samuels y Hal Bennett. Nueva York y Berkeley: Random House/Bookworks, 1974.

The Inner Guide Meditation. Edwin C. Steinbrecher. York Beach, Maine: Weiser, 1988.

DE LA BARAJA DE THOTH, ilustrada por Frieda Harris bajo la dirección de Aleister Crowley. Los Arcanos Menores están dispuestos en el patrón del Árbol de la Vida cabalístico para demostrar la relación entre las diez Sefirot* y las cartas numéricas de cada palo. De acuerdo con Robert Wang en su libro **The Qabalistic Tarot,** *los Arcanos Menores son de la «mayor importancia ya que simbolizan las verdaderas potencias en nosotros mismos y en el universo». Son los «centros de energía» entre los que viajamos por los senderos, que en el tarot son los Arcanos Mayores. A cada carta numérica también se le asigna un decano (o un tercio) de un signo del Zodíaco (ver la carta de lecciones y oportunidades zodiacales que se da en el capítulo uno), que está gobernado por su propio planeta. Los planetas que gobiernan los decanos se asignan consecutivamente, comenzando con el primer decano de Aries como sigue: Marte, Sol, Venus, Mercurio, Luna, Saturno, Júpiter. Luego se repiten, en orden, a través del Zodíaco. Así, cada carta de Arcanos Menores, comenzando por los doses, tiene una correspondencia astrológica que matiza su interpretación.*

---

* Son los diez atributos y las diez emanaciones de la cábala, a través de las cuales el *Ein Sof* (el infinito) se revela a sí mismo y crea continuamente tanto el reino físico como la cadena de los reinos metafísicos superiores (N. del T.).

Capítulo 6

Permutaciones: lectura en profundidad

Según el diccionario Webster, las permutaciones son «modificaciones, alteraciones, reordenamientos; las combinaciones o cambios de posición posibles dentro de un grupo». Al reordenar tu tirada de tres cartas en el capítulo dos, ya empleaste ese concepto. En este capítulo, las permutaciones amplían las múltiples maneras de leer una sola tirada de la cruz celta. Ya hemos examinado las formas alternativas de ver cada posición en una lectura. Ahora estudiaremos la reorganización del orden y la posición de las cartas. Cada permutación da una perspectiva diferente del conjunto. El principio consiste en mantener las paradojas y buscar la ambigüedad. La tensión creativa resultante te ayudará a ver los acontecimientos cotidianos desde diferentes puntos de vista, lo cual aumentará tu perspectiva y te permitirá una mayor libertad de elección consciente.

Muchas de las permutaciones individuales me las enseñaron o sugirieron otras personas. A lo largo de los años, las he ido combinando para crear mi propio y extenso método de lectura del tarot.

Las permutaciones pueden utilizarse para buscar una comprensión más profunda de las energías y fuerzas con las que se está tratando. Cuanto más claramente veas el flujo y el efecto de estos patrones en tu vida, más lograrás convertirte en quien quieres llegar a ser.

Para hacer una lectura utilizando todas las permutaciones se suele emplear mucho tiempo: es normal tardar una hora y media una vez que te hayas familiarizado con el método. También se requiere un esfuerzo para profundizar en tus motivaciones, temores, esperanzas, planes, preocupaciones, fortalezas y debilidades (o las de un amigo o cliente). Y siempre debes añadir unos momentos para relajarte y tomar contacto con la tierra.

No es posible dominar todas estas permutaciones a la vez. Selecciona una para familiarizarte con ella, y utilízala cuando hagas una tirada de la cruz celta, para explorar sus matices y posibilidades. La permutación tres (la tirada de resumen de la totalidad de la persona) es la más versátil, ya que puede emplearse prácticamente con cualquier otra tirada. Te ayudará a aprender el significado de cada palo. Con el tiempo, desarrollarás tu propia manera de usar las permutaciones que te resulten útiles. Considérala como un medio para expresar las ideas que has desarrollado sobre las interrelaciones de las cartas. Todas estas permutaciones se pueden modificar ligeramente para convertirlas en tus propias tiradas si sus conceptos te resultan especialmente útiles.

Reorganizar las cartas para entenderlas mejor

Primero, haz una tirada de la cruz celta para ti siguiendo las instrucciones del capítulo cuatro. Una vez que hayas leído todas las cartas usando el formato básico de las páginas 128 y siguientes, y comprendas lo que significan, podrás empezar a reorganizar estas mismas diez cartas en nuevos y diferentes patrones y relaciones. Los números de las cartas a lo largo de esta sección se referirán a las posiciones originales, arquetípicas de la cruz celta.

Permutación n.º 1: la rueda giratoria

Para entenderte a ti mismo y tus motivos, te resultará útil examinar cómo actuaste en el pasado y cómo podrías actuar en el futuro después de interiorizar tus nuevas lecciones. Esta permutación te permite hacerlo. Fue adaptada de una tirada de *Tai-Chi Ch'uan* diseñada como tarea de clase por Marcia Church.

Imagina la cruz celta con un círculo alrededor que conecta los cuatro brazos. Esto corresponde al Tao y a la Rueda de la Fortuna: todo se mueve en un círculo, y al final regresa a sí mismo. Por consiguiente, en esta permutación, rotaremos los cuatro brazos de la cruz (cartas 3, 4, 5 y 6) con una vuelta en el sentido de las agujas del reloj según se indica.

Interpreta las cartas en sus nuevas posiciones, como si las hubieras sacado originalmente tal y como están ahora.

Lo que estamos haciendo aquí se basa en el proceso natural de cualquier pensamiento y acción, que pasa por las etapas de: 1) idea/ideal, 2) acción/afirmación, que se convierte en 3) hábito/intuición y finalmente 4) desprenderse de él y abrirse a nuevas ideas. La situación actual se ha desarrollado a partir de acciones pasadas (posiblemente incluidas las vidas anteriores) e influye en el comportamiento futuro. La carta 5 está 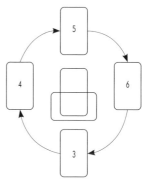 actualmente en la posición 6, la carta 6 en la posición 7, etc. Ahora lee estas cartas relacionándolas entre sí. De esta forma, observas lo que sucederá cuando «aquello de lo que eres actualmente consciente» (antigua carta 5) se convierta en tu próxima acción (al pasar a la posición 6). Al mismo tiempo, la expresión externa de tu yo (antigua carta 6) se convierte en un hábito subconsciente (cuando pasa a la posición 3), la base inconsciente (antigua carta 3) se convierte en un talento creativo procedente de una vida pasada (al pasar a la posición 4), y tu conocimiento de vidas pasadas (antigua carta 4) se transforma en una fuerza dirigida conscientemente (cuando se traslada a la posición 5). Gira las cartas una segunda vez y comienza de nuevo. Sigue rotándolas en el sentido de las agujas del reloj y reinterpretándolas hasta que vuelvan a su posición original. ¿Ves cómo la «rueda giratoria» te lleva a una comprensión más profunda de lo que significan estas cuatro cartas?

Al mirar al pasado (al mover las cartas en el sentido de las agujas del reloj alrededor de la rueda), relaciona las cartas con tus propias experiencias, tal vez con lo que viviste la semana pasada o con la comprensión de algo que sucedió hace un año. Puede que incluso empieces a escribir sobre una vida anterior y sobre cómo actuaste basándote en tu conocimiento de entonces.

Del mismo modo, las posibilidades futuras de acción se hacen evidentes cuando ya no ocultas tus necesidades en el subconsciente sino que las trasladas al pensamiento consciente (cuando la carta 3 pasa a la posición 5). Realmente puedes ver cómo gira ante ti la rueda de los acontecimientos, cómo el pasado se convierte en el presente y cómo el futuro es otra forma de ver el pasado. Puedes preguntarte cómo sabes si estás leyendo lo que es pasado o lo que está por venir. ¡Intenta leer las cartas en ambos sentidos! Deja que tu intuición te lo diga.

Ejemplo: la rueda giratoria, permutación n.º 1

Toma tu mazo de tarot y coloca las cartas de este ejemplo en la tirada básica de la cruz celta. Te resultará más fácil seguir este ejemplo si mueves tus propias cartas a través de la permutación tal y como se indica.

PRIMERA VUELTA   VUELTA FINAL

≈ Lectura de la rueda giratoria ≈

```
    ┌───┐
    │ 4 │
┌───┤   ├───┐
│ 3 │   │ 5 │
└───┤   ├───┘
    │ 6 │
    └───┘
```

Idea/Ideal (n.º 4) _____
_____

Acción/Afirmación (n.º 5) _____
_____

Hábito/Intuición (n.º 6) _____
_____

Dejar ir/Receptividad (n.º 3) _____
_____

Gira las cartas otra vez en el sentido de las agujas del reloj.
En este siguiente escenario «subconsciente», interpreto que las cartas me dicen:

```
    ┌───┐
    │ 3 │
┌───┤   ├───┐
│ 6 │   │ 4 │
└───┤   ├───┘
    │ 5 │
    └───┘
```

Idea/Ideal (n.º 3) _____
_____

Acción/Afirmación (n.º 4) _____
_____

Hábito/Intuición (n.º 5) _____
_____

Dejar ir/Receptividad (n.º 6) _____
_____

Gira las cartas una última vuelta en el sentido de las agujas del reloj.
En este escenario «futuro», interpreto que las cartas me lo dicen:

```
    ┌───┐
    │ 6 │
┌───┤   ├───┐
│ 5 │   │ 3 │
└───┤   ├───┘
    │ 4 │
    └───┘
```

Idea/Ideal (n.º 6) _____
_____

Acción/Afirmación (n.º 3) _____
_____

Hábito/Intuición (n.º 4) _____
_____

Dejar ir/Receptividad (n.º 5) _____
_____

Me estaba enfrentando a mis conflictos sobre cómo conciliar el tiempo para mi trabajo con el que quería dedicarle a mi hija. Cuando empecé a girar la rueda, descubrí que con el primer giro estaba tratando de mantener la paz a toda costa (dos de espadas en la quinta posición), mientras afirmaba que había una manera de resolver esto con amor (la Fuerza en la sexta posición). Sin embargo, evaluaba continuamente los resultados (siete de pentáculos en la tercera posición) y me había dado cuenta de que contaba con la capacidad de elegir lo que pasaría (dos de bastos en la cuarta posición).

Al llegar a la última vuelta de la rueda, comprendí que podía evaluar de manera consciente la situación (siete de pentáculos en la quinta posición) y afirmar mi poder con el fin de llegar creativamente a una solución (dos de bastos en la sexta posición). Para hacer esto, tenía que dejar mi hábito de buscar siempre el consenso (dos de espadas en la tercera posición) y permanecer receptiva a mi deseo de expresar mi creatividad, pero no dejar que se impusiera sobre todo (la Fuerza en la cuarta posición).

Ahora vuelve a una de tus lecturas previas de la cruz celta con la que te gustaría trabajar en profundidad. Coloca las primeras seis cartas. Deja en el centro dos cartas (1 y 2) tal como están. No se usarán en esta permutación, pero, como siempre, representan la situación básica alrededor de la cual giran las cartas 3, 4, 5 y 6. En cada diagrama de la página anterior, escribe las cartas como aparecerían después de girarlas una vuelta en el sentido de las agujas del reloj. Colócalas todas en su posición vertical. Anota tus interpretaciones de su nuevo significado en los espacios provistos.

Permutación n.º 2: pasado, presente, futuro

Hilary Anderson, en su clase Las dimensiones oraculares de la creatividad, en el Instituto de Estudios Asiáticos de California, en San Francisco, enseñó la siguiente variación de la cruz celta.

Gira las cartas de nuevo a sus posiciones originales de la cruz celta y luego ordénalas en tres grupos separados como se muestra en estas cartas que ilustran la lectura de ejemplo:

GRUPO I
PASADO

GRUPO II
PRESENTE

GRUPO III
FUTURO

Ejemplo: pasado, presente, futuro; permutación n.º 2

Siguiendo con mi ejemplo de la cruz celta, al colocar las cartas en sus nuevas posiciones y relaciones, me di cuenta de que traía conmigo del *pasado* (dos de espadas, dos de bastos y siete de bastos) la madurez para tener el control y tomar acciones decisivas. Sin embargo, junto con esto vino una resurrección del sentimiento de que se oponían a mí y tenía que luchar por mis necesidades personales. No obstante, debido a mi deseo de paz y a mis intentos de llegar a un acuerdo, había perdido de vista la necesidad de actuar.

En el *presente* (que consiste en las dos cartas del corazón: el ocho de espadas y la hija de espadas, y las cartas de mí misma en el entorno: el hijo de bastos y el ocho de copas) me entusiasma la posibilidad de nuevos rumbos para mi crecimiento y el de Casi, así como la oportunidad de que cada una disponga de tiempo y espacio para descansar. Ahora puedo ver la forma de salir de mis sentimientos de encarcelamiento y puedo abrir la línea para una buena comunicación con mi hija.

En la expresión de mi *futuro* (correspondiente a la carta de la Fuerza, el siete de pentáculos y el as de espadas) sugiere que puedo ser «justa» y sincera en mi comunicación con Casi, basándome en mi evaluación de la situación y mis ideales de armonizar el amor que siento por ella y por mi trabajo.

Ahora continúa con tu propia lectura, usando el formato para esta permutación que encontrarás en la página siguiente.

Lectura del pasado, presente y futuro

Grupo I - El pasado: cartas 3, 4 y 9. Todas estas cartas se relacionan con el pasado. Las esperanzas y los miedos se incluyen en esta categoría porque tus expectativas de éxito o fracaso futuro se basan en experiencias pasadas. Estas cartas te ayudan a ver qué lecciones no has aprendido todavía.

Las cartas que representan mi pasado son:

¿Qué asuntos del pasado siguen sin resolverse? ¿Qué habilidades y conocimientos que has desarrollado previamente estás aprovechando ahora?

Grupo II - El presente: cartas 1, 2, 7 y 8. Estas cartas te representan a ti mismo (carta 7) en tu entorno (carta 8), tratando la situación básica (cartas 1 y 2). Te dicen dónde estás ahora mismo.

Las cartas que representan mi presente son:

Yo soy _____
(descripción de ti mismo basada en la carta n.º 7)

actuando en una atmósfera de _____
(describe el entorno o la persona retratada en la carta n.º 8)

abordando la situación básica: _____
(describe los deseos internos como se indica en la carta n.º 1)

y _____
(describe las preocupaciones externas indicadas por la carta n.º 2)

Grupo III - El futuro (en proceso de manifestación): cartas 5, 6 y 10. Son cartas de futuro, visionarias, activas, conscientes. Te muestran dónde y cómo estás manifestando la energía que puede dar forma al futuro. Al final, lo que piensas y lo que creas se convierte en tu realidad futura.

Las cartas que representan el futuro son:

Mi expresión futura de _____

(describe tu expresión potencial como se indica en la carta n.º 10)

será el resultado de _____

(describe la acción indicada por la carta n.º 6)

y sobre _____

(describe los pensamientos e ideales indicados con la carta n.º 5)

Ahora mueve las cartas dentro de sus propios grupos. Esto puede decirte más, y sugerir más interacciones.

∽∾

Permutación n.º 3: la tirada del resumen de la totalidad la persona

Ángeles Arrien enseñó esta permutación como un desarrollo de su «tirada de la totalidad de la persona». Enfatiza la autocomprensión de varias maneras: perceptualmente, como vemos en los bastos; mentalmente, como lo señalan las espadas; emocionalmente, como se indica en las copas; físicamente, como lo representan los pentáculos; y arquetípicamente, como lo muestran los Arcanos Mayores.

Divide las diez cartas de tu tirada en cinco grupos de los cuatro palos y los Arcanos Mayores. (Dependiendo de las cartas de tu tirada, puede que uno o más palos no estén representados). Coloca las cartas de cada grupo en una serie de cinco filas horizontales, una debajo de la otra (bastos en la parte superior, seguidas de copas, espadas y luego pentáculos). Ordena las cartas de izquierda a derecha, comenzando con las cartas de la corte (rey, reina, caballero, paje), y seguidas por las cartas numéricas desde el as hasta el diez. Los Arcanos Mayores forman la fila inferior y también deben colocarse en orden numérico de izquierda a derecha. Centra las filas una encima de la otra para crear una estructura visual equilibrada, como en el ejemplo que viene a continuación:

Ejemplo: resumen de la tirada de la totalidad de la persona; permutación n.º 3

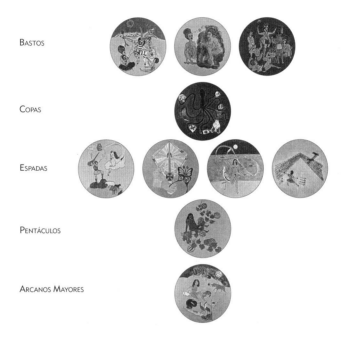

En esta permutación de mi ejemplo de la tirada de la cruz celta, veo que saqué tres bastos, lo que indica que «percibo» la necesidad de ser más creativa y expresiva en mi relación con mi hija y no cederle todo mi poder. Necesito mi sentido de la identidad.

Saqué una copa, que muestra mis emociones agotadas y mi necesidad de retiro y renovación.

Hay cuatro espadas, cuya preponderancia subraya mi sensación de no encontrar la salida, de estar siempre cediendo y luchando contra la depresión. El énfasis en las espadas apunta tanto a la lucha que estoy atravesando como a mis esfuerzos por tratar de ser «razonable». También muestran mi necesidad de ser sincera y justa conmigo y con Casimira.

Saqué un pentáculo, y viendo esto me doy cuenta de que tal vez necesito este tiempo para dejar que mi trabajo se asiente un poco, para analizar hacia dónde me dirijo con él, en lugar de ponerme a trabajar inmediatamente.

Saqué una carta de los Arcanos Mayores: la Fuerza. Tengo la fuerza y la capacidad creativa para alcanzar una solución amorosa. La carta me dice que sea firme para controlar la situación y llegar a una reconciliación a través de la comprensión de las necesidades y deseos de ambas partes. Esto no significa que quiera menos a Casi.

La preponderancia de los bastos y las espadas confirma que estoy luchando principalmente con cuestiones de comunicación y justicia sobre mi creatividad y autoexpresión.

Pasa la tirada con la que estás trabajando a su nueva posición, siguiendo el formato de las dos páginas siguientes. Anota tus cartas en los espacios en blanco.

Dibuja aquí el patrón creado por tus cartas:

Las cartas que son aparentemente negativas muestran las áreas en las que necesitas trabajar. Quítalas y podrás ver la persona en la que te convertirás después de afrontar tus miedos e inseguridades. Los palos no representados suelen significar áreas de menor preocupación. Pero en ocasiones puede resultar evidente que estás evitando el verdadero asunto (el palo que falta). Por ejemplo, en una lectura que hice sobre una aventura amorosa, no aparecieron las copas. Esto podría ser interpretado a veces como emociones fuertes que no necesitan atención. Pero en este caso, era obvio que esa emocionalidad

❧ RESUMEN DE LA LECTURA DE LA TOTALIDAD DE LA PERSONA ❧

1. Los BASTOS representan las fuerzas espirituales, creativas y perceptivas que trabajan dentro de ti. Tú mismo como visionario e iniciador; tu necesidad de crecimiento y actividad.

¿Cuántos bastos tienes? _____

¿Qué fuerzas espirituales y creativas están actuando en tu interior?

¿Qué estás percibiendo, imaginando o iniciando?

2. Las COPAS representan tu naturaleza emocional. Tu capacidad para amar, relacionarte, soñar, imaginar.

¿Cuántas copas tienes? _____

¿Qué capacidad tienes para amar, relacionarte, soñar, imaginar? ¿Qué es lo que sientes?

3. Las ESPADAS representan tus pensamientos/tu raciocinio, tu habilidad para discriminar. A veces indican tus áreas de lucha o conflicto.

¿Cuántas espadas tienes? _____

¿Qué domina tus pensamientos? ¿Con qué estás luchando o experimentando un conflicto? ¿Cómo te comunicas con los demás?

4. Los PENTÁCULOS (OROS) representan tus inquietudes físicas, cómo te afianzas, qué estabilidad y seguridad tienes. Tu capacidad para dedicar tus energías al trabajo y al estudio se muestran aquí.

¿Cuántos pentáculos tienes? _____
¿Cuáles son tus inquietudes físicas? ¿Cómo te afianzas? ¿Cómo de estable y seguro estás? ¿De qué manera estás usando tus energías para el trabajo y el estudio?

5. Las cartas de los Arcanos Mayores representan las fuerzas arquetípicas que actúan en la situación, así como los aspectos de ti mismo involucrados en ella y las cualidades de tu interior que se invocan y ponen a prueba.

¿Cuántas cartas de Arcanos Mayores tienes? _____
¿Qué fuerzas arquetípicas actúan en la situación? ¿Qué cualidades dentro de ti están siendo invocadas y puestas a prueba? ¿Qué aspectos de ti mismo necesitas aprender y desarrollar?

fuerte era exactamente lo que le faltaba a la relación. Se basaba en la seguridad y la conveniencia, no en los sentimientos. Al hablarlo, quedó claro que esta pareja estaba evitando reconocer que ya no había amor entre ellos.

Permutación n.º 4: *Yod He Vau He* - El camino de Hermes

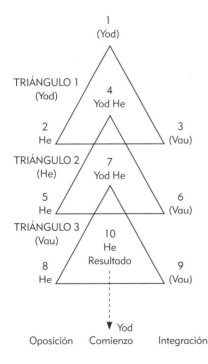

Esta permutación se basa en el trabajo de Papus en su libro *Tarot of the Bohemians*. Describe la estructura de los Arcanos Menores como una serie de tres triángulos que simbolizan un proceso dialéctico de tesis (comienzo), antítesis (reacción u oposición) y síntesis (integración), seguido de una nueva tesis. El misticismo cabalístico afirma esta misma idea en el Tetragrammaton, las cuatro letras que forman el nombre Jehová o Yahvé —*Yod*, *He*, *Vau*, *He*— y que representan el proceso de manifestación.

Cada nueva tesis representa un nacimiento, un nuevo orden o una nueva acción que surge del centro del triángulo dialéctico anterior, formando así la imagen de la izquierda.

Su propagación de la cruz celta puede ser reordenada y dispuesta en este patrón, en orden numérico, e interpretada de acuerdo con los siguientes significados:

Las cartas 1, 4, 7, 10, y el triángulo 1 (Yod) representan la tesis, la acción, la creación, el comienzo, el inicio, la raíz, la semilla. Son iniciáticas y se relacionan con el Espíritu y la conciencia. Asimismo, señalan que cada nueva acción es simultáneamente el resultado de acciones y estímulos previos.

Las cartas 2, 5, 8 y el triángulo 2 (He) representan oposición, resistencia, reacción, reflejo, obstáculos, contradicción, duda, preservación. Son emotivas y buscan mantener el orden y preservar el *statu quo*. Inercia.

Las cartas 3, 6, 9 y el triángulo 3 (Vau) representan síntesis, integración, equilibrio, transformación, resolución, transición, paso. Se relacionan con el cuerpo. La fusión de los opuestos.

Esta permutación puede ser la más intensiva e informativa de todas. A través de su estudio se obtiene una nueva comprensión de cómo cada carta se relaciona con las demás, evoluciona a partir de las otras e influye en ellas.

La lectura hace hincapié en la forma habitual que tienes de afrontar las situaciones de la vida. Señala patrones en tus acciones, que, cuando los reconoces, se pueden modificar para manifestar tus propias cualidades más altas.

Ejemplo: el camino de Hermes; permutación n.º 4

A medida que continúo con la tirada de la muestra, encuentro que esta permutación, como siempre, unifica la lectura y me ayuda a ver los patrones de comportamiento que he establecido en torno a cuestiones similares.

La carta 1 (ocho de espadas) en el primer triángulo (Yod) que comienza mi ciclo de acciones, me muestra sintiéndome atada y acorralada, frustrada por lo que percibo como limitaciones.

En la carta 2 (hija de espadas), reacciono contra eso con la determinación de sobreponerme a mis limitaciones. Sin embargo, la carta también representa a Casimira, cuya necesidad de estar y comunicarse conmigo se opone a mis esfuerzos por superar mis límites.

Buscando creativamente maneras de conciliar el tiempo que dedico a mi hija con el de mi trabajo, como indica la carta 3 (dos de bastos), puedo recuperar el control de mi tiempo y así integrar las dos primeras energías opuestas.

En la carta 4 (dos de espadas), la primera carta del segundo triángulo opuesto (He, conocido como el comienzo de la oposición), veo que he estado tratando de hacer concesiones. Por supuesto, no quedé satisfecha con el resultado. Es un punto intermedio.

En la oposición a la oposición (carta 5, la Fuerza), mi deseo de expresar mi yo creativo reaparece, pero esta vez sugiere la capacidad de reconciliar amorosamente las necesidades de ambos, siendo firme y constante en mis decisiones, con una implicación total en lo que estoy haciendo en este momento.

Para integrar las fuerzas opuestas (carta 6, siete de pentáculos), evalúo la situación y los errores que he ido cometiendo (pasar pocos buenos momentos con Casimira y la tendencia a reaccionar ante ella en lugar de actuar).

El comienzo de la integración (carta 7, hijo de bastos), la primera carta del tercer triángulo (Vau), muestra juego y aventura, flexibilidad y sacudir las viejas formas con nuevas ideas.

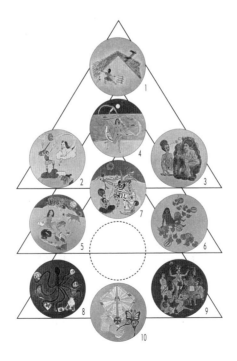

～ LECTURA DEL CAMINO DE HERMES ～

CARTA 1: el principio. ¿Qué es lo que te impulsa a empezar? ¿Qué estás tratando de manifestar?

CARTA 2: la oposición al comienzo. ¿Qué se opone a este comienzo?

CARTA 3: la integración del comienzo. ¿Cómo puedes integrar el comienzo y la oposición (como lo conoce tu yo inconsciente)? ¿Qué base existe para la integración?

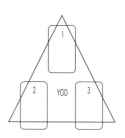

CARTA 4: el comienzo de la oposición. ¿Cómo te opones al nuevo impulso? ¿Qué es lo que se resiste al cambio?

CARTA 5: la oposición a la oposición. ¿Cómo reafirmas y visualizas tu deseo?

CARTA 6: la integración de la oposición. ¿Qué decisión tomas? ¿Qué acción emprendes?

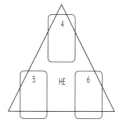

CARTA 7: el comienzo de la integración. ¿Cómo empiezas a integrar tus deseos con tu sentido del yo?

CARTA 8: la oposición a la integración. ¿Qué consideraciones externas debes tener en cuenta? ¿Cómo podrías tener que comprometerte con los demás?

CARTA 9: la integración de la integración. ¿Qué límites y limitaciones debes aprender a trabajar dentro de ellos? ¿Qué tienes que aprender?

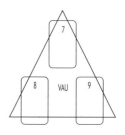

CARTA 10: la recompensa o resultado y la semilla de una nueva acción. ¿Cuál es el resultado de este ciclo? ¿Qué ves como el comienzo del nuevo ciclo?

A la integración se opone (carta 8, ocho de copas) el desgaste emocional de tratar de aplacar a Casimira y el impulso casi desesperado de huir. Sin embargo, me quedo hasta agotarme. ¿Tengo miedo de la independencia de Casi, de que ella misma se vaya? ¿Estoy fallando en enseñarle a respetar y entender el tiempo que paso en mi trabajo?

Para integrar la integración (carta 9, siete de bastos), debo aprender a defender y afirmar mis propias necesidades.

El nuevo ciclo (carta 10, as de espadas) puede comenzar un nuevo conjunto, un nuevo triángulo, una nueva posibilidad abriendo las comunicaciones y haciendo una justa división del tiempo y la energía. El momento de comenzar es ahora.

Continúa con tu propia permutación. Los significados de las posiciones no son absolutos, sino ejemplos de cómo ver la secuencia de cartas. Anota las cartas de tu tirada en los diagramas anteriores; responde a las preguntas de cada carta según tu situación particular.

Otra permutación es posible, aunque más compleja. Pon el camino de Hermes al revés y tendrás el Árbol de la Vida cabalístico con sus diez Sefirot. Si deseas explorar las posibilidades de este patrón adicional, en el capítulo diez encontrarás una explicación de la tirada del Árbol de la Vida.

Superar las barreras a la más alta expresión de tu energía

En líneas generales, ahora eres capaz de ver cómo funciona la tirada de la cruz celta básica para describir tus situaciones y proporcionar información sobre las conexiones entre los diferentes sucesos o aspectos de tu vida. Ciertamente, tener una perspectiva más clara ayuda. Ahora puedes entender las razones subyacentes para hacer la pregunta y tener un concepto más amplio de lo que está en juego. Pero ¿qué haces? ¿Cómo sigues las futuras indicaciones de las cartas? ¿Tienes que experimentar el engaño mostrado por el siete de espadas? ¿O la preocupación indicada por el cinco de pentáculos? No necesariamente, porque todavía representan oportunidades para tu crecimiento y aprendizaje y no hace falta que las experimentes en sus peores formas. Para aprender más sobre cómo seguir lo que has aprendido de una lectura, hay un método que llamo «romper barreras». Hazlo

～ El proceso de superar barreras ～

1. Interpreta todas las cartas en tu lectura como de costumbre.
2. Escoge aquellas cartas de tu tirada (normalmente de una a tres) que representen problemas, bloqueos o limitaciones en la situación, las cartas de las que más te gustaría deshacerte. Describe la situación específica que cada una de estas cartas representa (o podría representar) para ti.
3. Para cada obstáculo, selecciona una carta de tu tirada cuyas cualidades puedan ayudarte a superar ese bloque en particular. ¿Cómo te recomienda esta carta que resuelvas este problema?

Problema, bloqueo o limitación y cómo se manifiesta en mi vida	Correspondiente carta de ruptura y lo que recomienda que haga para hacer frente a este problema
CARTA:	CARTA:
CARTA:	CARTA:
CARTA:	CARTA:

4. Selecciona la carta de tu lectura que mejor exprese las cualidades que más te gustaría desarrollar en esta situación. Esta es tu clave para manifestar tu máxima expresión.
   Mi carta clave: _____
   Las cualidades que más quiero desarrollar en mí mismo son:

5. Crea una afirmación que indique que posees las cualidades mencionadas anteriormente. Haz solo afirmaciones positivas, intenta usar verbos activos y sé concreto y específico. Mi afirmación basada en mi carta clave es:

(Di tu afirmación tres veces en voz alta varias veces al día).

6. Decide alguna cosa específica que puedas hacer en veinticuatro horas que se base en esas cualidades en ti mismo. Procura que sea simple y relativamente fácil de hacer. Puede ser una tarea, un juego o un ritual.

Dentro de las veinticuatro horas HARÉ lo siguiente:

Y AHORA ¡HAZLO!

Nota: Aunque todas estas cartas deben elegirse de entre las cartas originales en la lectura, puede que ocasionalmente sientas que ninguna de ellas expresa adecuadamente una clave o concepto de ruptura. Por supuesto, sigue tu intuición y toma las riendas de tu vida escogiendo las cartas que necesites de cualquier parte de la baraja.

⊲⊳

con la tirada de la cruz celta o cualquier otra tirada para descubrir lo que te bloquea o limita, cómo romper esos bloqueos y la clave para manifestar tus más altas cualidades en la situación.

Ejemplo: romper barreras

En esta última etapa de mi lectura, he elegido el dos de espadas, el ocho de espadas y el ocho de copas como las cartas problema que me bloquean o limitan. El dos de espadas me muestra comprometiéndome por el bien de la paz y al mismo tiempo andando con medias tintas. El ocho de espadas me da la sensación de que no tengo elección, estoy atrapado en este patrón. Y el ocho de copas muestra mi sensación de agotamiento, que me hace querer escapar.

Para superar estos bloqueos, he elegido el siete de bastos como representación de mi habilidad para defender mis creencias y que tengo el poder de elegir, de percibir soluciones creativas. Con el siete de pentáculos puedo evaluar la situación en lugar de huir de ella y reconocer que lo que saque lo recibiré. Por lo tanto, puedo cambiar el resultado cambiando mis acciones.

La clave para manifestar mis más altas cualidades en esta lectura es la carta de la Fuerza. Las cualidades que encuentro en ella son el amor, la gentileza, la armonía, la orientación, la perseverancia y la fortaleza para hacer las cosas bien y de forma correcta. La afirmación que saco de esta clave es: «Tengo la fuerza para perseverar en la gentileza amorosa para reclamar mis propias necesidades y para guiar a Casimira en el respeto y la reivindicación de las suyas».

Dentro de veinticuatro horas (y también durante la próxima semana) pasaré un tiempo ininterrumpido centrado en Casi, y también en la creación de actividades valiosas y agradables para que las haga por sí misma. Entonces, si me molesta en el trabajo, puedo insistirle con delicadeza (y sin sentirme culpable) para que se centre en sus cosas.

Este método puede dar a cualquier lectura una sensación de finalización y proporcionar indicaciones positivas para la acción y el cambio. Es más, tú eliges tu propia dirección para el crecimiento redirigiendo y utilizando eficazmente las energías existentes en la situación.

Ampliar la tirada de tres cartas

Para obtener más información amplía la tirada de tres cartas descrita en el capítulo dos. También se puede emplear el formato básico de tres cartas para responder a tipos muy específicos de preguntas asignando significados a cada posición. Luego, después de aclarar la pregunta o el asunto, podrías usar esas tres cartas como introducción a otra tirada, como la cruz celta.

Para empezar, primero relájate y conéctate con la tierra, purifica y baraja tus cartas, córtalas en tres montones y saca la carta superior de cada montón para una lectura básica de tres cartas.

Saqué las tres cartas siguientes: Fecha _____

_____   _____   _____
(cuerpo)   (mente)   (espíritu)
n.º 1   n.º 2   n.º 3

El asunto (o asuntos) descrito por estas cartas es:

La mayoría de la gente quiere saber qué carta está en el fondo de cada uno de los tres montones, así que saca también las del fondo. Este segundo grupo de tres cartas es más interior, representa lo oculto o inconsciente de la situación. Coloca cada una de las cartas inferiores en una fila debajo de las superiores. Relaciona las nuevas cartas entre sí y con las de arriba.

La carta inferior de cada uno de mis montones es:

_____   _____   _____
n.º 4   n.º 5   n.º 6

Los factores ocultos o inconscientes en esta lectura son:

Si, como yo, no te sientes satisfecho con las seis cartas, selecciona un tercer juego de tres cartas. Para ello, baraja cada uno de los montones originales por separado, pensando en cómo esta carta ayudará a resolver y completar el asunto. Baraja cada montón y saca una carta de cada uno.

Para la tercera fila que he seleccionado:

n.º 7	n.º 8	n.º 9

La resolución y finalización de la cuestión de mi cuerpo (descrita por las cartas 1 y 4) como se revela en la carta 7 es:

La resolución y finalización de la cuestión de mi mente (descrita por las cartas 2 y 5) como se revela en la carta 8 es:

La resolución y finalización de la cuestión de mi espíritu (descrita por las cartas 3 y 6) como se revela en la carta 9 es:

Finalmente, baraja los tres montones de cartas restantes. Corta dos veces y vuelve a apilarlas en cualquier orden. Sube la carta superior. Esta décima carta integra las cartas anteriores y es la clave para utilizar la información de todas las demás cartas.

Mi décima carta es _____ e indica que la clave para integrar la información dada por las otras cartas es:

Formular preguntas con la tirada de tres cartas

Al responder preguntas, las tiradas de tres cartas van directo al grano. Trata siempre de formular tu pregunta de forma precisa y exacta; escribe la pregunta antes de empezar. La tirada de tres cartas puede ser útil en los siguientes tipos de preguntas:

- Preguntas de sí o no.
- Preguntas de A o B.
- Preguntas sobre relaciones.

En las siguientes situaciones determinarás el significado de cada posición en la tirada, basándose en lo que quieras saber. Indica claramente y por escrito la información que quieres de cada posición antes de barajar y colocar las cartas.

Preguntas de sí o no

Ejemplo: «¿Debería mudarme a un nuevo apartamento en la bahía este en mayo?». Observa la precisión de la pregunta. Con preguntas específicas como esta, pon un límite de tiempo a la pregunta.

También puedes cambiar tu pregunta y transformarla en: «¿Me beneficia mudarme a un nuevo apartamento en la bahía este en mayo?», porque ¿qué quieres decir con «debería»? Escribe siempre este tipo de preguntas, para que tú y el oráculo estéis seguros de lo que habéis preguntado. Ten en cuenta que las preguntas de sí y no tienden a ser limitantes ya que hay muchas opciones que ni siquiera has tomado en cuenta.

Mientras barajas las cartas, asegúrate de invertir al azar la dirección de algunas de ellas. Las cartas verticales son sí y las invertidas son no, pero la carta del medio cuenta dos veces, así que podrías obtener un empate para una respuesta.

En este ejemplo hay tres respuestas afirmativas y una negativa. Por lo tanto, la respuesta es afirmativa, al menos en lo que respecta a la pregunta tal como está formulada, aunque hay algunos indicios de un cambio en el futuro. Con nueva información o un cambio de circunstancias, la respuesta puede ser diferente y podrías hacer una nueva tirada para obtener información más actualizada.

Puedes llegar a un empate de dos síes y dos noes, en cuyo caso: a) el resultado aún no está determinado, b) la respuesta no responde a tus intereses en este momento, o c) tu pregunta no está adecuada o claramente formulada. Además, recuerda que el tarot toma la pregunta en sentido literal; siempre asegúrate de interpretar la respuesta en términos de lo que realmente preguntaste.

Después de determinar la respuesta, interpreta las cartas y sus consejos en términos del pasado, presente y futuro, o cualquier otra variación previamente elegida de la tirada de tres cartas. Si prefieres trabajar con más material para la interpretación, utiliza cualquier número impar de cartas (cinco, siete o nueve) de la misma manera.

Intenta hacer tu propia pregunta: Fecha: _____

Mi pregunta sí o no es:

Las cartas que saqué para mi respuesta (indica las cartas al derecho y al revés) son:

_____	_____	_____
Cuenta por uno	Cuenta por dos	Cuenta por uno
PASADO	PRESENTE	FUTURO

Mi respuesta es: _____, e interpreto que las cartas me aconsejan:

Preguntas de A o B:

Este tipo de pregunta implica que tienes que elegir entre dos o más opciones. Por ejemplo: «¿Este otoño debería dedicarlo únicamente a la universidad o seguir trabajando a tiempo completo? He estado trabajando hasta ahora».

Antes de barajar las cartas, determina de antemano un significado para cada posición de la tirada basado en tu pregunta y *escríbelo*. Que la posición de la carta izquierda sea la opción que ya has tomado y la posición de la carta derecha sea la nueva. Entonces podrás leer las cartas en términos de pasado, presente y futuro.

Como puedes ver en este ejemplo, normalmente hay una tercera opción oculta (o no tan oculta). A la carta del medio le puedes asignar el significado de indicar tu estado mental actual. Esta técnica también se podría utilizar como una tirada de sí o no, de modo que por su posición recta o invertida se obtiene un sí o un no para cada opción.

Trabajo a tiempo completo   Ambas cosas a tiempo parcial   Universidad a tiempo completo

Ahora formula una pregunta de A o B para la que te gustaría tener alguna orientación.

Fecha: _____

Mi pregunta es:

Divide la pregunta en sus partes fundamentales y, si es posible, colócalas en una línea de tiempo de la opción pasada (o en curso), la opción presente (o una desconocida) y la opción futura (nueva). Baraja, invirtiendo las cartas si también utilizas la opción de sí o no, corta y roba tres cartas, colocándolas de izquierda a derecha.

La posición de la izquierda representa:

La posición en el centro representa:

La posición de la derecha representa:

Las cartas que recibí me indican:

Preguntas sobre las relaciones

Esta versión de la tirada de tres cartas te ofrece una comprensión básica de la relación entre dos personas o asuntos cualesquiera. Por ejemplo: «¿Cuál es la naturaleza de la relación entre Merlin y yo?».

Cómo me relaciono con Merlin	La relación en sí misma como una entidad	Cómo se relaciona Merlin conmigo

O podrías preguntar: «¿Cuál es el problema entre Merlin y yo?». Si quieres aclarar el problema, podrías usar las siguientes tres posiciones:

Mi perspectiva	El problema en sí mismo	La perspectiva de Merlin

O para la resolución del problema podrías preguntar:

Mis necesidades y deseos en la relación	Un medio para resolver el problema o un obstáculo para resolverlo	Las necesidades y deseos de Merlín en la relación

Usa este espacio para formular una pregunta básica de relación para ti mismo y para otro:

Fecha: _____

Mi pregunta es:

He definido las posiciones como indicativas:

Posición a la izquierda:

Posición del medio:

Posición a la derecha:

Las cartas que he extraído en estas posiciones me dicen:

Mensajes personales en tus lecturas para los demás

Un aspecto que se suele pasar por alto en la lectura del tarot para uno mismo es encontrar los mensajes que hay para ti en las lecturas que haces para otras personas. Por esta razón, si no la compartes con nadie más, debes guardar siempre copias de las lecturas que haces para otros. Más tarde repasa la lectura y su información para ver cómo se aplica a ti. ¿Qué puedes aprender de tu propio comentario y de las ideas de la persona para la que has hecho la lectura? Un ejemplo de cómo me pasó esto fue cuando un cliente sintió que la mujer atada en el siete de espadas esperaba que su caballero de brillante armadura viniera a salvarla. Esto no solo aumentó mi percepción de la carta, sino que también me dio una nueva perspectiva sobre un asunto personal que yo estaba tratando entonces.

Cuando hago muchas lecturas en poco tiempo, como en las ferias psíquicas, o cuando los clientes se aglomeran, encuentro que ciertas cartas siguen apareciendo y reapareciendo. Si llevas un registro de todas las cartas sacadas, encontrarás que varias formarán, por su frecuencia, una constelación definida. Saca estas cartas y muévelas hasta que sus relaciones formen una lectura para ti.

Lecturas sugeridas para el capítulo seis

Sobre el Tetragrammaton en el tarot:
Tarot of the Bohemians. Papus. N. Hollywood: Wilshire Book Co., 1973. (Es un libro complejo y esotérico; por lo tanto, no es para cualquiera).

Sobre cómo diseñar tu propia tirada:
Choice-Centered Tarot [Tarot orientado a la elección]. Gail Fairfield. York Beach, Maine: Samuel Weiser, 1984, 1997.

DEL TAROT MOTHERPEACE, creado por Vicki Noble y Karen Vogel, publicado en 1982 para representar las tradiciones esotéricas en términos feministas, multiculturales y contemporáneos. De acuerdo con su diseño circular, los Arcanos Mayores están dispuestos en tres ruedas, cada una con seis cartas que giran alrededor de una carta central, y todas ellas giran alrededor del Loco. Para montarlo tú mismo, empieza con todas las cartas en orden. Coloca al Mago, a la Suma Sacerdotisa y a la Emperatriz por separado para comenzar los tres arreglos. Pon la cuarta carta (el Emperador) con la primera, el Papa con la segunda, y así sucesivamente, creando círculos de cartas en el sentido de las agujas del reloj. Las tres últimas cartas (excepto el Loco) van en el centro de cada rueda. Observa que las cartas opuestas se reducen al mismo dígito, y que la última carta de cada rueda se reduce al número de la primera. Examina cada agrupación en busca de temas relacionados. Estos grupos también pueden considerarse para expresar el principio dialéctico de la tesis, la antítesis y la síntesis; o el comienzo, la oposición y la integración.

Capítulo 7

Gestionar los estados anímicos, las emociones y las relaciones

En este capítulo nos centraremos en trabajar con el tarot de una forma diferente a la que probablemente estés acostumbrado. En el capítulo dos tratamos la noción de elegir las cartas con el fin de que representen nuestras experiencias y repasar la baraja hasta dar con las imágenes más apropiadas (si quieres revisar esta técnica, consulta las páginas 78 y siguientes). Los ejercicios de este capítulo son los que deberías utilizar en situaciones de gran carga emocional, pero practícalos ahora, antes de que se presenten realmente esas circunstancias, para que te familiarices con los procedimientos y con lo que cada ejercicio te ofrece.

Lidiar con la depresión

Hay quien saca la baraja de tarot cuando se siente de mal humor o deprimido. En ocasiones he barajado las cartas durante diez o quince minutos y al final, al echarlas, he visto que, como todo lo demás, no me servía de nada. Lo que sí sirve es el siguiente ejercicio, adaptado de una técnica de escritura de diario sugerida por Tristine Rainer en *The New Diary* y basado en mis propias experiencias al enfrentarme a lo que para mí era el fin del mundo.

Prueba este ejercicio ahora, sea cual sea tu estado de ánimo, así lo recordarás y tendrás confianza en su efecto cuando lo necesites. Saca tu baraja de tarot y un bolígrafo o lápiz.

Revisa el mazo con las cartas bocarriba, para poder ver sus imágenes. Escoge varias que representen cómo te sientes en este momento.

Las cartas que elegí son:

Ahora selecciona *una* de entre estas, la que *mejor* exprese cómo te sientes.

La carta que mejor expresa cómo me siento es:

Imagínate que eres una figura de la carta del tarot que has escogido y describe, en tiempo presente y en primera persona («yo soy...»), lo que está pasando en la carta y cómo te sientes, como personaje de esta. Por ejemplo, un consultante eligió el diez de espadas y escribió:

«Yo (como figura de la carta) estoy abrumado y abatido, ¿y cómo no iba a estarlo con todas estas espadas clavadas en la espalda? No me duelen, pero me siento incapaz de moverme. Cada vez que lo intento, viene alguien y las clava más profundamente o añade otra espada. ¿Por qué no me rindo? Ojalá pudiera. Sin embargo, quizá consiga aguantar hasta que salga el sol».

Utiliza tantos objetos, colores e imágenes como sea posible en tu descripción. Experimenta todos los matices de la carta, incluidas las cosas que no notaste cuando la elegiste, para describir tu estado de depresión.

Yo (siento/estoy):

Una vez que hayas completado tu descripción, te darás cuenta de que automáticamente empiezas a salir del «pozo». El siguiente paso es elegir cinco cartas que te muestren lo que necesitas hacer o lo que harías, si pudieras hacer cualquier cosa que desees. En pocas palabras, describe específicamente cuál es esa acción. Por ejemplo, la persona con el diez de espadas eligió estas tres cartas:

Seis de copas   = devolverle el libro a Jamie.
Ocho de bastos   = salir a correr al parque.
Dos de pentáculos = dejar a un lado todas mis responsabilidades y hacer un viaje a Inglaterra.

Si ahora mismo me fuera posible hacer cualquier cosa que quiera o necesite, me gustaría:

1. Carta _____ = _____

2. Carta _____ = _____

3. Carta _____ = _____

4. Carta _____ = _____

5. Carta _____ = _____

Elige una de las anteriores _____
Hazlo inmediatamente.

Este procedimiento también puede ayudarte a organizar tu día. Por ejemplo, cuando te sientas abrumado y necesites poner las cosas en perspectiva, haz una lista de cinco a siete tareas que debas llevar a cabo, luego selecciona cartas que representen estas tareas para ti, aunque sea a nivel personal. Ahora prioriza, decide lo que hay que hacer de inmediato y lo que puede esperar. Muchos estudiosos del tarot han afirmado que el mazo es un dispositivo mnemotécnico. Visualizar las cartas en un patrón familiar te ayudará a recordar, en el orden apropiado, cualquier lista de cosas o ideas que desees.

Descubrir la alegría

Aquí tienes otro ejercicio sugerido por Tristine Rainer, que se basa en los descubrimientos de Joanna Field, narrados en su obra *A Life of One's Own*. En este libro Field relata sus intentos de descubrir lo que le brindaba alegría, para poder experimentarla más a menudo y con mayor intensidad en su vida.

Elige seis cartas que describan qué te hace sentir feliz:

CARTA	EXPERIENCIA
1. _____	_____
2. _____	_____
3. _____	_____
4. _____	_____
5. _____	_____
6. _____	_____

Ahora piensa cuidadosamente en los dos últimos días. Enumera cada pequeña cosa que te haya proporcionado incluso una momentánea sensación de felicidad. Luego elige una carta que represente cada una de ellas:

EXPERIENCIA	CARTA
_____	_____
_____	_____
_____	_____
_____	_____
_____	_____
_____	_____
_____	_____
_____	_____

¿En qué se diferencian tus dos listas?

¿En qué se parecen?

Joanna Field describe la trayectoria que la llevó a encontrar la alegría como una práctica de observación. Descubrió que, con frecuencia, lo que había dado por hecho sobre la felicidad difería radicalmente de sus experiencias cotidianas y que en cuanto empezó a ser consciente de los sentimientos de júbilo que experimentaba a diario, estos comenzaron a crecer y a proporcionarle una mayor sensación de bienestar.

Escribe habitualmente (no hace falta que sea a diario) una lista de los acontecimientos felices, tanto a nivel interno como externo. Observa qué cartas sigues sacando para representar estas experiencias.

¿Cuáles son?

Presta atención cuando estas cartas aparezcan en tus lecturas diarias. ¿Salen en circunstancias igualmente felices? Si no, ¿en qué se diferencian?

FECHA DE APARICIÓN	CARTA	COMENTARIO
_____	_____	_____
_____	_____	_____
_____	_____	_____
_____	_____	_____
_____	_____	_____

Clarificar tus relaciones

Este ejercicio, basado en el trabajo de mi discípulo James Garver, tiene como objetivo mejorar la calidad de tus relaciones personales. Al reconocer las energías arquetípicas que proyectas y atraes hacia ti en tus relaciones, tienes la oportunidad de elegir entre seguir así o modificar tu comportamiento para armonizarlo con tus necesidades internas.

Utiliza las setenta y ocho cartas de la baraja. Al seleccionar las cartas, repasa rápidamente todo el mazo y saca todas las que te parezcan apropiadas (si dudas sobre una carta, tómala); luego reduce tu selección a entre tres y siete cartas, y finalmente escoge aquella con la que vas a trabajar. Antes de comenzar, decide si vas a trabajar en relaciones emocionales o sexuales, relaciones familiares o de amigos, o relaciones de trabajo.

Responde a estas preguntas antes de escoger cualquier carta:

1. ¿Qué hace falta aclarar en tus relaciones?

¿Qué necesidades quieres satisfacer en tus relaciones?

Revisa todo el mazo de cartas del tarot y selecciona las que parecen ilustrar cómo te ves a ti mismo en una relación. Escoge de tres a cinco. Haz una lista de las cartas que has elegido:

Entre ellas, selecciona la que mejor te represente en tus relaciones: _____

¿Qué cualidades de esta carta representan cómo actúas en las relaciones?

¿Qué cualidades e imágenes aparecen en todas las cartas que escogiste?

2. Para ti, ¿cuál es tu fantasía de la pareja ideal en una relación?

¿Cómo actuaría él o ella en la relación?

Vuelve a revisar la baraja y escoge las cartas que representan a este tipo de persona y redúcelas a un número de tres a cinco de las cartas más expresivas:

Mirando las cartas, ¿qué es lo que destaca entre ellas? ¿Qué imágenes y cualidades son similares en cada carta y qué cartas son?

¿Qué carta de las anteriores representa mejor a tu pareja más ideal?
¿Por qué?

3. Coloca la carta que elegiste para ti y la de tu pareja ideal juntas en la mesa delante de ti de la manera que prefieras. ¿Cómo se relacionarían entre sí?

Revisa el mazo y elige varias cartas para representar la forma en que podrían interactuar:

¿Cuál de ellas describe mejor la interacción ideal?

Describe esta interacción:

4. Probablemente hayas estado describiendo una interacción totalmente positiva. Escoge una carta que represente la forma en que ambos interactuaríais negativamente, como en una pelea:

   ¿Qué te dice esta carta?

5. Mira las cuatro cartas que has elegido. Cuando se ven juntas, ¿qué te dicen sobre tu posible relación?

6. De las cartas que elegiste para representar a tu hombre o mujer ideal, ¿alguna te recuerda a las personas actuales en tu vida? (Si no, escoge una carta que se parezca más a una persona importante con la que estés o hayas estado en una relación).

   ¿Qué carta? _____ ¿Con quién? _____
   Relaciona esta carta con la que elegiste para ti al principio. Analiza su interacción:

   Escoge algunas cartas que expresen esta relación real:

Describe lo que está pasando en cada una de ellas:

¿Cómo te *sientes* en estas situaciones?

7. ¿Qué medidas tienes que tomar para transformar tu relación actual en la ideal?

Selecciona la carta que mejor exprese tu habilidad para crear el tipo de relación que quieres y mereces: _____
¿Qué puedes hacer *inmediatamente* para comenzar este proceso de transformación?

Ahora, crea un mandala para afirmar las cualidades que valoras en una relación. Toma las siguientes cartas del ejercicio que acabas de completar. Colócalas como se indica por número en el mandala de estrella de seis puntas de las relaciones que se muestra a continuación.

Tu yo ideal en una relación: _____ (1)
Tu pareja ideal en una relación: _____ (2)
La forma en que interactuarías: _____ (3)
La forma en que interactuarías en una situación negativa:
_____ (4)
Tu capacidad para crear la relación que deseas y mereces:
_____ (5)

La carta de los Amantes o el dos de copas:

_____ (6)

Pon tu mandala (o su fotocopia) en algún sitio en el que esté a la vista durante varios días; míralo con frecuencia.

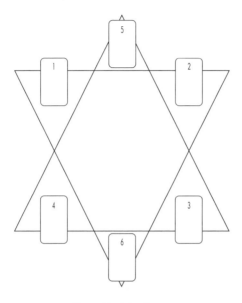

El mandala de la relaciones

Tu masculinidad y feminidad interiores

Las nociones de masculinidad y feminidad de un individuo son, independientemente de lo que se diga en los libros, algo muy personal y relativo. Los siguientes ejercicios, al hacerlos en grupo, te muestran las diversas maneras de entender lo masculino y lo femenino. Realizados en solitario, podrían ayudarte a comprender tu experiencia de esas facetas «masculinas» y «femeninas» de tu ser y cómo se relacionan entre sí.

Ejercicio A

Date mucho espacio para colocar las cartas. Una alfombra o el suelo sirven perfectamente y te permiten tener espacio para alejarte y ver todo el panorama. Toma las cartas de los Arcanos Mayores y clasifícalas en los siguientes grupos, de acuerdo con la forma en que sientes que expresan el género: femenino, masculino, andrógino (un equilibrio entre lo masculino y lo femenino) o asexual. En lugar de por agrupaciones, las cartas se pueden colocar seguidas, sin divisiones rígidas. Experimenta con los efectos visuales que es posible crear. Dibuja aquí cómo has ordenado tus cartas:

¿Qué cualidades parecen tener en común tus cartas femeninas?

¿Qué cualidades parecen tener en común tus cartas masculinas?

¿Qué cualidades parecen tener en común tus cartas andróginas?

¿Cuáles son las cualidades de las cartas que seleccionaste como asexuales?

¿Qué carta femenina representa más claramente tu propio yo femenino interior?

¿Por qué?

¿Qué carta masculina representa más claramente tu propio yo masculino interior?

¿Por qué?

Variaciones para el trabajo posterior

1. Escribe un diálogo entre las cartas femeninas y masculinas sobre cualquier tema relevante que hayas elegido.
2. Pon una carta andrógina como mediador o para obtener un nuevo punto de vista.
3. Introduce una carta asexual en tu conversación, quizás para resumir lo que parece ser el verdadero problema.
4. Toma una hoja grande de papel de embalar (o pega varias juntas). Túmbate bocarriba sobre el papel y pídele a un amigo que dibuje tu contorno. A continuación, coloca las cartas de los Arcanos Mayores dentro de ese contorno, donde te parezca más apropiado.

Ejercicio B

Los especialistas en tarot han emparejado numerosas cartas, como el Emperador y la Emperatriz, la Luna y el Sol, etc. Trata de clasificar todos los Arcanos Mayores en pares de energía complementaria (no necesariamente masculina o femenina). Una vez más, trabaja en una alfombra u otro espacio amplio e intenta tantas variaciones como sea posible.

POSIBLES PAREJAS DE CARTAS

_____   _____
_____   _____
_____   _____
_____   _____
_____   _____
_____   _____
_____   _____
_____   _____
_____   _____

¿Qué cartas funcionarían igual de bien en varias combinaciones de pares? ¿Cuáles son los pares alternos que forman?

¿Cuáles no parecen emparejarse bien en absoluto?

¿Qué has aprendido de las cartas de lo que no eras consciente antes? (Como imágenes similares u opuestas en las cartas, o nuevas relaciones entre ellas).

Tirada compuesta para una relación

Se trata de una variación de la tirada de la cruz celta en la que tú y tu pareja sacáis cartas. La lectura se hace para esa tercera entidad, que es la relación que formáis entre ambos. Esta tirada te ayudará a entender su dinámica.

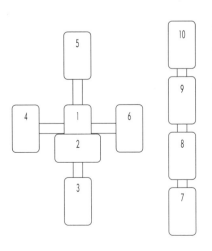

Barajad por turnos. Se designa a uno como «A» y al otro como «B». Primero, «A» corta el mazo formando dos montones de cartas. B elige uno de ellos y A se queda con el otro. Cada uno baraja la mitad que le corresponde y luego las despliega en abanico, colocando las cartas en la disposición tradicional de la cruz celta, y escoge intuitivamente las siguientes:

CARTA 1:   el corazón de A en la relación.

CARTA 2:   el corazón de B en la relación.

CARTA 3:   la base de la relación. Lo que la pareja aún no conoce. B selecciona esta carta.

CARTA 4:   la relación en el pasado. También los talentos, habilidades y destrezas que se han desarrollado para establecer y mantener la relación. B escoge esta carta.

CARTA 5:   las metas y ambiciones conscientes de la pareja en la relación. A saca esta carta.

CARTA 6:   las decisiones a las que se enfrenta la pareja y su capacidad de actuar en conjunto con respecto a ellas. A escoge esta carta.

El resto de las cartas se baraja por turnos y se extiende creando un gran abanico.

CARTAS 7 y 8: cada uno saca una carta que representa al «yo, tal y como me veo», es decir, la imagen que tiene de sí mismo en la relación. Por lo tanto, cada uno tiene una carta asignada a su ser y otra al de su pareja.

CARTA 9:   la cuestión o el problema que hay que superar o resolver para desarrollar la relación. Uno de los dos saca esta carta.

CARTA 10:   la cualidad o herramienta que ayudará a ambos a profundizar más en la relación. Le corresponde elegir esta carta a quien no haya sacado la carta 9.

Interpretad juntos cada una de las cartas, teniendo en cuenta que lo importante, más que su significado objetivo, son las respuestas personales e interpersonales. Lo ideal es obtener una imagen que sintetice la relación para comprender cómo cada uno de vosotros ayuda a crear la entidad de esta.

Tirada de Angie para las relaciones

Esta segunda tirada para las relaciones, creada originalmente por Ángeles Arrien, muestra la interacción real entre dos personas. Es necesario que ambas estén presentes, y, lo mismo que sucede en la tirada anterior, las reacciones subjetivas y las interpretaciones conjuntas son una dinámica importante de ella. Además de con parejas, funciona con amigos, familiares y socios de negocios. Para realizarla hacen falta dos barajas, a ser posible de idéntico diseño. Si solo hay una disponible, se colocan las cartas de una de las personas, se anotan y a continuación se recogen todas, vuelven a barajarse y se colocan las cartas de la segunda persona. Luego se sacan las que salieron al principio para poder ver el patrón en su totalidad.

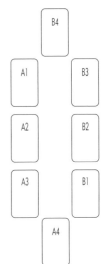

1. Cada uno, utilizando un mazo completo, baraja mientras piensa conscientemente en la relación; cada persona divide su mazo en tres montones. A uno de vosotros se lo denomina A y al otro B.

2. Cada uno baraja su primer montón mientras piensa en «lo que da» en la relación. Abre las cartas en forma de abanico, selecciona una y la pone en la primera posición.

3. Cada uno baraja el segundo montón mientras piensa en «su autoestima». Extiende las cartas en abanico y selecciona una, colocándola en la segunda posición.

4. Cada uno baraja el tercer montón mientras piensa en «lo que recibe» en la relación. Extiende las cartas en abanico y *pídele a tu pareja que escoja una* y la coloca en tu tercera posición. Luego seleccionas una del montón de tu pareja y la pones en su tercera posición.

5. Cada uno reúne el resto de las cartas de sus tres montones y baraja mientras piensa en «lo que quiere» para la relación. Extiende las cartas en abanico, selecciona una y colócala en la cuarta posición.

Al leer las cartas, primero dale la vuelta a A1 y a B3, es decir: lo que das a tu pareja y lo que esta recibe. A continuación, muestra B1 y A3, lo que tu compañero da y tú recibes. Sigue con A2 y B2, luego A4 y B4.

Fíjate especialmente en las cartas que aparecen en ambas lecturas. Prepárate para abordar tu relación con honestidad, tanto los aspectos buenos como los malos, ya que en esta tirada suele ocurrir que aparezcan situaciones que hace tiempo que no se mencionan.

LECTURAS SUGERIDAS PARA EL CAPÍTULO SIETE

The New Diary: How to Use a Journal for Self-Guidance and Expanded Creativity [El nuevo diario: Cómo usar un diario para orientarte y expandir tu creatividad]. Tristine Rainer. Los Ángeles: J. P. Tarcher, 1978.

A Life of One's Own [Una vida propia]. Joanna Field. Los Ángeles: J. P. Tarcher, 1981.

The Tarot Handbook: Practical Applications of Ancient Visual Symbols [El manual del tarot: Aplicaciones prácticas de los ancestrales símbolos visuales]. Ángeles Arrien. Los Ángeles: J. P. Tarcher, 1987.

DEL TAROT VOYAGER, compuesto por Ken Knutsen bajo la dirección de James Wanless (1984). Las cartas de los Arcanos Mayores están dispuestas en el mandala del ser completo, que Wanless describe como un «retrato simbólico de ti mismo y de tu mundo». Las cartas en las diez posiciones fueron seleccionadas para esta fotografía por Wanless para representar un posible patrón arquetípico que exprese las esencias de estas posiciones. Son: 1) Loco-Niño para el espíritu: tu personalidad arquetípica; 2) Equilibrio para la cabeza: tu estado mental; 3) Sacerdotisa para el corazón: tu estado emocional; 4) Ermitaño para las piernas: tu estado físico; 5) Luna para el lado izquierdo: tu naturaleza femenina; 6) Sol para el lado derecho: tu naturaleza masculina. Estas seis cartas forman tu Yo Interior. Alrededor de ellas están las cartas que representan tu mundo: 7) Fortuna para tus finanzas; 8) Emperador para tu trabajo; 9) Emperatriz para tu hogar; 10) Amantes para tus relaciones. Los resultados de tus acciones pasadas y las semillas del futuro se representan aquí como los cambios que eliges hacer en el presente.

Capítulo 8

Prosperidad y planificación

La capacidad de tomar decisiones de acuerdo con el propósito y la potencialidad del propio ser es el factor más esencial para un crecimiento constructivo y significativo.
—Haridas Chaudhuri

Puntos de inflexión e hitos importantes

Para tomar las riendas de tu vida debes verla con una perspectiva amplia. Puedes obtener esa visión de conjunto haciendo una lista de doce o más puntos de inflexión en tu vida, que representen las elecciones y decisiones que tomaste (o alguien tomó por ti) en el pasado. Los puntos de inflexión, los hitos o los peldaños son puntos en los que podrías haber seguido como estabas, pero elegiste otra opción o dirección. Al confeccionar tu lista, ten en cuenta los momentos en los que parece que el destino eligió por ti, cuando experimentaste una prolongada ansiedad ante una decisión crucial, así como los momentos en los que otro pareció tomar una decisión significativa por ti. Lo importante es identificar los doce pasos principales que te han llevado a donde estás hoy y enumerarlos en orden cronológico.

Por ejemplo, yo enumeré los siguientes:

1. Entré en la universidad	Tres de pentáculos
2. Rompí mi compromiso matrimonial	Ocho de bastos
3. Me involucré con el teatro	Siete de copas
4. Me mudé a Atlanta	Dos de bastos
5. Dejé el trabajo para ir a Europa	Ocho de copas
6. Regresé a Florida por mi cuenta	Cuatro de espadas
7. Casada	Dos de copas
8. Divorciada	Ocho de espadas
9. Impartí mi primera clase de tarot	Seis de pentáculos
10. Me mudé a San Francisco y conseguí trabajo en la universidad	Siete de bastos
11. Descubrí el espíritu de la mujer	Tres de copas
12. Formé pareja y di a luz a una niña	As de copas

Utiliza la ficha de trabajo de la página siguiente para enumerar estos doce puntos de inflexión en tu vida. A continuación, relaciona cada uno con una carta diferente de los Arcanos Menores (cualquiera de las cuarenta cartas del as al diez de cada palo) y elige la que más se aproxime o mejor ilustre cada acontecimiento.

Por último, escribe una breve descripción del significado de cada acontecimiento tal y como lo has interpretado en la carta escogida, utilizando la ficha de trabajo de los puntos de inflexión.

¿Qué palo aparece con más frecuencia?

¿Por qué crees que predomina? ¿Sugiere algo sobre las razones de tus elecciones?

Si quieres avanzar, selecciona una carta de la corte que represente el aspecto de tu ser que deseó o instigó cada punto de inflexión. Por ejemplo, ¿predominó tu aspecto interno masculino o femenino en la toma de estas decisiones? ¿Tuviste una participación activa o pasiva?

≈ **FICHA DE TRABAJO DE LOS PUNTOS DE INFLEXIÓN** ≈

¿POR QUÉ? Arcanos Mayores	SUCESO Y SIGNIFICADO PERSONAL	¿QUÉ? Arcanos Menores	¿QUIÉN? Carta de la corte

¿Te preocupaba el dinero o la seguridad? ¿El amor y la pasión? ¿La expresión creativa? ¿El dolor y la ira? ¿Querías establecer y construir, o nutrir, o aprender? No dudes en utilizar un rey aunque seas mujer, o un paje si eres hombre: examina las cualidades y energías internas desde las que actuaste y elige en consecuencia. Puedes utilizar la misma carta más de una vez.

¿Qué cartas han aparecido más: reyes, reinas, caballeros, pajes?

¿Ves algún significado destacado en las cartas que has elegido?

¿Has aclarado alguna de tus acciones?

Piensa en cómo se produjo cada punto de inflexión. ¿Fue a través de una elección o decisión que tomaste? ¿Alguien decidió por ti? ¿O simplemente «ocurrió», por el destino, por la casualidad o a través de una guía interior?

Escoge una carta de los Arcanos Mayores de la lista siguiente para cada uno de tus doce puntos de inflexión que indique por qué tomaste esa decisión. Una carta de los Arcanos Mayores puede describir varios acontecimientos. O quizás necesites dos o más cartas para indicar con precisión por qué hiciste lo que hiciste.

El Loco:	por estupidez, inocencia o ingenuidad.
El Mago:	por el ejercicio de tu propia voluntad.
La Suma Sacerdotisa:	por la propia guía interior, la influencia de una mujer o para mantener algo en secreto.
La Emperatriz:	tu madre tomó la decisión por ti.
El Emperador:	tu padre tomó la decisión por ti.

EL PAPA:	por enseñanzas, tradición o expectativas sociales y familiares.
LOS AMANTES:	por amor o a causa de un amante.
EL CARRO:	para «probarte» a ti mismo y tus habilidades, o para proteger a otra persona.
LA FUERZA (LA AMBICIÓN):	por un fuerte deseo de autoexpresión creativa o de crecimiento personal.
EL ERMITAÑO:	por una búsqueda de desarrollo espiritual o por órdenes de un gurú o maestro espiritual al que has prometido obediencia.
LA RUEDA DE LA FORTUNA:	por el azar o el destino. O por el «momento oportuno», como la finalización de un ciclo.
LA JUSTICIA (EL AJUSTE):	para reparar un mal o porque era «justo» o por una razón legal.
EL COLGADO:	pomo sacrificio, o estando drogado o mentalmente inestable.
LA MUERTE:	por la muerte de algo o alguien. Como medio de cortar con el pasado o desprenderse de algo.
LA TEMPLANZA (EL ARTE):	para equilibrarte o para sanar y curar.
EL DIABLO:	por el poder, el control o la malicia. «El diablo me obligó a hacerlo».
LA TORRE:	para romper con algo o salir de una situación, o en un ataque de ira.
LA ESTRELLA:	por «guía divina». Por la creencia en un ideal.
LA LUNA:	por instinto. Por confusión. «Obligado» por algo. Por un sueño o un sentimiento intuitivo.
EL SOL:	por pura alegría y amor a la vida. La sensación de que es la mejor decisión que has tomado.
EL JUICIO (EÓN):	porque has reconocido una nueva (e inesperada) posibilidad y dirección en tu vida: una nueva visión y propósito.

EL MUNDO: como una integración de todas las partes
                                   de ti mismo. Para expresar la totalidad del
                                   ser. Para manifestar la libertad en un en-
                                   torno restringido.

¿Qué cartas de los Arcanos Mayores aparecieron con más frecuencia?

¿Qué te dicen estas cartas sobre tu método de acción?

¿Qué cartas no has usado nunca?

Para seguir avanzando

Vuelve a repasar esto dentro de varios meses. Utiliza un bolígrafo de otro color y escribe otros hitos importantes que ahora te costará creer que hayas pasado por alto. Revisa tus respuestas y comprueba si te sientes igual, anota tus nuevas ideas en los márgenes.

Aclara tus opciones

Ahora que ya has contemplado tu experiencia y tus elecciones pasadas utilizando el tarot, estás preparado para utilizarlo en las elecciones conscientes y personalmente significativas que adoptes en el futuro. El primer paso es ver y aclarar todas las opciones de las que dispones.

Esta tirada es un desarrollo posterior de la tirada de tres cartas (o de A o B) descrita en el capítulo seis. Responde a la pregunta de qué hacer cuando se tienen más de dos o tres opciones.

Utiliza esta lectura para situaciones en las que crees que has de elegir entre dos o más opciones que puedes identificar claramente.

Es importante que expongas tus opciones de forma clara y específica antes de empezar, aunque también puedes designar una posición para describir una opción que no hayas visto antes.

Dirígete al ejercicio aclarar tus opciones de la página 208. Escribe cada opción o elección bajo uno de los espacios en blanco de las cartas de la línea superior. Como solo utilizarás tantas cartas como opciones tengas, tacha las innecesarias. En este momento no es necesario que sean factibles todas las opciones. Buscas orientación para dirigir tu energía, y la opción menos probable puede generar más posibilidades una vez que la hayas aclarado y definido.

Por ejemplo, en un momento en que mi situación laboral era muy inestable y poco clara, saqué las cartas para que me ayudaran a ver lo que de verdad quería hacer. Mis opciones eran:

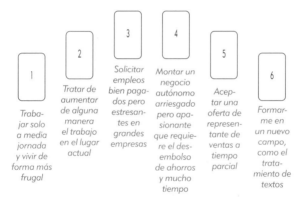

Traté de hacer todo esto simultáneamente, pero me di cuenta de que era necesario concentrar el esfuerzo en una o dos opciones. De hecho, al escribir mis cinco primeras opciones, la sexta surgió de lo que antes era solo una vaga posibilidad, pues ahora la reconocía como factible. Y aprendí a usar el procesador de textos y pude escribir y editar este libro con un ordenador.

Podrías añadir otras cartas a la tirada para ayudar a clarificar los temas y aportar una mayor comprensión a la hora de tomar la decisión, como por ejemplo:

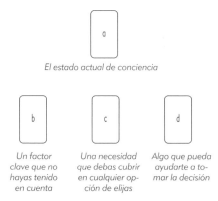

El estado actual de conciencia

| Un factor clave que no hayas tenido en cuenta | Una necesidad que debas cubrir en cualquier opción de elijas | Algo que pueda ayudarte a tomar la decisión |

Si aparece una carta «negativa» en cualquiera de estas últimas posiciones, tal vez indique un obstáculo para tomar esa decisión, pero no significa necesariamente que no sea en última instancia gratificante.

Aclara tus opciones: barajado y método

Mezcla tu baraja y divídela en tantos montones como opciones tengas. Toma la carta superior de cada montón y ponla bocabajo en su posición. Reúne las cartas restantes, baraja, corta dos veces y vuelve a apilarlas. Tomándola de la parte superior, saca una carta para cada posición restante. Antes de mirar las cartas, lee el resto de este capítulo.

Cuando utilices las cartas para elegir, interprétalas por sí mismas, pero también presta atención a lo que sientes al darle la vuelta a cada una. ¿Quieres que sea una carta «buena», que indique éxito en esa opción? ¿Esperas que muestre el fracaso para poder dejar de lado esa posibilidad? ¿Estás preocupado? ¿Estás tenso o relajado? ¿Tienes miedo de mirar? ¿Por qué? ¿Recuerdas haber tirado las monedas dos de tres veces para obtener una respuesta? Y cuando no era la que querías, decidiste ir a por tres de cinco, y luego a por cuatro de siete, hasta que finalmente obtuviste la respuesta que buscabas desde el principio. En este caso también puede que al menos descubras lo que de verdad quieres.

Al interpretar cada carta, ¿cómo reaccionas? ¿Aliviado? ¿Frustrado? ¿Intentas justificar ciertas interpretaciones más que otras? ¿Te animas o te sientes defraudado? Observa las reacciones de tu cuerpo: tensión, nervios. Estas respuestas son las claves de lo que tu interior está tratando de decirte. Si aprendes a notar y «escuchar» estas reacciones internas, afinarás más tus capacidades intuitivas y tu conocimiento de ti mismo. Con el tiempo, cuando tomes tus decisiones y observes los resultados, te ayudarán a descubrir si estás utilizando la intuición o se trata de un autoengaño.

¿Qué opción(es) deseas con más ansiedad interpretar positivamente?

¿Qué opción(es) te tranquiliza dejar de lado por el momento?

¿Hay sorpresas? ¿Cuáles son?

Lee ahora las cartas adicionales de «percepción» que has elegido. ¿Qué otras consideraciones debes tener en cuenta?

Resume la información que has recibido. Establece un orden de prioridad en las opciones basadas en esta información, si procede.

Podrías volver a hacer esta tirada cuando tengas más información sobre tus opciones, o cuando te des cuenta de que estás viendo la situación bajo una nueva luz. La lectura se basa en las condiciones actuales; cuando estas cambien, una nueva lectura ofrecerá más aclaraciones.

La fantasía de los cinco años

El propósito de la fantasía de los cinco años es reconocer tus esperanzas y sueños para el futuro. Este reconocimiento te da la oportunidad de aprovechar las opciones que te acercarán a tus objetivos. Por ejemplo, en 1980 escribí en mi fantasía de 1985 que iba a vivir en México. Varios meses después, acepté una repentina oportunidad de vivir en México, aunque eso significara cancelar unas vacaciones previstas en Perú y arriesgarme a no poder volver a mi trabajo. Otra parte de esta misma fantasía fue la publicación de un libro (que en ese momento ni siquiera había planeado) sobre el tarot, ¡este! Y aunque regresé a Estados Unidos al cabo de un año, en lugar de quedarme cinco, nunca me arrepentí de haberme decidido a vivir mi sueño.

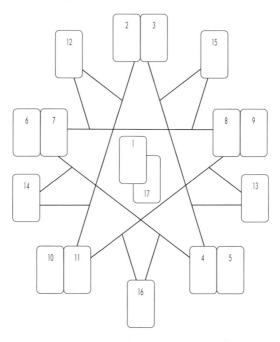

Mandala de la fantasía de los cinco años

Imagina el futuro más emocionante, fascinante e ideal que seas capaz de soñar para ti dentro de cinco años. Visualiza las circunstancias con el mayor detalle posible. Sé específico en cuanto a tu entorno, tu trabajo y tus logros. No censures ninguna idea por considerarla demasiado extravagante o tonta. *Cualquier cosa* es posible en tu fantasía, y cuanto más descabellada y menos probable sea, mejor: ¡salte de la seguridad de tu pensamiento habitual! ¿No te gustaría que tus ideas fueran tan audaces que te dejaran sin aliento? ¿Que se te hiciera la boca agua al pensar en tu futuro? ¿Sentir cómo te hinchas de orgullo por todo lo que puedes conseguir?

Toma tu baraja de tarot y ábrela en abanico. Selecciona una carta, sin verla, para significar que estás creando tu fantasía. Esta va en la posición 1: el centro de la siguiente tirada. Hay decisiete cartas (posiciones) en este mandala de la fantasía, que representa la Estrella, que simboliza las esperanzas y visiones para el futuro. A medida que sigas el resto de las instrucciones, escribe las cartas que has recibido para componer el mandala.

Para las posiciones que van de la 2 a la 11, mira la baraja (bocarriba) y tómate un tiempo para elegir las cartas que representan tu fantasía según los significados que se indican a continuación. Combina y mezcla el significado de cada par de cartas. Como ejemplo personal, el Mago y el seis de pentáculos emparejados como cartas 2 y 3 podrían representar mi visión del éxito para este libro (dentro de cinco años). El Mago simboliza la comunicación de mis ideas, mientras que el seis de pentáculos (éxito) supone los derechos de autor de las ventas. La figura del seis de pentáculos sostiene una balanza, reforzando la idea de que el éxito se basa en el juicio del público. Desde otro punto de vista, este par de cartas también representa el intercambio mágico de conocimientos y energía que espero obtener de mis lectores.

La fecha (dentro de cinco años) es _____

POSICIÓN 1 (ESCOGER SIN VER):

Tú, creando tu fantasía. Esta carta «ciega» te dará una idea de cómo vas a crear tus fantasías. Si aparece una carta negativa, puedes optar por no continuar con este ejercicio en este momento, ya que para que la magia funcione es esencial un marco positivo.

POSICIONES 2 A 11:

A continuación, selecciona cinco pares de cartas que describan tu futuro ideal dentro de cinco años. Recorre la baraja (bocarriba), probando con varios pares hasta encontrar los que te parezcan adecuados.

2 y 3:   un logro importante conseguido recientemente
4 y 5:   tu situación laboral/profesional.
6 y 7:   algo emocionante en tu vida: una relación, un viaje, una afición o un proyecto creativo.
8 y 9:   talentos y habilidades que dominas.
10 y 11: tu entorno familiar.

POSICIONES 12 A 17:

Recoge las cartas restantes, baraja y ábrelas en abanico bocabajo. Ahora roba seis cartas que representen las siguientes áreas:

12: intelecto   15: avances en la conciencia
13: creatividad   16: dinero y poder
14: amor y sexualidad 17: tu yo ideal

Estas cartas te proporcionarán una visión al considerar tu desarrollo personal en los próximos cinco años.

Si percibes que alguna de las que sacaste sin verlas son bloqueos u obstáculos para lograr tus objetivos, elige una cuyas cualidades te ayuden a romper esos bloqueos. Colócala sobre la carta del obstáculo.

Para consolidar tu visión, escribe una carta a un amigo, como si no lo hubieras visto en mucho tiempo. Féchala en este mismo día y mes, pero dentro de cinco años. Cuéntale a tu amigo lo que estás haciendo, basándote en las imágenes que has seleccionado para tu mandala estelar. Siente tu alegría, tu orgullo y tu sensación de logro.

Al utilizar la fantasía de cinco años con mis alumnos en la universidad, descubrí que *la mayoría* lograba hacer realidad gran parte de su fantasía en *dos* años y, a veces, superaba sus sueños más ambiciosos. Para mí, esto demuestra que esta tirada, con su combinación de cartas de «visión de la fantasía» deliberadas y cartas de «revelación» sacadas al azar, es un medio muy eficaz para lograr los objetivos personales.

Aclarar los problemas económicos y tu mandala de la prosperidad

Muchas personas están convencidas de que si tuvieran más dinero eso resolvería todos sus problemas; sin embargo, hay un cliché común que dice que a menudo los ricos se sienten desgraciados o insatisfechos. A la hora de traer dinero a tu vida, tienes que manifestar el tipo de prosperidad que te conviene. Para ello, debes saber qué es lo que te gusta y lo que no te gusta del dinero y por qué lo mereces. La siguiente actividad te ayudará a aclarar lo que sientes y a crear oportunidades para atraer la prosperidad adecuada a tu vida.

En este ejercicio, mira tu baraja y elige las cartas que te parezcan «apropiadas». Utiliza tus propias asociaciones personales al mirar las cartas. Por ejemplo, el seis de pentáculos, que en la baraja Waite-Smith muestra a un hombre rico repartiendo dinero a los mendigos, podría ser tu jefe repartiendo un salario mínimo mientras se lleva los beneficios de las labores de sus trabajadores. Sin embargo, es posible que tú veas la carta de forma totalmente diferente: como si recibieras una subvención, dieras dinero a una obra benéfica, etc. En otras palabras, interpreta las cartas en sentido amplio, pero específicamente en tus propios términos.

Fecha:_____

1. Escoge varias cartas (de tres a cinco) que representen lo que significa la prosperidad para ti.

   Explica lo que significa la prosperidad en términos de las imágenes que has elegido. (¿Hay imágenes comunes entre las cartas?).

¿Cuáles de esas cartas de la prosperidad requieren dinero?

¿Cuáles necesitan de algún otro factor en mayor medida que el dinero? Nombra el factor o factores:

2. Elige varias cartas que representen lo que significa para ti la escasez:

    Describe la(s) situación(es) de las cartas que has elegido:

    ¿Cuáles podrían remediarse con dinero?

3. Para muchas personas el dinero significa seguridad. Elige cartas que describan lo que significa la seguridad para ti:

    ¿Hay factores comunes en estas cartas?

    ¿Qué te dicen sobre tu propia sensación de seguridad?

    ¿Qué importancia tiene el dinero en esta seguridad?

4. En nuestra sociedad el dinero es un método para retribuir a las personas. Elige cartas que representen las cosas por las que mereces ser elogiado y reconocido:

    ¿Qué logros específicos tuyos representan estas cartas?

    Escoge una que muestre cómo preferirías, si fuera posible, ser recompensado por estos logros:

    ¿Qué describe el dibujo de la carta?

5. Elige varias cartas que representen lo que más odias del dinero:

    ¿Qué tienen en común?

    ¿Qué significan para ti?

    ¿Qué debe resolverse para que te sientas bien con el dinero?

    ¿Qué carta podría representar ese remedio?

6. Imagínate próspero y feliz. Elige una carta que indique esta imagen de ti mismo:

    ¿Recuerdas algún momento en el que te hayas sentido así de bien? Describe la situación:

7. Escoge una o varias cartas que representen tus sentimientos de ansiedad y tensión por el dinero:

¿Qué tipo de situación describen?

Siente la tensión que se crea en tu cuerpo al pensar en esta ansiedad. Ahora relájate lentamente, dejando que la tensión salga por los pies y llegue a la tierra. Inspira y espira profundamente tres veces. Relaja la frente, la mandíbula, los hombros, el pecho, las manos, el estómago, el vientre, las piernas y los dedos de los pies. Elige una carta que te muestre totalmente relajado y tranquilo: _____

Escoge otra carta que represente al universo proveyendo abundantemente todas tus necesidades: _____

Toma la última carta que hayas seleccionado (que representa al universo proveyendo con abundancia todas tus necesidades) y ponla en la posición 1.

Coloca a su alrededor las siguientes, que ya has seleccionado de la baraja:

Posición 2: la carta que mejor te muestra relajado y tranquilo.

Posición 3: la carta que mejor te muestra próspero y feliz.

Posición 4: la carta que palia tus sentimientos negativos sobre el dinero.

Posición 5: la carta que mejor muestra la forma en que idealmente serás recompensado por tus logros.

Posición 6: una o más cartas que representen lo que la prosperidad significa para ti.

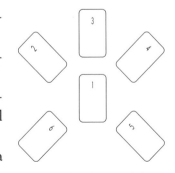

Mandala de la prosperidad

Este es tu mandala de la prosperidad. Guárdalo donde puedas mirarlo a menudo. Todas las noches, antes de irte a dormir, imagínate próspero y feliz. Recrea lo que sientes en tu cuerpo.

Enumera las principales cualidades que ves en las imágenes de tu mandala de la prosperidad:

Utiliza estas cualidades para escribir una declaración que afirme la prosperidad en tu vida (como, por ejemplo: «El universo satisface plenamente todas mis necesidades»):

Visualiza el mandala y di la afirmación en voz alta tres veces ante el espejo del baño cada mañana y justo antes de acostarte. Esta es una forma de utilizar el tarot para atraer mágicamente a tu vida lo que quieres.

Planificar con el tarot

Cuando planifiques o resuelvas un problema, recuerda que las decisiones son solo una etapa de un vasto ciclo de acontecimientos siempre cambiantes. Además, todos los planes pueden desviarse. Por lo tanto, has de plantearte opciones para las posibles contingencias. La siguiente tirada te permitirá ver el problema en sí, definir tu objetivo final y dar los pasos necesarios para llegar a él y sugerir opciones adicionales.

Este proceso puede resumirse en las siguientes preguntas:

1. ¿Qué? —El objetivo.
2. ¿Por qué? —El propósito.
3. ¿Con qué? —Los recursos.

4. ¿Cómo? —Los pasos.
5. ¿Cuándo? —El periodo de tiempo.
6. ¿Quién lo sabe? —El destino.

Saca tus cartas; relájate, conecta con la tierra y céntrate.

1. EL OBJETIVO. Lo primero es definir tu problema; o, en otros términos, afirmar tu objetivo. ¿Qué pretendes hacer? Puede ser algo directo y práctico, como conseguir un empleo o resolver alguna dificultad en tu trabajo; también podría ser algo creativo o espiritual.
   Mira la baraja bocarriba y escoge una o varias cartas que representen tus intenciones.
   La(s) carta(s) que seleccioné es (son):

   Mi objetivo/intención/problema es:

2. EL PROPÓSITO. La segunda etapa consiste en examinar por qué quieres esto. La respuesta te proporcionará la base para evaluar la eficacia de tu esfuerzo final. Digamos que quieres conseguir un trabajo: ¿Es solo por el dinero? ¿O para adquirir experiencia en ese campo? ¿Para conocer gente? ¿Para alejarte de tu casa o de tu familia? ¿Para no hacer otra cosa? Merece la pena pensar en tus motivos y definirlos. Normalmente es más complejo de lo que parece, porque las razones por las que la gente hace las cosas rara vez son sencillas. Por lo tanto, para esta etapa de la tirada, observa tres aspectos de tu intención.
   Baraja el mazo, ábrelo bocabajo en forma de abanico y elige (sin verlas) tres cartas. Estas representan las razones físicas, mentales y espirituales por las que te propones alcanzar tu objetivo.
   Las cartas que elegí son:

Físico	Mental	Espiritual

Me dicen:

3. LOS RECURSOS. La tercera etapa consiste en reconocer y facilitar tu(s) objetivo(s). ¿Qué debes aprender o utilizar para llevar a cabo tu proyecto?

Mira la baraja bocarriba y selecciona una o varias cartas que representen los tres tipos siguientes de aprendizaje: 1) habilidades y destrezas necesarias para llevar a cabo tu plan; 2) conocimientos e información necesarios; 3) actitudes o sentimientos que debes cambiar para abrirte a nuevas posibilidades.

Las cartas que he seleccionado son:

Habilidades y destrezas	Conocimientos e información	Actitudes y sentimientos

Estas cartas me indican que necesito desarrollarme en los siguientes aspectos:

4. LOS PASOS. La siguiente etapa de la planificación consiste en determinar los pasos específicos que hay que dar para completar el proyecto.

Baraja el mazo, ábrelo bocabajo en forma de abanico y elige sin ver tres cartas que representen los pasos hacia tu objetivo.

Los pasos que debo dar para lograr mi objetivo son:

CARTAS	PASOS QUE DEBO DAR
_____	_____
_____	_____
_____	_____

5. EL PERIODO DE TIEMPO. El quinto paso consiste en determinar el plazo de tiempo. *No* es necesario que sea absoluto, pero debe ser específico. El plazo te permite saber si estás operando de acuerdo con el plan o si debes reconsiderar lo que estás haciendo.

Selecciona una o varias cartas, bocarriba, de la baraja para representar cuándo esperas completar tu proyecto, de acuerdo con la siguiente información. (También es posible elegir una carta de tiempo para cada uno de los «pasos» de la última sección). Los equivalentes de tiempo se determinan a partir de los Arcanos Menores multiplicando el número de la carta por:

Bastos = días (el diez de bastos = diez días).
Copas = semanas (el cinco de copas = cinco semanas).
Espadas = meses (el dos de espadas = dos meses).
Pentáculos = años (el siete de pentáculos = siete años).

Los Arcanos Mayores se refieren al mes indicado por su referente astrológico. Por ejemplo, la Justicia (que corresponde a Libra) se refiere al periodo comprendido entre el 23 de septiembre y el 22 de octubre. (Ver en la página 56 las fechas a las que se refiere cada carta correspondiente a un signo zodiacal). Las cartas que corresponden a planetas se refieren al número de años equivalente al número de la carta. Sitúan en el tiempo los acontecimientos futuros o los hechos pasados que condujeron a la situación. Las cartas de la corte se refieren a etapas de desarrollo: los pajes son los comienzos, los caballeros son el proceso mismo, las reinas indican la madurez y la fructificación, y los reyes señalan la finalización.

Planeo completar este proyecto para:

_____ = _____
CARTA(S) DE TIEMPO   FECHA

6. EL DESTINO. Esta última etapa utiliza lo que yo llamo los «como-
dines». Estas dos cartas indican factores invisibles con los que
tienes que lidiar. Pueden surgir en cualquier momento y en cualquier lugar y supondrían una reestructuración de tu plan y de tu
calendario.

Mezcla la baraja, ábrela bocabajo en forma de abanico y elige dos
cartas no visibles. Estas cartas representan:

_____ = _____
Algo que debes   Una oportunidad o
tener en cuenta   posibilidad no vista

Tengo que tener en cuenta:

Debo estar atento a la siguiente oportunidad o posibilidad:

El mandala de la planificación

Al crear tu mandala a partir del ejercicio anterior, utiliza lo que aprendiste en «El proceso de superar barreras» (página 177) para encontrar las cartas que te ayudarán a superar los bloqueos o limitaciones que aparezcan. Marca tu carta clave con una estrella.

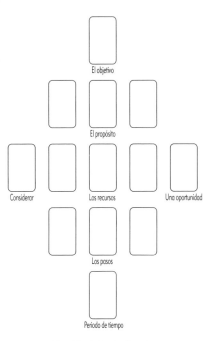

Mandala de la planificación

LECTURAS SUGERIDAS PARA EL CAPÍTULO OCHO

The Universal Traveler: A Soft-Systems Guide to Creativity, Problem-Solving and the Process of Reaching Goals [El viajero universal: una guía de sistemas flexibles para la creatividad, la resolución de problemas y el proceso de alcanzar objetivos]. Don Koberg y Jim Bagnall. Los Altos, CA: William Kaufmann, 1976.

Design Yourself [Diséñate a ti mismo]. Kurt Hanks, *et al*. Los Altos, CA: William Kaufmann, 1973.

Prospering Woman: A Complete Guide to Achieving the Full, Abundant Life [La mujer próspera: una guía completa para lograr una vida plena y abundante]. Ruth Ross. Mill Valley, CA: Whatever Publishing, 1982.

DEL TAROT ACUARIO, ilustrado por el artista gráfico David Palladini y publicado en 1970. Los Arcanos Mayores están aquí dispuestos en la rueda básica del horóscopo. En la rueda exterior se encuentran los signos del Zodiaco y en la interior los planetas que los rigen según el sistema de correspondencias utilizado por la Orden Hermética de la Aurora Dorada. Aries (el Emperador) comienza el horóscopo en el horizonte izquierdo, conocido como el ascendente. Está regido por Marte (la Torre). En sentido contrario a las agujas del reloj se encuentran Tauro (el Papa), regido por Venus (la Emperatriz, que cumple una doble función en otro lugar); Géminis (los Enamorados), regido por Mercurio (el Mago); Cáncer (el Carro) en el nadir, regido por la Luna (la Suma Sacerdotisa); Leo (la Fuerza), regido por el Sol (el Sol); Virgo (el Ermitaño), regido por Mercurio (el Mago, que también cumple una doble función); Libra (la Justicia) en el descendente, regido por Venus (la Emperatriz); Escorpio (la Muerte), regido por Plutón (el Juicio); Sagitario (la Templanza), regido por Júpiter (la Rueda de la Fortuna); Capricornio (el Diablo) en el Medio Cielo o M. C., regido por Saturno (el Mundo); Acuario (la Estrella), regido por Urano (el Loco); y Piscis (la Luna), regido por Neptuno (el Colgado).

Capítulo 9

Sé consciente de lo que creas

Este capítulo contiene un conjunto de diversos métodos de tarot que usan otras herramientas de conciencia además de las cartas.

Tu mandala de la carta natal

Aunque sepas muy poco de astrología, puedes interpretar tu propia carta natal (o de nacimiento), configurándola con las cartas del tarot. Necesitarás un horóscopo natal preciso basado en tu hora y lugar de nacimiento. Si no tienes una carta natal, puedes calcularla utilizando varios sitios de Internet. Busca en «cálculo gratuito de la carta natal». Necesitarás tu fecha y hora exacta de nacimiento (preferiblemente de un certificado de nacimiento o un libro de familia) y el lugar (incluye la longitud y latitud exactas si las conoces). Si no conoces tu hora de nacimiento, utiliza el mediodía (sol en el medio cielo) o pide una «carta solar», que pondrá tu sol en el ascendente; estas cartas serán adecuadas para nuestros propósitos.

También necesitarás doce palos o trozos de hilo de unos noventa centímetros de largo. Coloca el hilo o los palos en una rueda del horóscopo como muestra la ilustración, de modo que haya doce segmentos. Estos se llaman «casas».

Encuentra el signo zodiacal en el ascendente, o primera casa, de tu carta: tu ascendente está a la izquierda de la línea del horizonte de tu carta. A continuación, utiliza la tabla proporcionada para encontrar el signo zodiacal y la carta de los Arcanos Mayores que inicia cada una de las casas de tu carta. Usamos las correspondencias desarrolladas por la Orden Hermética de la Aurora Dorada. Si prefieres un sistema diferente, haz las sustituciones adecuadas.

Empezando por el ascendente, coloca las siguientes cartas de los Arcanos Mayores de cualquier baraja de tarot en sentido contrario a las agujas del reloj alrededor de tu mandala, para que se correspondan con el signo de cada casa. Estarán en la misma secuencia que se indica a continuación, pero comenzarán con *tu* signo ascendente. (En ocasiones, un signo [y su signo opuesto] está «interceptado» y, por tanto, se encontrará *dentro* de una casa en lugar de en una cúspide [entre dos casas]. En este caso, algún otro signo [y su signo opuesto] aparecerá en dos cúspides de casa consecutivas. Esto se encuentra más a menudo en las latitudes más septentrionales o más meridionales).

Indica la posición de la casa de cada signo del Zodiaco y su correspondiente carta del tarot en el siguiente gráfico (la «cúspide» es la línea que inicia la casa):

Aries: el Emperador está en la cúspide de la casa n.º _____

Tauro: el Papa está en la cúspide de la casa n.º_____

Géminis: los Enamorados está en la cúspide de la casa n.º ____

Cáncer: el Carro está en la cúspide de la casa n.º _____

Leo: la Fuerza/Deseo está en la cúspide de la casa n.º ____

Virgo: el Ermitaño está en la cúspide de la casa n.º _____

Libra: la Justicia está en la cúspide de la casa n.º _____

Escorpio: la Muerte está en la cúspide de la casa n.º _____

Sagitario: la Templanza está en la cúspide de la casa n.º _____

Capricornio: el Diablo está en la cúspide de la casa n.º _____

Acuario: la Estrella está en la cúspide de la casa n.º _____

Piscis: la Luna está en la cúspide de la casa n.º _____

A continuación, busca cada uno de tus planetas en tu carta natal y coloca la carta de los Arcanos Mayores correspondiente en la casa apropiada cerca del signo en el que se encuentra.

Sol:	el Sol está en el signo _____	y en la casa n.º ___
Luna:	la Suma Sacerdotisa está en el signo _____	y en la casa n.º ___
Mercurio:	el Mago está en el signo _____	y en la casa n.º ___
Venus:	la Emperatriz está en el signo _____	y en la casa n.º ___
Marte:	la Torre está en el signo _____	y en la casa n.º ___
Júpiter:	la Rueda de la Fortuna está en el signo _____	y en la casa n.º ___
Saturno:	el Universo/Mundo está en el signo _____	y en la casa n.º ___
Urano:	el Loco está en el signo _____	y en la casa n.º ___
Neptuno:	el Colgado está en el signo _____	y en la casa n.º ___
Plutón:	el Juicio/Aeon está en el signo _____	y en la casa n.º ___

Colocando las cartas en un círculo, tienes tu mandala básico de la carta natal, que incorpora los veintidós Arcanos Mayores. Utilízalo para meditar en su conjunto, o «léelo» de la siguiente manera:

Los planetas son tus «energías vitales». Los signos muestran cómo se manifiestan esas energías —la forma en que se comportan— mientras que las casas muestran en qué lugar (hogar, trabajo, relaciones, etc.) aparecen, es decir, cómo se exteriorizan en tu vida. Por ejemplo, mi Luna en Libra en la casa doce podría expresarse como: «Mi energía de Suma Sacerdotisa (la Luna) se expresa en forma de Justicia (Libra) en el área de la Luna (casa doce) de mi vida». Esto también podría decirse de varias formas diferentes, utilizando palabras clave que se refieran a las cartas, como: «Confío en mi aspecto femenino interior (la Suma Sacerdotisa) para igualar (la Justicia) mi expresión individual a las necesidades sociales y colectivas (la Luna)». O bien: «Tomo decisiones (la Justicia) de forma intuitiva (la Suma Sacerdotisa) cuando estoy bloqueado o confuso (la Luna)». O, «Soy receptivo (la Suma Sacerdotisa.) a la verdad (la Justicia) sobre lo desconocido y lo misterioso (la Luna)».

La Suma Sacerdotisa en la Justicia en la Luna = La Luna en Libra en la casa duodécima

Interpretación de tu carta natal

1. Interpreta las cartas según su posición en la casa, utilizando los siguientes significados para cada casa:

PRIMERA CASA (EL EMPERADOR): tu cuerpo físico y apariencia. El entorno inicial. Tu personalidad y expresión personal. Tus intereses.

En la casa primera tengo los siguientes planetas que se describen:

SEGUNDA CASA (EL PAPA): tus posesiones y situación económica. Lo que valoras. Las habilidades creativas personales, especialmente en la música y la voz. En la segunda casa tengo los siguientes planetas que se describen:

TERCERA CASA (LOS AMANTES): lo que piensas. Los estudios. La comunicación. Viajes cortos. Capacidad de relacionarse con tu entorno. Hermanos y vecinos.

En la casa tercera tengo los siguientes planetas que se describen:

CUARTA CASA (EL CARRO): tu herencia. El principio y el final de la vida. Tu hogar y tus padres. La seguridad física y emocional.

En la cuarta casa tengo los siguientes planetas que se describen:

QUINTA CASA (LA FORTALEZA): tu expresión creativa. La autoexpresión. La procreación y los hijos. Las relaciones amorosas. Aventuras y especulación. Entretenimiento.

En la casa quinta tengo los siguientes planetas que se describen:

SEXTA CASA (EL ERMITAÑO): superación personal. Tu salud, higiene y nutrición. El servicio y el trabajo.

En la casa sexta tengo los siguientes planetas que se describen:

SÉPTIMA CASA (LA JUSTICIA): tus relaciones y asociaciones. Asuntos legales. Contratos y acuerdos. Cooperación o enemistad.

En la séptima casa tengo los siguientes planetas que se describen:

OCTAVA CASA (LA MUERTE): sexo. Muerte. Transformación. Dinero y herencias ajenas. Experiencias ocultas y psíquicas. Intercambios profundos de energía.

En la casa octava tengo los siguientes planetas que se describen:

NOVENA CASA (LA TEMPLANZA): tu búsqueda personal de sentido. La filosofía. Educación superior. Religión. Sueños. Viajes largos. Publicaciones. Enseñanza.

En la casa novena tengo los siguientes planetas que se describen:

DÉCIMA CASA (EL DIABLO): tu honor. Prestigio. Estatus. Fama. Carrera profesional. Ambiciones. Empleadores. Madre o padre.

En la casa décima tengo los siguientes planetas que se describen:

UNDÉCIMA CASA (LA ESTRELLA): tus metas y objetivos. Amigos y vida social. Grupos y clubes. Reformas y revoluciones. Humanitarismo. Esperanzas, ideales, aspiraciones.

En la casa undécima tengo los siguientes planetas que se describen:

DUODÉCIMA CASA (LA LUNA): lo oculto, lo no visto o lo inesperado. El inconsciente personal y colectivo. Tu relación con los roles y la estructura de la sociedad. La autodestrucción, las trabas y las limitaciones. El karma. La reclusión. Instituciones.

En la casa duodécima tengo los siguientes planetas que describo:

2. Para profundizar, examina tus «aspectos». Los aspectos vienen determinados por las relaciones matemáticas entre los planetas. Cada signo tiene 30 grados, con lo que el círculo del horóscopo tiene un total de 360 grados. Las posiciones de tus planetas se dan por signo, grado y minutos. Por ejemplo, Venus puede estar en Capricornio a 17 grados y 13 minutos (17° 13"), es decir, justo después de la mitad de ese signo. Para nuestros propósitos, utiliza los siguientes conceptos con el fin de relacionar dos, tres o cuatro planetas que estén «aspectados» entre sí:

CONJUNCIÓN: los planetas que se encuentran a 8 grados de distancia entre sí mezclan sus significados. Trabajan juntos y se complementan.

Mis planetas que están en conjunción:

OPOSICIÓN: los planetas opuestos entre sí (180 grados), dentro de 8 grados. Representan dos partes contradictorias de ti que anhelan cosas opuestas en una especie de vaivén o tira y afloja. Te cuesta creer que puedas tener ambas cosas.

Mis planetas que están en oposición:

CUADRATURA: planetas en un ángulo de 90 grados (o a tres signos de distancia). Esto indica conflictos y tensiones que te cuesta conciliar entre las energías de los dos planetas. A menudo revela áreas de gran fuerza y determinación.

Mis planetas que están en cuadratura:

TRÍGONO: planetas en un ángulo de 120 grados (o cuatro signos de distancia). Indica cosas que te resultan fáciles. Talentos y habilidades naturales en los que no has tenido que esforzarte. Estos planetas trabajan armoniosamente juntos.

Planetas que están en trígono:

Estos son los aspectos principales, aunque hay muchos otros, como el sextil (60 grados de separación) y el semisextil (30 grados de separación), que son ligeramente armoniosos y ofrecen oportunidades; también la semicuadratura (45 grados de separación) y la inconjunción (150 grados de separación), que son problemáticos.

Como ejemplo, si tuvieras a Saturno (el Mundo) en conjunción con Plutón (el Juicio) en conjunción con Marte (la Torre) en el signo Leo (la Fuerza) en la casa novena (la Templanza), primero mirarías estos planetas en conjunción (representados por el Mundo, el Juicio y la Torre) como una tirada de tres cartas. El Juicio (en el centro) une a los otros dos. Hablan de una ruptura del viejo orden y de la construcción de uno nuevo en un proceso de

THE WORLD.

JUDGEMENT.

THE TOWER.

El Mundo = Saturno
El Juicio = Plutón
La Torre = Marte

realización transformadora. Es probable que aceptes cambios radicales en tus construcciones filosóficas e incluso que los recibas con agrado. Probablemente te impacientarías con el convencionalismo de los demás y podrías incluso arremeter con ira contra quienes te parecen demasiado rígidos o limitados. En el signo Leo (la Fuerza) expresarías de forma dramática y creativa tus creencias y tu filosofía (casa novena).

La tirada del horóscopo

La tirada del horóscopo puede utilizarse con la carta natal o por sí sola. Te da una visión general de tu vida en este momento. A mí me resulta especialmente útil cuando me siento deprimida o frustrada, pero no sé exactamente cuál es el problema, el origen de mi confusión. Al ver en qué casa aparece cualquier obstáculo o problema, puedo localizar la fuente de mi aflicción.

Relájate, conecta con la tierra y céntrate. Purifica el mazo de tarot y baraja; a continuación, corta y coloca trece cartas en sentido contrario a las agujas del reloj, empezando por el ascendente (casa 1). Coloca la última carta (13.ª) en el centro; esta indica tu capacidad actual de integrar las doce áreas de tu vida.

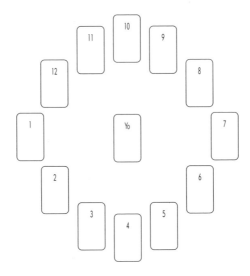

Interpreta cada carta según el significado de su posición en la casa, tal y como se indica en las páginas 231 y siguientes. Decide qué cartas representan bloqueos, obstáculos o problemas. Las casas en las que aparecen estas cartas representan áreas en las que te sientes incómodo y tienes algo que resolver.

Encuentra una carta en la tirada que te ayude a superar cada bloqueo (normalmente una carta de avance por cada carta de problema). Estas cartas son de otras áreas de tu vida que son especialmente fuertes en este momento y en las que puedes concentrar la energía de forma productiva. También representan las claves para afrontar tus problemas.

Finalmente, selecciona la carta clave de tu lectura: la imagen que representa las cualidades que más te gustaría manifestar en tu vida en este momento. Nombra esas cualidades y crea una afirmación para ellas en tu interior. Decide qué acción inmediata puedes llevar a cabo utilizando esas cualidades.

Si conoces tu carta natal lo suficientemente bien como para trabajar con ella de forma más extensa, coloca las cartas que has sacado para esta tirada alrededor de tu propia carta del horóscopo, incluyendo los tránsitos y progresiones actuales, si los tienes. Observa las cartas de problemas y avances en relación con lo que ocurre en tu carta.

FICHA RESUMEN DE LA TIRADA DEL HORÓSCOPO

Casa	Carta	Cualidades/Problema/Resolución
1. _____		_____
2. _____		_____
3. _____		_____
4. _____		_____
5. _____		_____
6. _____		_____
7. _____		_____
8. _____		_____
9. _____		_____
10. _____		_____
11. _____		_____
12. _____		_____

La tirada de los Arcanos Mayores

Esta tirada se parece a trabajar con un horóscopo porque todas las cartas de los Arcanos Mayores están presentes, al igual que todos los planetas y signos están presentes en tu horóscopo. Como oí decir una vez: «Todo el mundo tiene a Saturno en algún lugar de su carta»; del mismo modo, todo el mundo tiene al Diablo, a la Muerte y a la Torre en algún sitio. En esta tirada, podrás ver exactamente dónde operan en este momento.

Se trata básicamente de una tirada de la cruz celta que se desenvuelve como una espiral y luego vuelve a serpentear, rodeándose a sí misma. Muchas barajas que carecen de imágenes en los Arcanos Menores (como el Tarot de Marsella) tienen Arcanos Mayores muy poderosos que funcionan bien en esta tirada.

Relájate, conéctate con la tierra y céntrate. Purifica y baraja las cartas y córtalas en tres montones. A continuación, vuelve a apilar y colocar las cartas bocabajo en orden numérico como se indica en el diagrama.

Da la vuelta solo a las diez primeras cartas; anota tu primera impresión de cada una de ellas y sus relaciones. A continuación, da la vuelta al resto de las cartas y léelas todas en profundidad. La 3, 4, 5 y 6 tienen dos cartas modificadoras cada una, que se mezclan para dar información adicional sobre la carta superior. Presta especial atención a la posición en la que aparecen tus cartas de personalidad, alma, año y signo del Sol. Utiliza los siguientes significados de posición, o combínalos con tus propios significados de la cruz celta.

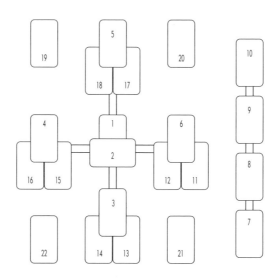

Cartas 1 y 2: ¿Cuáles son los focos internos (1) y externos (2) de tus energías? ¿Qué conflicto o tensión hay en tu corazón?

Cartas 3, 13 y 14: ¿Cuáles son tus necesidades y deseos subconscientes que forman la base de la situación?

Cartas 4, 15 y 16: ¿Qué talentos o habilidades traes contigo que te ayudarán o entorpecerán? ¿A qué oportunidades te muestras más receptivo?

Cartas 5, 17 y 18: ¿En qué piensas? ¿Cuáles son tus ideales y ambiciones en esta situación?

Cartas 6, 11 y 12: ¿Cómo actuarás y utilizarás tus habilidades en un futuro próximo? ¿Qué decisiones tomarás?

Carta 7: ¿Cómo te ves a ti mismo en esta situación?

Carta 8: ¿Cómo te ven los demás en esta situación? ¿Cuál es el entorno en el que esta se desarrolla?

Carta 9: ¿Qué lección necesitas aprender?

Carta 10: ¿Cuál es tu expresión individual en el futuro, basándote en tus pensamientos y tu expresión energética en el presente?

Carta 19: ¿Cómo expresas tu energía yin o femenina?

Carta 20: ¿Cómo expresas tu energía yang o masculina?

Carta 21: ¿Cuáles son las limitaciones y las estructuras con las que debes lidiar?

Carta 22: ¿Cuáles son las posibilidades y la magia que puedes aprovechar?

El uso de un péndulo de cristal con el tarot

Puedes utilizar un péndulo con tus cartas del tarot para ganar claridad en tus lecturas y obtener más información de la que conseguirías con cualquiera de los dos métodos por separado.

Los científicos afirman que solo utilizamos un diez por ciento del potencial de nuestro cerebro; el resto está fuera de nuestro alcance consciente. Cualquier mecanismo que te ayude a aprovechar aunque sea un poco de ese noventa por ciento desconocido será de gran utilidad. Por ejemplo, el hipnotismo y la estimulación cerebral pueden revelar recuerdos y conocimientos que no sabías que tenías. El péndulo es otro medio para aprovechar las vastas posibilidades de tu sabiduría interior. Utilizado junto con las poderosas imágenes del tarot, el péndulo tiene la capacidad de abrir y estimular la expresión de tu intuición.

La doctora Freda Morris, en su libro, *Self-Hypnosis in Two Days* [Autohipnosis en dos días], explica que el movimiento del péndulo está controlado por tu inconsciente, que «siempre está respondiendo a preguntas, pero normalmente eres incapaz de recibir esta información». El péndulo magnifica los impulsos corporales imperceptibles para convertirlos en movimientos visibles. Tú mismo puedes entrenar tus impulsos inconscientes para que actúen de forma predecible mediante un refuerzo positivo. El objetivo es identificar el movimiento del péndulo en una dirección como un «sí» y en la otra dirección como un «no».

El uso de un cristal de cuarzo como extremo pesado de un péndulo lo convierte en un detector de corriente psíquica extremadamente sensible y amplifica tu intención al utilizarlo.

Para hacer un péndulo de cristal, cuelga un pequeño trozo de cristal de un cordón de tela, una tira de cuero o una cadena de oro o plata. (Los cristales de cuarzo pueden adquirirse a bajo precio en tiendas de gemas o rocas. Pide una muestra de mineral: el cuarzo en su estado natural. Pero si el cuarzo no está a tu alcance, utiliza lo que tengas a mano: un botón colgado de un trozo de hilo servirá).

Si deseas llevar tu cristal como colgante, la cadena debe ser de unos setenta centímetros de largo, de modo que el cristal cuelgue justo en el punto en el que se separa tu esternón. Al llevar el péndulo, ayudas a sintonizarlo con tu vibración y con tu corazón. (En el capítulo once encontrarás más información sobre los cristales y cómo purificarlos).

En primer lugar, has de averiguar qué direcciones de la oscilación del péndulo indican el sí y el no *para ti*. Para aprender cómo funciona tu péndulo, sujeta la cuerda a unos veinte o treinta centímetros por encima del peso del cristal, de modo que su punta quede suspendida a unos dos centímetros por encima de la palma de tu mano. Formula una pregunta objetiva, cuya respuesta sepas sin lugar a dudas que *es negativa*, como por ejemplo: «¿Me llamo María, reina de Escocia?». Haz la pregunta en voz alta y repítela una o dos veces. No se trata de hacer una pregunta «capciosa», pues tu intención es abrir la comunicación y establecer una relación con tu péndulo averiguando los movimientos propios de esa relación. El péndulo puede moverse en cualquier dirección o no moverse en absoluto. Ahora plantea una pregunta concreta y específica para la que la respuesta sea definitivamente afirmativa, como por ejemplo: «¿He nacido en _____ (tu lugar de nacimiento)?» o «¿Mi coche es un _____?».

En este caso deberías obtener un movimiento diferente. Para algunos será fácil obtener inmediatamente una respuesta congruente de sí o no, pero otros deberán perseverar en el trabajo con el péndulo, confiando en que las respuestas significativas terminarán por aparecer a medida que aprendan a escuchar con atención sus sutiles impulsos corporales.

Una vez que tu péndulo esté listo para ser utilizado, intenta algo de lo siguiente:

Escoge una baraja de tarot: pregúntale al péndulo qué baraja está más en armonía con tu espíritu mientras lo sostienes sobre cada baraja por turno. Observa en qué dirección se mueve y con qué fuerza. Sin embargo, no dejes que este sea el único criterio para elegir una baraja. (Para una excelente explicación sobre cómo elegir una baraja de tarot, consulta *Choice-Centered Tarot* [Tarot orientado a la elección], de Gail Fairfield).

El péndulo puede ser útil para elegir un estuche apropiado para tu baraja de tarot. Lo utilicé para revisar todos mis mazos y sus envoltorios con el fin de determinar los más armoniosos y al final terminé reordenando varios. Sentí mucho alivio y satisfacción por los resultados.

Decidir qué baraja utilizar en una lectura concreta: Es posible que obtengas varias respuestas afirmativas, pero ¿cuál es la más entusiasta?

Para determinar tus montones de cartas de mente/cuerpo/espíritu en una lectura de tres cartas: cuando desarrollas por primera vez tu intuición, es posible que te cueste especificar los montones. Primero anota cuidadosamente lo que sientes respecto a cada montón y luego utiliza el péndulo para verificar tus sensaciones preguntando si uno es la del cuerpo, por ejemplo. Después de hacer esto una o dos veces, ya no necesitarás el péndulo debido a la sensación claramente asociada que habrás desarrollado con cada montón.

Para aclarar los significados de las cartas en una tirada: sujeta el péndulo por encima de la carta y hazte preguntas sobre su significado particular en tu vida. Recuerda que al tratarse de un sistema simbólico, más de una respuesta podría ser cierta. Por ejemplo, puedes preguntar si el caballero de bastos representa a tu novio. Pero el caballero de bastos también podría ser tu propio deseo ardiente de expresar tus ideas de forma creativa. Y, por supuesto, es importante entender cómo se relacionan estos dos referentes con el resto de la información de esta tirada. Siempre puedes preguntar a través de tu péndulo si hay significados adicionales en la carta que aún no has reconocido.

Para seleccionar las cartas para una lectura: puedes utilizar el péndulo como una especie de varilla de zahorí, sosteniendo el cordón a solo cinco o seis centímetros por encima del peso del cristal. Abre en abanico las cartas que deseas elegir y llena tu mente con la pregunta o el significado de la posición mientras mueves el péndulo sobre las cartas. Busca y siente una sutil atracción magnética hacia una carta en particular.

Para determinar qué pregunta formular: simplemente pregunta si tu cuestión es la más apropiada mientras sostienes el péndulo sobre tu palma abierta o sobre la pregunta escrita en un papel.

LECTURAS SUGERIDAS PARA EL CAPÍTULO NUEVE

Sobre astrología:

Astrology: A Cosmic Science [La astrología: Una ciencia cósmica]. Isabel M. Hickey. Watertown, MA: publicado por la autora, 1970. (35 Maple St., Watertown, MA 02172).

Saturno: un nuevo enfoque de un viejo diablo. Liz Greene.

Sobre péndulos:

Self-Hypnosis in Two Days [Autohipnosis en dos días]. Freda Morris. Nueva York: Dutton, 1974.

Huna: A Beginner's Guide [Huna: guía para principiantes]. Enid Hoffman. Rockport, MA: Para Research, 1981.

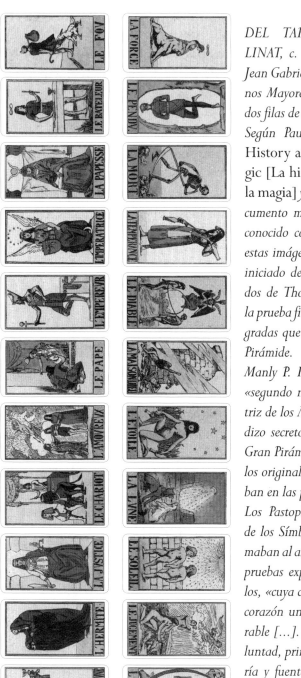

DEL TAROT PAPUS-GOU-LINAT, c. 1909, ilustrado por Jean Gabriel Goulinat. Los Arcanos Mayores están dispuestos en dos filas de once cartas cada una. Según Paul Christian en The History and Practice of Magic *[La historia y práctica de la magia] y basándose en un documento masónico más antiguo conocido como la Crata Repoa, estas imágenes se presentaban al iniciado de los Misterios Sagrados de Thoth-Hermes, antes de la prueba final, en las bóvedas sagradas que corrían bajo la Gran Pirámide. La Esfinge, afirma Manly P. Hall, era el lugar del «segundo nacimiento», la «matriz de los Misterios», y un pasadizo secreto la conectaba con la Gran Pirámide. Según Christian, los originales del tarot se alineaban en las paredes de este pasaje. Los Pastophore, o «Guardianes de los Símbolos Sagrados», animaban al aspirante en las difíciles pruebas explicando estos símbolos, «cuya comprensión crea en el corazón una armadura invulnerable [...]. La Ciencia de la Voluntad, principio de toda sabiduría y fuente de todo poder, está contenida en estos veintidós arcanos o jeroglíficos simbólicos».*

≈ Capítulo 10 ≈

 a sanación

La enfermedad es un mensaje del cuerpo que te indica que necesitas hacer un cambio en tu vida.
—Doctor Mike Samuels

A veces, las enfermedades son el medio que utilizamos para resolver los problemas personales. En el libro *Spirit Guides: Access to Inner Worlds*, [Espíritus guías: acceso a los mundos interiores], el doctor Mike Samuels te alienta a preguntarte si estás dispuesto a renunciar a lo que obtienes al sufrir esa enfermedad o a conseguirlo de otra manera. Solo tú sabrás la respuesta: es decir, si estás dispuesto a mirar dentro de ti y a preguntarte a qué tendrías que renunciar para sanar.

El doctor Samuels añade: «Además, conforme aprendes a localizar las áreas que ocasionan malestar y enfermedad y a buscar cambios positivos que aporten bienestar y salud, tomas las riendas de tu vida y asumes el control sobre su dirección».

Es probable que sientas cuándo no estás bien (cuándo sientes *mal-estar*), aunque no sepas exactamente cuál es el problema. Por lo general, los mismos médicos solo descubren la causa directa de tus «síntomas», no la causa real de la enfermedad. Tratan el síntoma para que desaparezca y esperan que no reaparezca en otro lugar o de otra forma. A menudo, el descanso y la relajación prescritos, y tal vez el cambio forzado de la dieta, te ayudan más que cualquier otra cosa. Pero aun así sigue sin tratarse la verdadera causa de la enfermedad.

El tarot podría ayudarte en primer lugar señalando que algo va mal: que hay algo que necesitas soltar o eliminar, o un problema que solucionar.[1] También te mostrará cuáles son los comportamientos habituales para conseguir lo que necesitas que están perjudicando a tu salud. En cierto modo, funciona como un dispositivo de alerta preventiva, un recordatorio de lo que debes afrontar para convertirte en el ser más sano y armonioso que sea posible. Las cartas a las que debes prestar atención y que en ocasiones indican situaciones que propician la mala salud son: el Ahorcado, la Muerte, la Torre, el Diablo y la Luna. También el Papa, el Ermitaño, la Justicia, la Templanza y el Juicio/Aeon; cuando aparecen, es posible que indiquen problemas físicos. Entre los Arcanos Menores destaca la aparición del cinco, el siete y el nueve de bastos; el cuatro, el cinco, el siete y el ocho de copas; el tres, el cuatro, el cinco, el siete, el ocho, el nueve y el diez de espadas, y el cinco y el ocho de pentáculos. Aunque ninguna de estas cartas significa por sí misma una enfermedad definitiva, sí indican situaciones de estrés, confusión y ansiedad que podrían dar lugar a problemas físicos.

Si tienes una sensación de incomodidad o desasosiego, prueba la siguiente tirada de los chakras como herramienta de diagnóstico personal para determinar las áreas de tu cuerpo que podrían estar bloqueadas, impidiendo su funcionamiento saludable habitual. Utilízala siempre que te sientas «mal» o «incómodo» en algún aspecto, ya sea de tu persona, tus relaciones, tu trabajo o tu creatividad.

La tirada de los chakras

La tirada de los chakras te sirve para descubrir el origen psicológico de tu enfermedad y para señalar las zonas corporales que necesitan recuperar el equilibrio. Esta tirada se centra en siete centros de energía física, psicológica y espiritual dentro del cuerpo que han sido descritos y utilizados principalmente en las culturas orientales. *Chakra* significa 'rueda' en sánscrito, y los chakras se visualizan como discos giratorios situados a lo largo de la columna vertebral; también como flores de loto con un número variable de pétalos. Cada chakra tiene

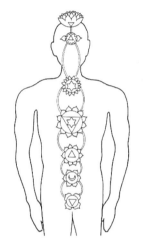

su propio color, formando una mezcla de arcoíris, que comienza con el rojo en el chakra inferior o base y culmina con el violeta en el chakra de la corona. Cuando tus chakras están «limpios» se convierten en conductos despejados para el flujo de energía psíquica. Cuando están «sucios» por el estrés y los malos hábitos, o cargados de viejas emociones y asuntos pendientes, bloquean el flujo de energía y causan malestar. Por ejemplo, un bloqueo en tu comunicación (chakra de la garganta) podría dar lugar a un dolor de garganta. Sin embargo, si investigas en profundidad, quizá descubras que tu incapacidad para comunicarte genera un bloqueo más grave, tal vez un sentimiento de impotencia alojado en tu plexo solar y que podría causar problemas digestivos.

La tirada de los chakras es una mezcla ecléctica del concepto oriental de los siete centros con la visión occidental del Árbol de la Vida, que también puede superponerse al cuerpo humano. Al igual que esta consta de siete niveles, pero tres de ellos presentan dos posiciones. Los niveles con dos posiciones guardan relación con el equilibrio entre lo femenino y lo masculino, lo interno y lo externo, lo inconsciente y lo consciente, lo receptivo y lo asertivo. Utilizo diez cartas para la tirada de los chakras porque se integra muy bien con la tirada del Árbol de la Vida, que se presenta a continuación. Cada una de las dos tiradas puede utilizarse como un desarrollo de la otra, o bien por separado.

Para utilizar la tirada de los chakras, primero formula cuidadosamente tus preguntas sobre la enfermedad o malestar y decide qué parte del cuerpo muestra los síntomas más evidentes.

Relájate, conéctate con la tierra y céntrate. Purifica tu baraja y mézclala a conciencia, concentrándote en tu deseo de ver qué podría estar causando la enfermedad en tu cuerpo y dónde se encuentra. Divide la baraja en tres montones y vuelve a apilarla de cualquier manera. A continuación, coloca las cartas en las posiciones y el orden indicados en el diagrama siguiente.

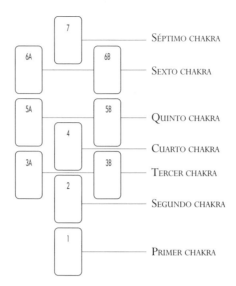

1.　El chakra base, sacro o raíz (en sánscrito, *Muladhara*; de color rojo). Gobierna los pies y las piernas, y muestra el grado de arraigo y de terrenalidad de la persona. Es su instinto básico de supervivencia y muestra su vigor, vitalidad y nivel de energía vital en general. Aquí se asientan tus genes y factores hereditarios, así como tus raíces en el pasado. Los hábitos suelen fijarse en este nivel.

2.　El segundo chakra o del bazo (en sánscrito, *Svadhisthana*; de color naranja). Este chakra tiene que ver con la supervivencia de la especie y, por tanto, con tu sexualidad y tus emociones. La ira y el miedo aparecen aquí, sobre todo si los sientes profundamente. Muestra cómo se procesan los elementos en el cuerpo (especialmente en los intestinos), cómo se asimilan o no. El instinto de cuidar y atender a los demás se encuentra aquí.

3A y B.　El tercer chakra, el del ombligo o el del plexo solar (en sánscrito, *Manipura*; de color amarillo). Aquí hay que sacar dos cartas. Este chakra muestra cómo utilizas o expresas tus energías vitales. Indica tu sentido de poder o impotencia y tu voluntad de logro. Las proyecciones de tu ego provienen de este lugar, al igual que tus actitudes y prejuicios. Los cordones o las conexiones emocionales con los demás emanan

⪼ FICHA DE LA TIRADA DE LOS CHAKRAS ⪼

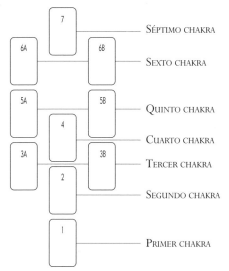

Fecha: _____ Baraja utilizada: _____

Leído para: _____ Leído por: _____

Pregunta:_____

Chakra más afectado: _____

Chakra más bloqueado: _____

Carta clave (chakra del corazón): _____

1- CHAKRA RAÍZ. ¿Cuál es la raíz o la base de tu problema? ¿Qué vitalidad y energía tienes? ¿A qué hábitos estás sujeto?

2- CHAKRA DEL BAZO. ¿Cómo utilizas tu energía sexual? ¿Qué emociones sientes profundamente? ¿Qué intentas asimilar o tomar? ¿De quién es la energía y los problemas que estás asumiendo?

3A y B- CHAKRA DEL PLEXO SOLAR. ¿Con quién o qué estás fuertemente conectado (carta B)? ¿Quién tiene el control (carta A)? ¿Qué golpes al ego has sufrido (A), o infligido a otros (B)? ¿Qué convicciones tienes (A y B)? (Observa los conflictos entre las energías de las dos cartas).

4- CHAKRA DEL CORAZÓN. ¿Cuál es tu capacidad para curarte a ti mismo? ¿Está tu corazón en ello? ¿Cuál es la clave de tu proceso de curación? ¿Qué debes aceptar con amor incondicional?

5A y B- CHAKRA DE LA GARGANTA. ¿Qué tiene que decir tu inconsciente o tu yo interior (carta A)? ¿Qué estás comunicando realmente (carta B)? ¿A quién? ¿Cómo te expresas? ¿Están en armonía tu yo interior y tu yo exterior?

6A y B - CHAKRA DEL TERCER OJO. ¿Qué te dicen tus visiones o tu intuición (carta A)? ¿Qué posibilidades ves y qué te gustaría manifestar (carta B)?

7- CHAKRA DE LA CORONA. ¿Cuál es el resultado que esperas de tu curación? ¿Qué podría ayudarte en tu proceso de curación?

🍃 🍃

de este punto y cuando abandonas tu cuerpo para realizar un viaje astral, sales y regresas a través de este chakra. Las funciones digestivas se producen aquí. Tu ego es más vulnerable en este punto; aquí es donde recibes esos golpes psicológicos del plexo solar. Una gran diversidad entre las energías de estas cartas (la izquierda representa tu voluntad y tu ego, y la derecha contiene tus conexiones emocionales) puede indicar estrés y tensión.

4. El cuarto chakra, o del corazón (en sánscrito, *Anahata*; de color verde). Es el centro del amor universal. Aquí reside tu capacidad de sentir compasión, fortaleza y comprensión. También es el centro de tu sentido del tiempo, tal y como lo establecen los latidos de tu corazón. Aquí se encuentra tu capacidad de curarte a ti mismo y a los demás. Este chakra está asociado con los pulmones y la respiración (prana).

5A y B. El quinto chakra, o de la garganta (en sánscrito, *Vishudda*; de color azul). La garganta es el centro del habla, la expresión y la comunicación. Si eres clarividente o médium, aquí es donde aparecerá. El bloqueo indica que estás reteniendo algo que necesitas expresar, generalmente proveniente de tus chakras inferiores. Para esta posición se sacan dos cartas que representan tus comunicaciones internas y externas.

6A y B. El sexto chakra, el de la frente o el del tercer ojo (en sánscrito, *Ajna*; de color índigo). Este chakra es la sede de tu visión interna y externa, de tus visiones, fantasías y sueños. Indica tu capacidad de visualización y es la fuente de tus pensamientos; por tanto, del primer impulso de manifestación, que hace realidad lo que piensas. Aquí también se desarrollan tus habilidades psíquicas. La carta de la izquierda está orientada al hemisferio derecho (mano izquierda), mientras que la de la derecha se refiere a las funciones del hemisferio izquierdo (mano derecha).

7. El séptimo chakra, o de la Corona (en sánscrito, *Sahasrara*; de color violeta) es tu conexión con la Fuente. Es el punto de entrada de la energía cósmica. Aquí residen tus aspiraciones más elevadas y el conocimiento de la Verdad. Muchos

sistemas ni siquiera lo sitúan en el cuerpo, sino por encima de él; te conecta directamente con la voluntad del Espíritu.

La carta que representa tu chakra del corazón es la carta clave en cualquier lectura de salud. Aunque algunas indiquen problemas, una carta positiva aquí significa que puedes curarte si así lo decides. Sin embargo, si aparece una carta de aspecto muy negativo, como por ejemplo el nueve de espadas, significa que te estás negando a ti mismo tu capacidad de curarte, tal vez por no estar dispuesto a verte como digno de amor. Sin amor hacia ti mismo, la curación no es posible.

La tirada del Árbol de la Vida

El Árbol de la Vida es un complejo sistema meditativo y filosófico derivado de las enseñanzas místicas judías conocidas como cábala. Está compuesto por diez Sefirot circulares que se corresponden con las cartas numéricas de los Arcanos Menores. Simbolizan los diez atributos del Creador y, asimismo, los contenedores de su esencia reflejados en la humanidad. Veintidós caminos correspondientes a las

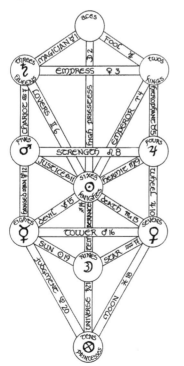

cartas de los Arcanos Mayores conectan los diez Sefirot. Como el tarot, el Árbol de la Vida también expone los principios eternos que operan en todos los seres humanos. Demuestra las conexiones entre el cuerpo, la mente y el espíritu, y por lo tanto nos refleja el estado de nuestro ser, incluidos nuestra salud y nuestro bienestar físico. Como hay muchos libros que explican las conexiones entre el tarot y la cábala y su significado (consulta la lista de lecturas al final del capítulo), no me extenderé sobre ellos aquí.

Aunque hay diez Sefirot, están colocados en siete niveles que, como se mencionó antes, se corresponden aproximadamente con los siete chakras. La tirada del Árbol de la Vida, por lo tanto, utiliza la misma disposición que la tirada de los chakras y puede integrarse con ella para obtener más profundidad. Por supuesto, también puede leerse por sí misma.

Al igual que con la tirada de los chakras, empieza a leer de abajo (Malkuth) arriba (Kether), aunque los números empiezan por diez para coincidir con la numeración tradicional de los Sefirot. Cada posición expresa aspectos psicológicos y físicos de tu ser. Una vez que hayas interpretado los significados de tus cartas, léelas de nuevo de arriba (Kether) abajo (Malkuth). A continuación de las descripciones de los Sefirot y sus interrelaciones, hay una ficha para anotar tu tirada. Los atributos psicológicos de los Sefirot son los siguientes:

10 - MALKUTH ('reino'; los cuatro elementos; los colores citrino, oliva, rojizo, negro): Manifestación. Consecuencias. Resultado y vehículo físico. Entorno. Hogar. El cuerpo. Los sentidos. Base de la situación. La vida cotidiana.

9 - YESOD ('fundación'; la Luna; el color violeta): El fundamento subconsciente de la materia. El estado de ánimo y la atmósfera. La imaginación. Fantasía. Visión. Actividad psíquica y clarividente. Vidas pasadas o fundamentos kármicos. Hábitos. Trabajo de los sueños. Inconsciente colectivo.

8 - HOD ('esplendor'; Mercurio; el color naranja): Lo que se piensa. Logos-razonamiento intelectual. Conocimiento de la verdad/falsedad. Expresión y comunicación verbal. Oficio. Habilidades. Ciencia. Tecnología. Planes. Ambiciones. Magia. Símbolos y metáforas. Ingenio. Travesuras.

7 - NETZACH ('victoria'; Venus; el color verde): Lo que se ama. Eros. El deseo que subyace bajo tus motivaciones e intenciones. Inspiración. Gustos y disgustos emocionales. Las relaciones con los demás,

especialmente las sexuales. El placer, tanto estético como sensual. Dónde se encuentra la belleza. Apreciación. Sentimientos.

6 - TIPARETH ('belleza'; el Sol; el color amarillo): El yo. Identidad. Individualidad. El corazón del problema. La salud. Visualización. Equilibrio. Objetivo o propósito central. Capacidad de sacrificio por tus ideales. Intención. Cómo se te reconoce.

5 - GEBURAH ('severidad'; Marte; el color rojo): Desafíos. Conflicto. Reajuste. Lo que experimentas como obstáculos, frustraciones, desarmonías. Expresión de la ira, de la agresividad. Ruptura de hábitos y complacencia. Expresiones de poder. Liderazgo.

4 - CHESED ('misericordia'; Júpiter; el color azul): Oportunidades. Regalos. Lo que la vida te da para ayudarte en tu camino. Recursos. Ayudas. Ayudantes y asistencia. Virtudes. Formas en las que tienes reconocimiento y poder.

3 - BINAH ('entendimiento'; Saturno; el color negro): Imagen interna de la Madre. Cualidades yin. Ánima. Conocimiento interno y comprensión que se obtiene. Valores materiales. Límites y fronteras de la vida; el dolor de aceptar tus limitaciones. La estructura o forma básica de algo. El vehículo que contiene la esencia.

2 - CHOKMAH ('sabiduría'; el Zodiaco; el color gris): Imagen interna del Padre. Cualidades yang. *Animus*. Salida creativa y energética. Iniciativa. Asertividad. La sabiduría y el conocimiento potencialmente adquiribles. Valores e ideas externas y abstractas. La esencia.

1 - KETHER ('corona'; el color blanco): Sentido de propósito y significado. El ideal más elevado. Fuente o razón de ser, especialmente espiritual. Medio de reconciliación.

DA'ATH - Cuando hayas terminado de leer todas las cartas, despliega en abanico las que queden en la baraja y no hayas utilizado, y selecciona una para que sea la carta Da'ath. Esta va a medio camino entre

Kether y Tipareth. Representa la voluntad de llevar a la manifestación tus aspiraciones más elevadas. Es tu conocimiento interno y oculto del potencial de tu ser más elevado. Representa un punto crítico en tu desarrollo. Pero ¿tienes el deseo de utilizarlo? Advertencia: Este conocimiento no puede ser utilizado para obtener el éxito material o la gratificación del ego, o te llevará por el mal camino.

La secuencia del relámpago

Ahora lee las cartas desde la parte superior (Kether) hasta Malkuth en lo que se llama la secuencia del relámpago, numeradas del 1 al 10. Como sugiere el nombre, esto a menudo resultará en una ráfaga de reconocimiento del significado de esta tirada para ti.

Relación de los sefirot

Por último, examina tu tirada desde los siguientes puntos de vista estructurales:

- Las cartas Geburah/Tipareth/Netzach forman una diagonal que indica tu dinámica y tu polaridad sexual.
- La diagonal Hod/Tipareth/Chesed indicará tus comunicaciones, pensamientos y filosofía. Así como los viajes, la escritura, la publicación y la enseñanza.
- La columna central de Kether/Tipareth/Yesod/Malkuth muestra cómo lograr la transformación del ser.

Resaltar las sendas

Consulta el diagrama del Árbol de la Vida en la página 256 para encontrar los caminos correspondientes a los Arcanos Mayores. Las cartas de los Arcanos Mayores que aparecen en la tirada también pueden colocarse en sus propios caminos, indicando que estos son especialmente activos. Señalan enlaces y conexiones vitales en la situación. Una senda se describe por los sefirot que conecta; por ejemplo, la Gran Sacerdotisa conecta Kether con Tipareth.

～ Ficha de la tirada del Árbol de la Vida ～

Fecha: _____ Baraja utilizada: _____

Leído para: _____

Leído por: _____

Pregunta: _____

Sendas resaltadas: _____

Sefirot resaltados: _____

```
                              ┌──────┐
                              │  1   │
                    ┌──────┐  │Kether│  ┌──────┐
                    │  3   │  └──────┘  │  2   │
                    │Binah │            │Chokmah│
                    └──────┘            └──────┘
                    ┌──────┐  ┌──────┐  ┌──────┐
                    │  5   │  │  6   │  │  4   │
                    │Geburah│ │Tipareth│ │Chesed│
                    └──────┘  └──────┘  └──────┘
                    ┌──────┐            ┌──────┐
                    │  8   │            │  7   │
                    │ Hod  │  ┌──────┐  │Netzach│
                    └──────┘  │  9   │  └──────┘
                              │Yesod │
                              └──────┘
                              ┌──────┐
                              │ 10   │
                              │Malkuth│
                              └──────┘
```

10- ¿Qué te conecta con la tierra y te centra? ¿Cómo se manifiesta físicamente? ¿Cuál es el entorno?

9- ¿Cuál es el estado de ánimo o la atmósfera de la situación? ¿Qué ocurre en el nivel astral e inconsciente del sueño? ¿Cuál es la base subconsciente? ¿Qué actividades psíquicas o clarividentes (o de vidas pasadas) tienen lugar?

8- ¿Cómo piensas y te comunicas? ¿Cómo estás utilizando las habilidades mágicas? ¿Cuál es la verdad del asunto? ¿Se expresa con claridad?

7- ¿Qué deseo hay detrás de tus motivaciones? ¿Cómo te relacionas con los demás? ¿Qué es lo que amas? ¿Cómo sientes el placer o la belleza?

6- ¿Cuál es el núcleo del problema? ¿Cómo andas de salud y de vitalidad? ¿Cuál es tu objetivo o intención? ¿Cómo te ves?

5- ¿Qué experimentas como desafíos, obstáculos, frustraciones y desarmonías? ¿Qué hábitos y barreras deben romperse? ¿En qué aspectos estás expresando agresión o ira?

4- ¿Qué oportunidades y dones tienes? ¿Quién o qué te ayuda? ¿Dónde está tu poder y cómo se reconoce?

3- ¿Cómo plasmas tus ideas? ¿Qué puedes aprender de las limitaciones y los límites? ¿Cómo se manifiesta la imagen de tu feminidad interior (imagen materna)?

2- ¿Cuál es tu flujo de energía? ¿Cómo tomas la iniciativa y eres asertivo? ¿Qué sabiduría puedes obtener de esta situación? ¿Qué valores estás defendiendo de tu masculinidad interior (imagen paterna)?

1- ¿Cuál es tu ideal más elevado en este asunto? ¿Cuál es la razón espiritual de esta lectura?

Da'ath- ¿Cuál es el conocimiento oculto que podría ayudarte a manifestar tus aspiraciones más elevadas? ¿Estás preparado para utilizarlo?

¿Cuál es tu dinámica y polaridad sexual, según lo indicado por Geburah/Tipareth/ Netzach?

¿Cómo te comunicas, viajas y reflexionas según lo expresado por Hod/Tipareth/Chesed?

¿Cómo puedes lograr una transformación del ser a través de las energías de la columna central: Kether/Tipareth/Yesod/Malkuth?

Resaltar los sefirot

Las cartas de los Arcanos Menores se consideran emanadas de los Sefirot correspondientes en número; es decir, los ases corresponden a Kether, etc. Las cartas de la corte tienen sus correspondencias de la siguiente manera: reyes-Chokmah, reinas-Binah, caballeros/príncipes-Tipareth, pajes/princesas-Malkuth. Puedes colocar estas cartas de tu tirada en su Sefirot correspondiente para ver en qué te centras en este momento.

La Templanza: el ángel sanador

Una vez que tengas alguna idea de qué aspectos necesitas sanar, y estés preparado para trabajar en ello, el tarot podrá volver a serte útil. Las cartas contienen imágenes poderosas para ayudarte a crear la realidad que deseas. Trabajan en tu conciencia interior. Solo tienes

que decidirte a poner ante ti las imágenes de lo que quieres manifestar en tu vida.

La imagen de la Templanza es especialmente eficaz para la curación. Al invocar al «ángel» de esta carta, llamas a la sabiduría y el conocimiento de todas las artes curativas, antiguas y modernas. Esta carta representa al arquetipo del sanador que mezcla un elixir para devolverles el equilibrio a las energías y al flujo de tu cuerpo y tu mente. Esta figura es conocida por muchos tarotistas como el Alquimista. Es tu médico personal, que te prescribirá la medicina que necesitas para ayudarte a sanar.

Para entrar en contacto con el ángel sanador de la carta de la Templanza, primero relájate por completo y entra en un ligero trance (ver la página 65).

Entra en la carta y acércate a tu ángel sanador, que te sonríe en señal de saludo. Dile por qué has venido. Pídele que te revise el cuerpo, y ponte de pie mientras él suelta sus recipientes y pasa sus manos por todo tu cuerpo a uno o dos centímetros de su superficie. Te examina de pies a cabeza en busca de tensiones, desequilibrios y bloqueos en el flujo de energía. A continuación, realinea los desequilibrios, abre suavemente los pasajes bloqueados y elimina la fatiga y la tensión. Te sentirás renovado y aliviado por este contacto cariñoso y atento, por esta sensibilidad hacia tu campo energético. Observa cómo sus manos recorren tu cuerpo y cómo cada parte se relaja y libera su tensión y ansiedad. Fíjate en las zonas en las que duda o dedica más tiempo. Son áreas en las que necesitas trabajar más. Dale las gracias a tu ángel. Ahora pregúntale qué es lo que parece estar obstaculizando tu curación. Tu ángel responde:

Pregúntale qué puedes hacer para liberar el bloqueo. Tu ángel responde:

Pregúntale qué necesitas hacer para recuperar el equilibrio. Tu ángel responde:

Ahora visualízate convertido en el ángel sanador. Siente tu larga túnica colgando del suelo. Uno de tus pies está sumergido en el agua fresca que fluye y el otro se apoya en la tierra firme y cálida. Atraes tu sustento y alimento hacia arriba a través de tus pies. Toma dos vasos y coloca en cada uno de ellos lo necesario para alcanzar el equilibrio. Ahora comienza a mezclarlos, vertiendo de uno a otro, de un lado a otro, agitándolos y combinándolos hasta que se forme una nueva sustancia en el aire que los separa. Este es un objeto que simboliza tu propio elixir de curación personal: tu medio de curación. Pregúntale a tu Ser Interior para qué sirve, cómo debes usarlo y dónde. Acepta cualquier pensamiento que venga.

¿Qué objeto es ese?

¿Para qué sirve?

¿Qué tipo de acciones te sugiere que realices para curarte?

¿En qué parte de tu cuerpo debes aplicar este elixir curativo?

Colócalo donde sea más apropiado para que haga su trabajo de curación.

Convéncete de que estás dispuesto a curarte y a devolver el equilibrio a tus energías utilizando el símbolo y las sugerencias que has recibido de tu ángel sanador. Ahora te sientes relajado y entero y sientes que el proceso de curación se está produciendo en tu interior.

Sepárate de tu ángel. Dale las gracias de nuevo y despídete dando un paso más allá de los límites de la carta, que ahora no es más que una cartulina delante de ti. Siente que el suelo bajo tus pies te sostiene y te «enraíza». Si te sientes «aturdido», agáchate, pon las manos en el suelo y respira en él durante un momento; luego túmbate.

En una meditación que hice con el ángel de la Templanza, este me dijo:

«Soy el sanador que es un canal despejado. El disco solar de mi frente representa el chakra de la corona. La energía entra libremente por aquí y sale a través de mi chakra del corazón, mediando la energía que fluye a través de mi corazón y dándole forma (el cuadrado) al espíritu (el triángulo dentro del cuadrado). Al mismo tiempo, atraigo la energía de la tierra y del mar mientras respiro prana. Permito que estos elementos se mezclen dentro de mí en proporciones templadas y equilibradas [...]. La creencia cura. Y yo soy tu creencia en una parte de ti mismo que es una parte perfecta del universo».

Al efectuar curaciones psíquicas, es importante ser un canal para la energía curativa de la Fuente. Con este fin, me visualizo convertida en el ángel sanador de la Templanza, y permito que la fuerza sanadora fluya libremente a través de mí sin que mi propio ego se interponga. «Yo» ya no soy quien hace la curación, sino que una fuerza arquetípica impersonal opera a través de mí sin que yo y mi ego lo impidan. Al hacer esto, no se agota mi energía. Me siento revitalizada y a la vez relajada, como si yo también hubiera recibido una sanación (lo cual es cierto).

El siguiente capítulo continúa con el tema de la curación, pero haciendo hincapié en el uso de los cristales de cuarzo con el tarot.

LECTURAS SUGERIDAS PARA EL CAPÍTULO DIEZ

Sobre la sanación:

Spirit Guides: Access to Inner Worlds [Espíritus guía: acceso a los mundos interiores]. Mike Samuels y Hal Bennett. Nueva York y Berkeley: Random House/Bookworks, 1974.

Sobre el Árbol de la Vida:

The Qabalistic Tarot: A Textbook of Mystical Philosophy [El tarot cabalístico: un manual de filosofía mística]. Robert Wang. York Beach, ME: Samuel Weiser, 1983.

The New Living Qabalah: A Practical Guide to Understanding the Tree of Life [La nueva cábala viviente: una guía práctica para comprender el Árbol de la Vida]. Will Parfitt. Londres: HarperCollins UK, edición revisada de 1995.

DEL TAROT DE XULTÚN, creado por Peter Balin y basado en una imagen que le llegó el 21 de diciembre de 1975, de los Arcanos Mayores completos en traje maya unidos en una sola imagen. Cuando más tarde escribió sobre el tarot en su libro The Flight of Feathered Serpent [El vuelo de la serpiente emplumada], *dijo: «El uso del tarot exige una "observación desapegada", la mente debe permitir primero una libertad total para descubrir». Lo relaciona con las raíces de la palabra* inteligencia, *que significa 'ver entre líneas'. Los cinco niveles de la imagen del Tarot de Balin podrían referirse a los cinco mundos que se han creado, según la mitología maya: el mundo del espíritu, el de la mente, el de las emociones, el de la manifestación física pura y este quinto mundo del movimiento. El sexto sol, que los mayas predijeron que comenzaría alrededor de 2012 de nuestra era con la destrucción del mundo actual, se llama el mundo de la «conciencia».*

Capítulo 11

Los cristales y el tarot

Este capítulo continúa con los métodos de uso del tarot principalmente para la curación, en conjunción con otra poderosa herramienta: los cristales de cuarzo. Los cristales han sido redescubiertos recientemente para utilizarlos en la meditación y la protección, pero, sobre todo, por su capacidad para intensificar y enfocar psíquicamente las formas de pensamiento.

Llevaba algún tiempo trabajando con cristales y sentía una creciente necesidad de integrarlos de alguna forma en el tarot, pero no estaba muy segura de cómo hacerlo. Mi revelación se produjo mientras visitaba una clase de tarot que impartía mi amigo Jim Wanless en Bolinas. Cuando la velada llegaba a su fin, una mujer con flores en el pelo me preguntó si alguna vez había utilizado un péndulo con el tarot. Un escalofrío me recorrió inmediatamente la columna vertebral: ¡era el momento!

—No, aún no, pero me gustaría —respondí con entusiasmo, sintiendo que algo importante estaba a punto de suceder—. ¿Cómo se hace? —pregunté.

Ella sonrió ampliamente y contestó:

—¡Oh, ya sabes! —Y luego se dio la vuelta como si supiera que eso era todo lo que tenía que decir.

Esa noche me fui a casa y escribí sin parar, elaborando la mayor parte de este capítulo sobre los cristales y el material sobre los péndulos del capítulo nueve. Desde entonces, he revisado minuciosamente lo que escribí esa noche y he necesitado hacer muy pocas modificaciones.

Según Merlyn, mi amigo y cuidador de cristales de Hawái, los cristales son las flores del reino mineral. Son el estadio más avanzado de la vida mineral y surgen literalmente como intrincadas y hermosas formaciones naturales. En la Antigüedad, se creía que el cristal de roca era agua del cielo permanentemente congelada. Hay más de dos mil tipos diferentes de cristales, siendo el cuarzo el más abundante.

El cuarzo, o «cristal de roca», es dióxido de silicio (SiO_2), con una dureza de 7 y una densidad específica de 2,65, y se encuentra en forma de prisma hexagonal terminado en uno o ambos extremos por una pirámide de seis lados. Además de la variedad clara, el cuarzo se presenta en una gama de colores: púrpura, llamado amatista; de amarillo a naranja, conocido como citrino; rosa, llamado cuarzo rosa, y de marrón a gris, con el nombre de cuarzo ahumado. Los cristales tienen «líneas de disposición», que son como las huellas dactilares: no hay dos iguales, y crecen en espiral con giros a la izquierda o a la derecha. El cuarzo deja pasar una mayor gama del espectro luminoso que el vidrio, con menos distorsión de frecuencias. Al ser ópticamente superior al vidrio, se utiliza en lentes finas para equipos de precisión.

Los cristales de cuarzo presentan lo que se denomina efecto piezoeléctrico, lo que significa que sufren una distorsión mecánica cuando se les aplica una entrada eléctrica. En consecuencia, dependiendo de sus parámetros físicos, resuenan dentro de rangos de frecuencia estrechamente definidos y se utilizan universalmente para controlar los circuitos osciladores de los aparatos de radiodifusión y otros aparatos electrónicos, así como en piezas de precisión. A la inversa, el efecto piezoeléctrico también permite a los cristales producir una salida eléctrica cuando se distorsionan mecánicamente. Esta propiedad los hace útiles como transmisores en cartuchos de fonógrafo, micrófonos y medidores de tensión. Por último, nuestra revolucionaria tecnología informática se basa por completo en la increíble capacidad de almacenar memoria de los «chips» de cristal de silicio.

Los cristales son también herramientas de curación personal que pueden ayudarnos de muchas maneras. En primer lugar, son amplificadores y magnificadores de la intención. Por lo tanto, ten en cuenta tus intenciones. Como dice Merlyn: «Establece tus intenciones con claridad para que el universo sepa qué proporcionarte».

Los cristales se utilizan para la curación, la adivinación, la magia y el trabajo con los sueños, la protección, la creación de lluvia, la intensificación de las visualizaciones, el contacto con guías y maestros, y como maestros en sí mismos (porque un cristal te hará saber para qué sirve). El cuarzo también absorbe iones positivos y emite iones negativos.

La sabiduría del cristal

Algunos dicen que tu primer cristal debería ser regalado, pero si te atrae tener uno, sostenerlo en la mano y contemplar sus superficies brillantes y el arcoíris que forma su luz, ve y cómpratelo sin regatear el precio. Así te convertirás en un cuidador de cristales.

Se cree que los cristales fueron la poderosa fuente de energía de la Atlántida. El maestro indio norteamericano Oh Shinnah habla de generadores eléctricos de la antigua América del Sur que existen en museos, alimentados por cristales y que todavía funcionan. Los cristales tienen la mayor eficiencia de cualquier proceso de transferencia de energía conocido.

Los indígenas americanos, los egipcios y los antiguos irlandeses enterraban a sus muertos con un trozo de cristal de roca que los conectaba con la luz del espíritu incluso mientras estaban enterrados en una tumba oscura. Hoy en día, algunos nativos americanos llevan los cristales como colgantes, colgados entre el plexo solar y el chakra del corazón. Dado que el plexo solar es el lugar donde recibes los estímulos externos en tu cuerpo, un cristal en esa zona puede purificar la energía que te llega, si esa es tu intención. (Y no está de más llevar tu propio generador de iones negativos allá a donde vayas). Asegúrate de que cualquier cristal que lleves o utilices esté abierto en ambos extremos, para que la energía pueda pasar sin obstáculos a través del cristal. Los colgantes deben sujetarse con un alambre o una banda alrededor del cristal, no con una tapa cerrada.

Hay muchos cristales históricos famosos que se encuentran en museos y colecciones privadas; la mayoría se utilizaban con fines sagrados u ocultos. Las bolas de cristal son uno de los ejemplos más destacados, como la de cuarzo ahumado del doctor John Dee, con la que realizó profecías para Isabel I. Actualmente el famoso cráneo Mitchell-Hedges, hallado en el yacimiento maya de Lubaantum, en la Honduras Británica (actual Belice) se encuentra en manos privadas. Este cráneo, con la mandíbula inferior separada, fue tallado en una sola pieza de cristal de cuarzo extremadamente claro. Apareció debajo de un altar y su descubridor cree que se utilizaba para la adivinación y el culto ritual en la Atlántida. El hecho de que este cráneo y otros encontrados en Centroamérica sean de mujeres me lleva a creer que proceden de una época y un lugar en los que las mujeres ejercían un gran poder en el terreno espiritual.

Los pueblos nativos de diversas tierras han venerado el cristal de roca, creyendo que contiene espíritus vivos que pueden obrar el bien o el mal sobre el poseedor y sus conocidos. Los envuelven bien, normalmente en cuero, los lavan y mantienen limpios y, a veces, los bañan en sangre para alimentarlos. En algunas tribus, cada miembro recibía uno al nacer; se decía que contenía la luz de su espíritu. Estos cristales personales se guardaban en cuevas, excepto cuando se utilizaban con fines rituales. Los cheroquis los usaban para encontrar lo que se perdía, especialmente los caballos, y los nativos australianos para provocar la lluvia.

En Europa, el agua en la que se había empapado un cristal se utilizaba para numerosos beneficios medicinales, como aliviar el nerviosismo y la diarrea, producir leche en las madres lactantes, contener las hemorragias y curar el vértigo. Hoy en día, muchas personas guardan un pequeño cristal en el agua que beben para «endulzarla». Al ponerlo sobre cortes y quemaduras parece eliminar el dolor y ayudar a la curación. Colocado en las sienes para el dolor de cabeza, funciona como una bolsa de hielo. Los romanos incluso utilizaban los cristales para refrescarse en los días calurosos de verano y los chinos los llevaban a la boca para calmar la sed.

Probablemente su principal uso a lo largo de los tiempos ha sido la meditación y las prácticas religiosas. Su claridad, el arcoíris interior y los efectos de prisma son reminiscencias de la luz del Creador, el espíritu del Gran Dios/Diosa. Al meditar en la luz y la claridad interiores, uno puede penetrar en la oscuridad de la ignorancia y obtener una visión del propósito y la intención del Creador, o al menos del Ser Superior. Al mirar en las profundidades de un cristal, es posible concentrarse y enfocar la atención (como bien saben los hipnotizadores) en cualquier tarea que esté a mano.

Purificación de los cristales

Como un cristal absorbe tantas vibraciones energéticas externas, iones positivos e intenciones predominantes, es esencial purificarlo habitualmente. Trata siempre al cristal con respeto y amor, y recibirás lo mismo en mayor medida.

Hay muchas maneras de purificar y limpiar un cristal. El método más común es sumergirlo en agua de mar durante la noche. La sal marina y el agua de manantial también sirven. La sal absorbe la energía del cristal. Esta agua debe ser vertida en un lugar donde no pueda crecer nada. Si acabas de recibir un cristal o crees que necesita una purificación especialmente profunda, remójalo durante siete días y siete noches.

El sol recarga el cristal y le da energía luminosa. Colócalo al sol tan a menudo como sea posible y remójalo en un vaso de cristal transparente en una ventana donde recoja los rayos del sol.

Otros métodos de purificación son:

1. «Manchar» el cristal en el humo del cedro, la salvia, la hierba dulce, el romero u otras hierbas locales, especialmente las utilizadas por los pueblos nativos de tu zona. Esto despeja los campos de energía que te rodean para que el pensamiento y la comunicación sean claros y te revitaliza.
2. Enterrarlo, especialmente cuando sea necesaria una purificación más larga y profunda.
3. Visualizarlo lleno de luz blanca pura, dorada o «crística».
4. Expulsar las impurezas soplando sobre el cristal.
5. Limpiarlo con un paño; lo mejor es el algodón o la seda.

6. Sostener los lados opuestos del cristal y espirar fuertemente mientras con los dedos se extrae la energía de la punta. Haz esto tres veces para que todas las caras queden limpias.

Recuerda que tu intención es tan importante como cualquier método que utilices.

Los cristales y el tarot

A continuación, encontrarás un resumen de las formas en que los cristales pueden utilizarse con las cartas del tarot. Cada una de estas formas se aborda en detalle en el resto de este capítulo.

- Como péndulo, para aclarar la información y seleccionar lo que es apropiado para trabajar. (En el capítulo nueve profundizamos sobre esto).
- Para purificar tu baraja y protegerla y para armonizar la atmósfera de lectura.
- Para centrarse en tu pregunta y amplificar tu intención para la lectura.
- Para grabar una lectura.
- Para infundir un cristal con un arquetipo de tarot para la curación y el trabajo mágico.
- Para proteger un lugar sagrado o un espacio de trabajo.
- Para encontrarte con tus arquetipos y guías del tarot, y para amplificar tus visualizaciones del tarot.

El uso de los cristales para purificar y proteger tu baraja de tarot

Después de usar tu baraja, coloca un cristal recién purificado sobre ella. Esto limpiará y protegerá el mazo mientras no lo estés empleando. Algunas personas siempre guardan un pequeño cristal en el envoltorio de la baraja junto a las cartas. Otra posibilidad es utilizar un péndulo de cristal solo para tarot y envolver la bolsa o el recipiente en el que lo guardes con su cuerda para mantenerlo cerrado. Asegúrate de limpiar con frecuencia tu péndulo en agua salada y de purificarlo todo con humo.

Utilización de los cristales para centrarse en la pregunta, ampliar la intención y armonizar el ambiente para la lectura

Para este propósito, puedes utilizar el mismo cristal que siempre guardas con tu baraja, asegurándote de limpiarlo a menudo con luz solar si no hay nada más. Sostén el cristal purificado en la mano derecha y respira tu pregunta en él. Habla en voz alta cuando hagas esto. Así establecerás tu intención y la dejarás clara tanto para ti como para el universo. Mantén el cristal ante ti mientras barajas y lees las cartas y míralo a menudo para mantener tu atención. Como un cristal genera iones negativos, también mantendrá la atmósfera armonizada y más saludable.

Utilizar un cristal para grabar una lectura

Los cristales tienen memoria, tal vez la memoria natural más extensa del planeta. Tu cristal no solo recordará todo lo que ocurra en una lectura en su presencia, sino que también podrás recuperar esa información. Por supuesto, no te hablará con palabras, pero si lo sostienes en tu mano izquierda, podrás recordar la esencia y, en ocasiones, las propias palabras. Siéntate en silencio, respira profunda y uniformemente, relájate y ábrete a la información grabada en el cristal. Esto puede ser especialmente útil si luego quieres escribirle sobre la lectura a un amigo o registrar su significado en tu diario.

Infusión de un cristal con un arquetipo del tarot

Quizá quieras que la esencia de una carta determinada de los Arcanos Mayores energice un cristal para un uso especial, por ejemplo la curación. Esto podría ser un propósito temporal o permanente.

Los cristales que se sostienen en la mano actúan para magnificar tanto la intención de curación como el flujo de energía a través de las manos. Por ejemplo, en el caso de un dolor de garganta, el sanador imagina un rayo de luz azul dirigido a través del cristal y que fluye desde su punta y recorre la garganta de la persona, enfriando y calmando los tejidos inflamados. Al visualizar el cristal impreso con un arquetipo del tarot (expresado en su ideal más elevado) es posible atraer grandes poderes de transformación. Estás invocando y esperando que sucedan cosas extraordinarias, que no se pueden explicar lógicamente. Y pueden ocurrir; de hecho, ocurren. También estás sintonizando con fuerzas y energías astrales y psíquicas –ángeles, dioses, diosas, los planetas y el universo– y empleándolas.

INFUSIÓN TEMPORAL

En primer lugar, decide qué carta (o cartas) es la adecuada para tu propósito. En segundo lugar, purifica la carta y tu cristal (que ya ha sido limpiado en agua salada) con humo de cedro u otras hierbas.

Si el propósito es temporal, simplemente coloca el cristal sobre la carta. Expresa tu intención tres veces en voz alta y pide que la esencia de la carta entre en el cristal para tu objetivo. Puedes dejarla en su lugar durante la noche o utilizar el cristal inmediatamente. Si conoces muy bien las imágenes de tus cartas y eres capaz de visualizarlas con claridad y precisión, solo tienes que visualizar la carta y respirar tu intención en el cristal. La energía permanecerá hasta que limpies el cristal y borres de él tu intención.

INFUSIÓN PERMANENTE

Para imprimir la esencia de forma permanente, coloca tanto la carta como el cristal que has colocado encima bajo la luz de la luna llena durante tres noches (la noche de luna llena y la anterior y posterior a esta). No dejes la carta en el exterior si hay mucha humedad nocturna; ponla en una ventana donde pueda captar la luz de la luna. La luna llena atrae, arrastrando la energía hacia ella, y por lo tanto la esencia del arquetipo se dirige hacia el cristal de la carta. Asegúrate de que el signo de la luna armoniza con tu propósito. Por último, pasa el cristal tres veces por un fuego de madera sagrado que hayas prendido solo para este propósito.

Tanto el método temporal de infusionar un cristal como el permanente pueden hacerse ritualmente dentro de un círculo protector (ver la página 277).

He aquí algunas pautas para el uso de los arquetipos del tarot en los cristales infundidos:

PARA LA SANACIÓN:

LA TEMPLANZA: para reequilibrar las auras, la orientación curativa, las curaciones psíquicas en general, la combinación de esencias.

LA TORRE: para romper o quemar obstrucciones, cánceres.

LA MUERTE: para cortar, liberar, facilitar las transiciones (combinar con la Estrella y la Fuerza).

LA FUERZA: para fortalecer los órganos, especialmente el corazón.

EL DIABLO: (usar con moderación) para aumentar la energía sexual y el bajo impulso (combinar con la Fuerza).

EL MAGO: para ayudar en el diagnóstico (combinar con el Juicio).

EL SOL: para la vitalidad, la relajación, la buena salud en general, el equilibrio masculino/femenino (combinar con la Luna).

LA LUNA: para sacar o atraer, relajar o provocar el sueño.

LA ESTRELLA: para la limpieza y la purificación y para liberarse de los miedos; buena para el estrés.

EL MUNDO: para limitar o constreñir y para ayudar a alguien a sacar lo mejor de una situación limitada o constreñida.

PARA LA MAGIA Y EL DESARROLLO PSÍQUICO:

Todos los Arcanos Mayores tienen un propósito mágico y, más concretamente, alquímico o cabalístico. Los siguientes listados son solo para dar algunas ideas.

EL MAGO: para la concentración y la atención y el uso de instrumentos mágicos.

LA SUMA SACERDOTISA: especialmente para la clarividencia, para las lecturas psíquicas y del tarot, para la guía y protección interior.

EL COLGADO: para provocar estados alterados, visiones místicas.

EL DIABLO: para la magia sexual.

LA ESTRELLA: para trabajos rituales.

LA LUNA: para las vidas pasadas, el trabajo de los sueños, los viajes astrales, la magia en general.

LA EMPERATRIZ Y EL PAPA: para la conexión con la tierra y para centrarse.

LOS AMANTES Y LA TEMPLANZA: para trabajos alquímicos.

PARA LAS RELACIONES:

LOS AMANTES, LA FUERZA y parejas como EL SOL/LA LUNA, LA EMPERATRIZ/EL EMPERADOR, etc.

EN GENERAL:

EL MAGO y el planeta MERCURIO: para la magia, la comunicación y las actividades intelectuales:

LA SUMA SACERDOTISA y el astro LUNA: para la sabiduría interior, la consulta del tarot, las vidas pasadas, la receptividad.

LA EMPERATRIZ y el planeta VENUS: para la concepción, la crianza, las artes.

EL EMPERADOR y el signo ARIES: para el inicio de nuevos proyectos, la construcción, la autoridad, la autoafirmación.

EL PAPA y el signo TAURO: para enseñar, hablar en público, cantar, hacer amigos.

LOS AMANTES y el signo GÉMINIS: para las elecciones, la tensión nerviosa, las relaciones amorosas y el equilibrio de las energías masculinas y femeninas.

EL CARRO y el signo CÁNCER: para la victoria y como guardián que protege el hogar.

LA FUERZA y el signo LEO: para el deseo, la creatividad, el valor y el corazón.

EL ERMITAÑO y el signo VIRGO: para los viajes, la búsqueda espiritual y la paciencia.

LA RUEDA DE LA FORTUNA y el planeta JÚPITER: para el cambio, la expansión de tus recursos y la suerte en los juegos de azar.

LA JUSTICIA y el signo LIBRA: para asuntos legales y de dinero, acuerdos contractuales, pensamiento claro y veracidad.

EL COLGADO y el planeta NEPTUNO: para la entrega, las visiones místicas y la inducción de estados alterados.

LA TEMPLANZA y el signo SAGITARIO: para la curación general, la guía angélica, la combinación de remedios, el retorno del equilibrio.

EL DIABLO y el signo CAPRICORNIO: para agitar las cosas, para la alegría y el juego, para aumentar la energía sexual, para la falta de vitalidad.

LA TORRE y el planeta MARTE: para quemar, eliminar (especialmente los hábitos).

LA ESTRELLA y el signo ACUARIO: para la meditación, la limpieza y la purificación, los rituales, la guía espiritual, la libertad y la liberación.

LA LUNA y el signo PISCIS: para el trabajo de los sueños, para ocultar algo, para la receptividad, para la magia.

EL SOL y el signo SOL: para el éxito, para encontrar cosas, para la creatividad, para el reconocimiento, para el parto, para la salud y la relajación.

EL JUICIO y el planeta PLUTÓN: para la visualización, la percepción crítica, las transformaciones y las transiciones.

EL MUNDO y el planeta SATURNO: para la protección psíquica, la danza, la integración.

Protección con cristales y tarot: establecer una guardia

Cuando se trabaja con una tirada mágica, o para la curación a distancia, es posible que desees colocar tu trabajo dentro de un círculo de energía y protección. A esto se lo llama «establecer una guardia». Has de concentrar las energías de cada una de las cuatro direcciones en un solo punto en el centro y donde imaginas que hay una bola brillante de luz blanca. Esto da poder al foco de tu atención, y permite que se expanda en la manifestación, mientras visualizas la luz blanca extendiéndose.

Necesitas un paño blanco de unos sesenta a noventa centímetros cuadrados extendido en el suelo o sobre una mesa pequeña. En el centro de la tela coloca cualquier tirada mágica de tarot en la que estés trabajando, un mandala de tarot o una sola carta que represente las cualidades que quieres desarrollar o a alguien que quieras sanar. También puedes incluir una imagen de la persona a la que deseas sanar.

Coloca una pequeña vela blanca en algún lugar del centro o cerca de él. En cada una de las cuatro direcciones, pon una vela cuyo color represente esa dirección. Empezando por el este y moviéndote en el sentido de las agujas del reloj:

Este:	amarillo, blanco o azul pálido	aire	espadas
Sur:	rojo, naranja o dorado	fuego	bastos
Oeste:	azul, verde claro o índigo	agua	copas
Norte:	negro, marrón o verde intenso	tierra	pentáculos

(Si no tienes otros colores, puedes utilizar velas blancas para todos).

Al lado de cada una de las cuatro velas exteriores, coloca un cristal apuntando hacia el centro. Debajo de cada cristal, sitúa el as del palo que corresponda a esa dirección. Pon un quinto cristal, apuntando hacia arriba, sobre la carta o imagen que has situado en el centro.

Siéntate o permanece de pie. Toma sal marina, preferiblemente en estado de cristal de roca, y dibuja un círculo alrededor del conjunto, tocando y conectando cada uno de los cuatro cristales y las cuatro luces.

Vuélvete hacia el este y pronuncia una invocación como la siguiente: «Guardián de los Poderes del Este, de donde sale el sol y comienzan todas las cosas nuevas, guíame y protégeme. Que mi trabajo (indica cuál es) participe de tu luz y que mis pensamientos e intenciones sean cristalinos y estén en armonía con el universo». Enciende la vela y visualiza un haz de luz dorada, como el sol naciente, que fluye a través de la punta del cristal y hacia el centro».

Gira hacia el sur y di: «Guardián de los Poderes del Sur, tierra de desiertos ardientes, guíame y protégeme. Que mi trabajo (indica cuál es) participe de tu luz y que mis percepciones e inspiración creativa sean cristalinas y estén en armonía con el universo». Enciende la vela y visualiza un haz de luz roja, como el fuego, que fluye a través de la punta del cristal y se dirige hacia el centro».

Gira hacia el oeste y di: «Guardián de los Poderes del Oeste, hogar de océanos, lagos y ríos, guíame y protégeme. Que mi trabajo (indica cuál es) participe de tu luz y que mi amor y mis emociones sean cristalinas y estén en armonía con el universo». Enciende la vela y visualiza un haz de luz azul, como un arroyo, fluyendo a través de la punta del cristal y hacia el centro».

Vuélvete hacia el norte y di: «Guardián de los Poderes del Norte, de las cuevas, la tierra y los lugares oscuros, guíame y protégeme. Que mi trabajo (indica cuál es) sea partícipe de tu luz y que yo esté a salvo y seguro y todos mis sentidos se vuelvan cristalinos y en armonía con el universo».

Enciende la vela y visualiza un haz de luz negra, verde o ultravioleta que atraviesa la punta del cristal y entra en el centro.

Enciende la vela blanca en el centro y visualiza que todos los colores de la luz se reúnen para formar un arcoíris claro y brillante que crece lentamente, envolviéndola hasta el borde del círculo, de modo que los cristales parezcan fundirse en un círculo de luz. Esta luz da energía y vitalidad a tu trabajo simbolizado en el centro. Visualiza lo que quieres conseguir. Por ejemplo, podrías «ver» a tu amiga llena de una luz curativa que quema su enfermedad y devuelve el equilibrio a sus células. O «verte» a ti mismo en el estudio de tus sueños, con la luz que sale de la claraboya, tu sillón en una esquina y el espacio de trabajo en otra.

Dedica el tiempo necesario a centrarte en tu trabajo. A continuación, completa y cierra el proceso abriendo ritualmente el círculo. Comienza en el este diciendo: «Os doy las gracias, oh Guardianes, por vuestra guía y protección (apaga la vela) y acepto esta luz para limpiarme». Toma el cristal y coloca la «matriz» (el extremo roto) pegándolo a tu frente, inhala y siente cómo la última luz es absorbida a través de la frente y pasa por el cuerpo, limpiándolo, renovándolo y purificándolo; luego siéntela salir por los pies al exhalar, hacia la tierra. En el sentido de las agujas del reloj, repite la operación con el resto de las velas, terminando con la luz blanca central.

Si trabajas con más de una persona, puedes hacer que alguien diferente se dirija a cada dirección, pero todos los miembros del grupo deben inspirar cada color para permanecer en equilibrio.

Si deseas trabajar en un proyecto durante varios días, podrías dejar tu espacio de trabajo preparado, pero las velas deben encenderse cada día. El último día, deja que la vela central se apague sola.

Utilizar un cristal para las visualizaciones del tarot

Como se ha mencionado anteriormente, los cristales son amplificadores y magnificadores de la intención. Al sostener un cristal en la mano derecha, se magnifican y amplían tus intenciones para visualizar de forma clara y realista, haciendo que tus sentidos perciban de forma vívida y recordando todo lo que ocurre en tu visualización. Es útil para aclarar e intensificar tus afirmaciones y para recordarlas una vez terminada la visualización. Recuerda: «Establece tus intenciones con claridad; ¡así el universo sabrá qué proporcionarte!».

La siguiente es una poderosa visualización creada por Dale Walker, de Sunol, California, para usar con el cristal:

Sostén tu cristal en la mano derecha, respira, relájate y conéctate a tierra (ver la página 65).

Imagina que estás en el exterior, en un prado cubierto de hierba. El sol brilla en lo alto en un cálido día de primavera. Colocas tu cristal en el suelo ante ti y observas cómo va creciendo poco a poco hasta alcanzar el tamaño de una pequeña casa. Una puerta se abre en un lado y una rampa se extiende hasta el suelo. Entra en tu cristal. Mientras miras el interior, despliega todos tus sentidos: ¿cómo son las paredes y el suelo? ¿Qué hueles? ¿Qué oyes? ¿Hay algo que se pueda saborear? ¿Cuál es la temperatura? ¿Cambia cuando te mueves? A medida que vayas conociendo el interior de tu cristal, este probablemente cambiará para adaptarse a las circunstancias. Colócate en el centro, bajo el vértice de la punta. Mira hacia arriba. ¿Qué ves? Ve abajo, al fondo de la matriz. ¿Qué encuentras allí?

Una vez que te hayas familiarizado con el interior de tu cristal, empieza a crear un entorno adecuado para el propósito de tu visualización. Por ejemplo, imagina dos sillas, una alfombra, una estantería, una pantalla de visualización (como una pantalla de televisión o de cine, quizás) y cualquier otro objeto que te haga sentir cómodo y como en casa. Siéntate en una silla e invita a tu guía del tarot a acompañarte en la otra silla. Aprovecha esta oportunidad para pedir orientación al tarot o para que te respondan tus preguntas.

El interior de tu cristal es un lugar excelente y muy seguro para trabajar cuando haces cualquier curación, o para que tu ángel sanador te efectúe una sanación. También puedes encontrarte con otros guías dentro de él.

Cuando medites sobre una carta en particular, infusiónala en tu cristal, entra en él y medita sobre la carta desde dentro.

Descubrirás que la librería o videoteca que has creado en su interior puede ser una fuente inagotable de información sobre los cristales, el tarot, la sanación y el universo. Saca uno de los discos y echa un vistazo a lo que contiene.

Descubrí que caminar por la calle a altas horas de la noche es mucho más seguro si camino dentro de mi cristal, y nunca está de más añadir un poco de energía del Carro o del Universo Danzante. Cuando hayas completado tu trabajo en el cristal, asegúrate de agradecer a tus guías que siempre viajan contigo. Abandona tu cristal por el medio que prefieras.

Observa cómo se va empequeñeciendo hasta quedar reducido al tamaño del cristal que tienes en la mano. Cuando tu conciencia vuelva a la mano que lo sostiene, abre los ojos. Respira profundamente varias veces, espirando hondo hacia la Madre Tierra para enraizar tu exceso de energía, y estírate.

Una variación de esto es cuando quieres «cristalizar» un sueño. Coloca tu cristal debajo de la almohada o al lado de la cama (los dobles terminados o los «diamantes de Herkermer» son excelentes para esto). De forma similar al proceso de visualización anterior, entra en tu cristal, encuentra tu habitación de ensueño, aclara tu intención de sueño y duérmete dentro de tu cristal. Al día siguiente, por la mañana, utiliza el cristal para ayudarte a recordar tu sueño.

En resumen, he comprobado que los cristales son una buena herramienta para utilizar junto con las lecturas del tarot y las meditaciones, especialmente para armonizar y equilibrar la atmósfera, y para ayudarme a centrar mi atención y aclarar mis intenciones.

LECTURAS SUGERIDAS PARA EL CAPÍTULO ONCE

Sobre cristales y sanación:

Piedras que curan. El uso terapéutico de las gemas y minerales. Julia Lorusso y Joel Glick. Madrid: Edaf, 2011.

Precious Stones: Their Occult Power and Hidden Significance [Piedras preciosas: su poder oculto y su significado oculto]. W. B. Crow. Londres: Aquarian Press, 1968.

La senda del chaman. Michael Harner. Barcelona: Editorial Kairós, 2016.

Sobre rituales:

La danza en espiral. Starhawk. Barcelona: Ediciones Obelisco, 2012.

El poder de la diosa. Diane Mariechild. Barcelona: Ediciones Obelisco, 2001.

I

II

III

DE UNA BARAJA DE ARCANOS MAYORES creada como proyecto de clase de tarot. Estas imágenes de collage *son un ejemplo de cómo se puede crear una baraja única y con un significado personal, en este caso utilizando figuras modernas como Harry Houdini para el Mago y Gertrude Stein como la Gran Sacerdotisa. Las cartas están dispuestas en un patrón que representa una posible evolución de la tirada de tres cartas y los conceptos arquetípicos que la originan. Aquí, el Mago y la Sacerdotisa Virgen (esotéricamente el siempre presente ahora y la memoria) se consideran una pareja. Su relación o interacción (la voluntad y la oposición magnéticamente atractiva a ella) crea algo nuevo. La Gran Sacerdotisa se transforma en la Emperatriz embarazada. Las ideas toman forma. Al concebir un futuro, comienza el tiempo. Nace el amor.*

Capítulo 12

Diseño y creatividad con el tarot

A lo largo de este libro, no solo has observado tu propia vida a través del tarot, sino que también la has creado. En este último capítulo tienes la oportunidad de diseñar y expresarte creativamente usando el tarot como inspiración. Las áreas que cubriré son: el diseño de tu propia tirada, el diseño de tu propia baraja, el arte del tarot y la escritura creativa con el tarot.

Diseñar tu propia tirada

Ya has visto numerosas tiradas con las que podrás trabajar. Probablemente te proporcionarán información sobre la mayoría de tus preguntas. Las tiradas funcionarán mejor para ti a medida que te familiarices con ellas, comprendiendo sus matices, la clase de información que pueden ofrecerte y la que no. Así desarrollarás la confianza en la integridad de la lectura.

Para dar el siguiente paso en el tarot, es conveniente que diseñes, modifiques y crees tus propias tiradas con el fin de expresar tu filosofía personal, tu visión del mundo, tu estilo y tus intereses.

A continuación, se presentan algunas ideas sobre diferentes maneras de diseñar una tirada. Lleva un cuaderno de notas con las tiradas que tú y tus amigos diseñéis. (Si lo deseas, puedes enviarme unas copias).

1. Basa el diseño en tu comprensión de una estructura metafísica o física, como las tiradas de los chakras, el Árbol de la Vida y el

Tai-Chi Ch'uan (o Rueda Giratoria) que se dan en este libro. Por ejemplo, podrías diseñar tiradas basadas en estructuras tan diversas como una hélice de ADN, el plano de una casa con diferentes «habitaciones», el *feng shui* o las ideas clave de la psicosíntesis.

2. Ten en cuenta el propósito numerológico de tu tirada, basándote en el número de cartas que contiene. Por ejemplo, 3 = creatividad, nuevas combinaciones y armonía; 4 = estructura, lo establecido, cuatro direcciones; 9 = dominio y finalización. Utiliza cualquier idea que estos números signifiquen para ti, o consulta en el apéndice A las cartas numéricas de los Arcanos Menores, para inspirarte.

3. Asigna a cada carta de tu tirada un arquetipo del tarot que represente el significado de esa posición. Por ejemplo, Ángeles Arrien diseñó una tirada llamada el camino del renacimiento, que utiliza nueve cartas que comienzan con la Muerte y continúan en secuencia hasta el Mundo. La primera carta, en este caso la Muerte, establece el tema de la lectura: lo que debes soltar y cómo experimentarás el renacimiento y la transformación. Se trata de una tirada que examina la lucha y el autodescubrimiento, y que culmina con el ascenso a través del canal de nacimiento y el regreso al Mundo.

4. «Tu esquema es un mapa de tus preguntas», dice Gail Fairfield en su libro *Choice-Centered Tarot* [Tarot orientado a la elección]. Sugiere que empieces con tu pregunta y todas tus inquietudes y problemas. A continuación, puedes diseñar una tirada sobre la marcha asignando una posición de carta a cada cuestión principal. Dado que tu primer paso es aclarar tu pregunta y todos los aspectos que la componen, Gail dice que a veces ni siquiera necesitarás echar las cartas y que con solo aclarar la pregunta podrás obtener la respuesta. Consulta el capítulo seis sobre «Ampliar la lectura de las tres cartas», que ofrece un sencillo ejemplo de ello.

5. Comienza con cualquier tirada básica (cuanto más sencilla, mejor). Tras leer las cartas, puedes pedir aclaraciones o más información sobre cualquier carta o asunto de la tirada. Abre en abanico las cartas restantes y saca una que te dé esa información. También puedes realizar una lectura completa de este modo, formulando

preguntas de forma espontánea y sacando cartas para responder-
las. Es especialmente importante grabar este tipo de lecturas porque tienden a desarrollarse con mucha rapidez y a pasar veloz-
mente por muchas ideas.

6. Comienza con un tema como las relaciones, el dinero, la curación
o los sueños. Determina los elementos principales (o patrones,
necesidades, inquietudes) y da a cada uno de ellos una posición.
Por ejemplo, una tirada de relaciones implicará al menos a dos
personas (o dos o más aspectos del yo) y quizás cuestiones de comunicación, sexo, apoyo, etc. En lugar de abordar una situación
particular, se trata de descubrir una tirada que pueda aplicarse a
cualquier persona que trabaje con el tema elegido.

7. Traduce las teorías psicológicas/sociales/económicas/espirituales
del comportamiento en posiciones para una tirada. Utiliza fór-
mulas gestálticas, de juego de roles, de diseño y de planificación.

8. Comienza con una tirada tradicional y, después, mediante la meditación, la contemplación, el uso y el puro juego («¿Y si muevo
las cartas en espiral en lugar de hacia arriba y hacia abajo?», etc.),
cambia y desarrolla la tirada en función de tu propia visión. Mo-
difícala a tu gusto preguntándote:

- «¿Los patrones visuales y geométricos sugieren relaciones internas entre las cartas?».
- «¿La tirada es divisible en estructuras de componentes más
básicos como pasado/presente/futuro, consciente/incons-
ciente o hemisferio derecho/izquierdo?».
- «¿Puedo ganar algo moviendo las cartas?».
- «¿Hay algún asunto sin resolver? ¿Tengo que quedarme sin
solucionarlo o podría resolverlo con cartas adicionales?».
- «¿Me vendría mejor redactar los significados de las posiciones
de otra manera (convirtiéndolos en preguntas, contemplán-
dolos como metáforas)?».

Haz una lista de temas, teorías e ideas que podrían convertirse en tiradas:

¿Para qué tipo de preguntas no has encontrado una tirada adecuada? (Divídelas en sus componentes y ve lo que puedes hacer con ellas).

Diseñar tu propia baraja

«¡Pero si no sé dibujar!». Sí, si eres como yo, quizá tropieces con ese escollo, pero existen muchas otras formas de elaborar tu propia baraja personalizada. Merece la pena el tiempo y el esfuerzo que le dediques, ya que te enseñará mucho sobre el tarot y sobre ti. Ni siquiera tienes que confeccionar una baraja entera: empieza con una carta, como la de tu personalidad, alma o año. Haz una para el cumpleaños de un amigo. Tampoco es necesario ceñirse a los conceptos tradicionales del tarot. Aquí tienes algunas sugerencias sobre cómo hacerlo:

1. Crea una baraja utilizando la técnica del *collage*. Si es un poco grande para barajar, haz fotografías o utiliza fotocopias reducidas del juego completo para usarlas en tus lecturas. Encontrarás revistas viejas en librerías de segunda mano, tiendas benéficas y mercadillos.
2. Confecciona una baraja fotográfica. Podrías hacer fotografías especialmente para tu baraja, creando disfraces, eligiendo los decorados y el atrezo, y fotografiando a amigos que se parezcan a los personajes. Otra forma de hacerlo es revisar tu propia colección de fotos y elegir las que representen las cualidades de cada carta

tal y como han aparecido en tu vida: tu padre y tu madre como el Emperador y la Emperatriz respectivamente, los primeros pasos de tu hijo como el Loco, un arcoíris sobre una cascada para la Templanza, etc.

3. Combina el *collage*, la fotografía y las imágenes prediseñadas utilizando un programa de gráficos por ordenador.

4. Colorea a mano una baraja en blanco y negro como la de B.O.T.A., la Iglesia de la Luz/Egipcia, la de Rolla Nordic o el Tarot del Amazonas, por nombrar solo unas cuantas. Sigue el esquema de color tradicional o bien desarrolla tus propias impresiones.

5. Añade colores a una baraja ya existente o embellécela de otro modo. Los colores suaves de la versión de U.S. Games de la baraja Rider-Waite-Smith son adecuados para este propósito. Las nuevas plumas metálicas pueden añadir una riqueza imposible de conseguir en los procesos de impresión convencionales.

6. No hace falta ser un artista consumado o natural para pintar una baraja y darle un significado personal. Recuerda que gran parte del llamado «arte primitivo» lo realizaron individuos que no eran profesionales, y a menudo nos transmite una «presencia» con una fuerza profundamente sentida. Pero si esto no es para ti, encarga a un ilustrador que dibuje o pinte tu visión o colabora con él. Al hacerlo seguirás la tradición de muchas barajas famosas, en las que una persona creó el concepto y otra lo plasmó gráficamente.

7. Monta tu propia baraja a partir de diversas fuentes. Eso fue lo que hizo Fiona Morgan mientras esperaba que su propia baraja (el Tarot Matriarcal) fuera completada por el artista (lo que le llevó años). Recortó setenta y ocho piezas circulares de cartón y pegó en ellas sus cartas favoritas de muchas barajas diferentes, imágenes de revistas, dibujos realizados por ella y por sus amigos, y fotografías de personas. Su baraja está en constante evolución y cambio, y a menudo tiene imágenes en ambas caras de una carta. Es algo voluminosa, pero ella la maneja con destreza y facilidad en una lectura.

Una vez terminada puedes reproducir la baraja en una fotocopiadora en color, con una base de cartulina, y plastificar las cartas para que sean más duraderas. En las tiendas de artesanía encontrarás re-cortadoras especiales para redondear las esquinas.

Arte inspirado en el tarot

En mis clases de tarot en la universidad, los estudiantes siem-pre han tenido que preparar un trabajo final o proyecto de carácter creativo. A lo largo de los años, he visto el tarot expresado a través de los siguientes medios: batik, serigrafía, esmaltado, música, can-ciones, ropa, recipientes, joyas, perfumes, pinturas, dibujos y fotos. Muy pocos de los estudiantes que realizaron estos proyectos de tarot podrían ser llamados artistas o artesanos; sin embargo, sus obras me demostraron una y otra vez que en casi todo el mundo está latente al-gún tipo de capacidad artística y que solo necesita el estímulo de algo que quieran expresar.

También ha habido obras de teatro, novelas, álbumes de discos y exposiciones de arte basados en el tarot.

Elige una carta que te atraiga mucho y reproduce su esencia de alguna manera tangible. Utiliza tus manos. ¿Qué símbolos quieres in-cluir? ¿Son necesarias las imágenes? ¿Qué medio te atrae?

Estudia los colores de la carta que hayas elegido. Para los artistas frustrados y sin talento como yo, lo mejor es emplear un set de acua-rela, humedecer un trozo entero de papel para acuarela y dejar caer remolinos de color que coincidan con los de tu carta; no te preocupes por las imágenes representativas.

El tarot y la escritura creativa

Muchas personas han utilizado el tarot como tema o inspiración para sus escritos. En algunas ocasiones, su influencia es evidente y en otras no. Una imagen del tarot puede ser un punto de partida, o toda la obra. Cuando leo un libro, especialmente de mitología o psicología, a menudo pienso que las cartas del tarot se podrían haber utilizado como ilustraciones. Sin embargo, es posible que el autor no conocie-ra las cartas en sí.

Si has realizado cuidadosamente los ejercicios de este libro, po-drías encontrar, al revisar el material, que en tus fragmentos de escri-tura intuitiva existen las semillas de varios poemas o relatos. Aquellos en los que describiste lo que veías en la carta suelen ser especialmente buenos. La siguiente es una descripción que escribí de la carta de la Emperatriz de la baraja Crowley-Harris (Thoth) mientras tomaba una clase de escritura en México con el autor Pierre Delattre.

«THE EMPRESS» (LA EMPERATRIZ)

Absorbe la energía que la rodea:
ondulaciones y corrientes de vibración
que se agitan y se separan ante sus manos,
apresurándose a seguir sus movimientos
    envolventes.

En el corazón de su ser se encuentra
una flor azul, un loto entreabierto
que ahora se ensancha, brillando,
para revelar un centro blanco puro.
Las ondas de energía se acumulan en él.
Su mano izquierda recoge la energía,
mientras la derecha permanece quieta,
lista para mandarla de nuevo.

Utiliza su mano derecha para dirigir las cartas,
para moverlas aquí y allá,
para interpretar para sí misma
sus significados.

A sus pies,
se abre una abertura en lo profundo de la tierra.
Ella hunde sus raíces fuertemente desde su robusto tronco,
buscando el alimento que necesita
de la Madre Tierra.
Espira
y las raíces se hunden más profundamente,
extendiéndose, alcanzando.
Inspira
y subiendo por sus pies y piernas
llega una sensación de solidez,

seguridad en sí misma,
compostura,
armonía con la naturaleza.
Espira e inspira de nuevo,
esta vez las corrientes ascendentes llenan
la flor azul en su corazón,
engrandeciéndola con las sensaciones.
Transformándose en una luz blanca y pura,
la corriente sube por su columna vertebral.

Espira.
Se derrama desde la parte superior de su cabeza
y reuniéndose con una
corona dorada sobre ella,
crea una lluvia de luz de arcoíris
que la envuelve por completo.

Se sienta encapsulada en un perfecto
óvalo de colores que fluyen y se mueven,
su mano izquierda receptiva a las corrientes externas
y su mano derecha preparada
para expresar lo que encuentre en las cartas que tiene delante.

Está sentada,
con los sentidos alerta,
con el cuerpo erguido pero relajado,
Los ojos mirando al frente,
oídos finamente sintonizados
a la suave, flotante
canción de la intuición.

Muchos escritores se han inspirado en las imágenes del tarot para escribir. Otros, como W. B. Yeats, aunque nunca utilizaron las imágenes directamente, encontraron en el tarot, según Kathleen Raine, «un medio para aprehender los aspectos inmutables y universales de la realidad».

Un amigo me contó hace poco cómo un amigo escritor y artista le regaló su primera baraja de tarot: «Me dio una baraja de cartas y un libro sobre ellas y me dijo: "Toma, todo buen poeta debería conocer el tarot por dentro y por fuera"» (Aethelaid Eldridge a Patrick Flynn).

A continuación, se enumeran algunos de los poemas e historias que se han inspirado en el tarot y sus imágenes. El poeta Robert Creeley utilizó la siguiente «imagen en palabras» de A. E. Waite para comenzar uno de sus propios poemas.

DE «ZERO: THE FOOL» (CERO: EL LOCO)
de Robert Creeley (citando a Waite)

«Con paso ligero, como si la tierra y sus trabas tuvieran poco poder para retenerlo, un joven ataviado con bellísimas vestimentas se detiene al borde de un precipicio entre las grandes alturas del mundo; contempla la distancia azul ante él, su extensión de cielo más que el panorama de abajo. Se aprecia su forma entusiasta de caminar, aunque en ese momento esté inmóvil; su perro sigue saltando. El precipicio que se abre en el borde no le provoca ningún temor; es como si los ángeles estuvieran esperando para sostenerlo, si llegara a saltar desde la altura. Su semblante desprende inteligencia y una ilusión esperanzada. Tiene una rosa en una mano y en la otra una valiosa varita, de la que sobresale sobre su hombro derecho una cartera curiosamente bordada. Es un príncipe del otro mundo que viaja por este, en medio de la gloria de la mañana, en el aire agudo. El sol, que brilla detrás de él, sabe de dónde vino, a dónde va y cómo volverá por otro camino al cabo de muchos días...».

—de *Pieces* (1969)

Los siguientes poemas, aunque siguen centrándose en una carta, cubren un espectro más amplio.

«Le Chariot» (El carro)
de John Weiners

Una llama arde en la mañana.
Es la bolsa vacía del caballo

que lleva el sol por el cielo
y enciende el amor que ciega tus ojos.

Convierte la noche en un mediodía infinito.
Cambia el rumbo de la luna sobrenatural

para cabalgar en tu corazón en lugar del cielo.
Esta es la carta que se lee como siete.

—de *The Voice That Is Great Within Us*
[La voz que es grande dentro de nosotros]
(editado por Hayden Carruth, 1970)

De «Six of Cups» (Seis de copas)
de Diane Wakoski

Poema en una carta.
Imaginar significa algo diferente cada vez.
Los dos niños que recogen flores en el alto jardín
amurallado, y las guardan en sus copas, deben ver que hay
una estrella,
al rojo vivo, que cayó del cielo, ardiendo sobre cada
recipiente,
pero no parecen ser conscientes de que esto altere el
contenido en forma alguna.
Se intercambian las copas;
quizás tocan las estrellas que flotan encima como galletas
calientes
o trozos de pan de jengibre recién salidos del horno.
Las copas son juguetes que se entregan unos a otros para
examinar y probar, orgullosos de su propiedad,
orgullosos de cada bonita estrella.

Si pusiera mi mano en una de ellas,
se desintegraría en un minuto hasta convertirse en un
trozo de carbón, sin que pudiera reflexionar ni retirar la
mano.
Tengo que mantener la mano alejada de esa estrella de
diez mil grados. Pero aUn así se reparten las copas,
sonriendo e inclinándose, regalando por amor
algo de lo que no necesito que me digan el valor.
Bien podrían entregarme la copa con una serpiente de
coral dentro
enroscada como un rostro esculpido.

—de *Inside the Blood Factory*
[En la fábrica de sangre] (1968)

¡THE EMPRESS #8! (LA EMPERATRIZ N.º 8)

(de «*The Tarot Deck*» [La baraja de tarot]),
de Diane Wakoski.
Para D. di P.

Esa serpiente que asoma bajo tu pie,
¿la estás pisando
o la proteges (bajo tu elevado arco del pie)?
¿Tienes ambos poderes o
solo la apariencia de ambos?

—de *Smudging* [Manchas] (1974)

«PRINCESS OF DISKS» [PRINCESA DE OROS]

de Diane di Prima

Hay todo un espectro de ella, que va
desde la dama verde con velo y hojas que gobierna
la selva, y rara vez levanta la mirada, hasta la
mujer del desierto, cuyo pelo rojo es la puesta de sol,
el cuerpo desnudo de arcilla y ojos que parecen vacíos
porque son el verde azulado preciso del cielo vacío del
desierto,

tras su cabeza el verde azul de la turquesa del atardecer
y sus pies
se desvanecen en la arena.
Es la mujer de la montaña que camina en el ocaso con la
piel y las ropas
y la túnica de gris plata y también la osa Wylfen,
la dríade, los pequeños
espíritus de los hongos.
Es un arcoíris de mujeres, pero no es todas ellas
La reina del hielo y la sirena pertenecen a su hermana, la
que lleva la copa, y hay otras invisibles,
o que se mueven demasiado rápido,
ella pertenece al espectro que ves.

–(Inédito)

DE THE QUEEN OF WANDS [LA REINA DE BASTOS]
de Judy Grahn

[...]
Soy la reina de bastos.
El pueblo me honra.
Soy la antorcha que sostienen sobre sus propias cabezas
mientras marchan como insectos
por miles de millones
hacia el sangriento mundo moderno,
sobre los cadáveres desechados de sus épocas pasadas,
siempre sosteniéndome, en lo alto o en sus brazos,
una llama en la mano de la estatua,
un haz de brasas
en sus doctrinas incendiarias, llamándome
cáliz de fuego,
luz esencial,
la Flama
y la materia de la que estará hecho su nuevo mundo.
Sophia (Helena) me llaman, iluminación,

«la luz de Dios», la sabiduría, el romance, la belleza, la
salvación,
«Libertad» y la edad de la razón.
Progreso, me llaman, revolución industrial,
«el gobierno del pueblo», el futuro, la era de la
electrónica, de Acuario, del hombre y la mujer corrientes,
la evolución, la energía solar y la autosuficiencia. La
autoexpresión sexual.
La fisión atómica, me llaman, la física, la relatividad,
los cálculos láser en un cielo infinito de la mente.
«Ciencia», me llaman, y también emoción, el aura de
telepatía y la responsabilidad social,
me llaman conciencia, «salud», y amor
me llaman, florecimiento de Helena.
Rubor en el rostro, y gracia.
[…]

          —de *The Queen of Wands* [La reina de bastos] (1982)

Se han escrito algunos poemas para describir las lecturas del tarot, como este de Duncan McNaughton:

La valla trasera,
la antigua cruz celta
reaparece en el otoño…, la Flor terminal:
la carta que representa el número cinco
dice que *la Muerte* está en lo alto, o se coloca para cubrir
la cabeza de quien sobrevive…

Con el mes de julio pasado, pero mi rosal vivo…
En la fase de seis, opuesta al jugador,
La Torre de Dios, abolida… Me sumerjo
herido, en alas de una oración dolida
hacia la tierra para entrar, a la casa de siete
sostenida por *el Diablo*: que la intercesión
se haga y espere entre el cielo del día
y la noche, negado destino señalado…

Mi estrella que me atrae solo a mí
permanece en el signo de su Trono vacío.

—de *A Passage of Saint Devil*
[Un pasaje de san Diablo] (1976)

«What Made Tarot Cards and Fleur de Lis» (Lo que creó las cartas de tarot y la flor de lis)
de Philip Lamantia

Lo que hizo las cartas del tarot y las flores de lis
trasporta mi corazón a las torres encadenadas.
La Sacerdotisa cartografía apocalipsis.
Las espadas se enganchan en los cabellos de las medusas.
Las mandolinas son mujeres en un jardín.
Escalaron el muro, cayeron de un muro.
Flores de lis iluminadas en un globo ocular
salieron del muro,
lucharon en una flor.
Simbologías sistematizadas de succiones de sudor
hicieron que la crueldad teatral extendiera las almas en
una pensativa
nube girando incentivos incendiarios ¡ENCENDIDO!
Llegaron a la PAZ
y se lamentaron en gavotas,
los monstruos enfriaron a sus madres
en cráteres burbujeantes,
los ángeles dejaron caer un botín leproso
en una estación elevada ennegrecieron la sangre
trepando por los muros.
Una flor de lis en un caballo de carga nadó
hacia el caballero vestido de luna,
su dama en un muro
violada,
la luna golpeada por las varitas
restalló en una campana, su dama agitó flores de lis en el
viento.

Las mandolinas
¡explotan en una bilis que llaman paz!
Los caballeros van soltando las espadas.
La Reina Triplicada en un muro resinoso
aparece
como flores de lis
luminiscentes bajo la carne quemada
de repente arrastradas por el vendaval
en
TAROTEADAS
vidrieras medievales.

—de *Selected Poems*
[Poemas selectos] (1943-1966, 1967)

Se han escrito numerosas novelas sobre el tarot o que lo utilizan en una escena. A continuación, se presenta un extracto de una novela sobre el tarot en la que, a medida que las cartas cobran vida propia, los personajes de la novela adquieren proporciones míticas.

DE *THE GREATER TRUMPS* (LOS MAYORES TRIUNFOS)
de Charles Williams

Las cartas temblaron en sus manos; volvió a mirarlas y, de repente, una de ellas flotó en el aire y cayó lentamente hacia el suelo; salió otra, y luego otra, y así siguieron en una suave y persistente lluvia. No trató de retenerlas; sabía que si lo hubiera intentado, no lo habría conseguido. Las figuras que tenía ante sí aparecían y desaparecían, y a medida que cada una se mostraba, en una convolución en espiral, alguna carta de las que aún retenía se deslizaba y daba vueltas y vueltas y caía hasta desaparecer de su vista en la niebla que no cesaba de arremolinarse.

Ahora eran cosas enormes, como si las grandes hojas de algún árbol aborigen, el sagrado árbol *bodhi* bajo el cual nuestro Señor Gautama alcanzó el nirvana o ese sueño del norte de Igdrasil o los olivos de Getsemaní, estuvieran descendiendo desde el racimo alrededor del cual sus manos estaban apretadas. Los parecidos no estaban en su mente, pero sí lo estaba el sentido del destino, y la visión de las hojas que caían lenta, lentamente, arrastradas con suavidad por un viento que daba vueltas y que también la tocaba a ella a su paso, y hacía volar la nube dorada ante sí. Se desvaneció al mirar; las grotescas manos que se extendían no eran seguramente las de Nancy Coningsby, sino las de una forma gigante que ella no conocía. Con un esfuerzo, apartó los ojos de la visión y miró delante de ella, solo para ver con más certeza a las bailarinas. Y estas ahora habían multiplicado por veinte su altura inicial; eran maniquíes, duendes, grotescos, pero vivos. Más claramente visible que ninguno de los anteriores, un repentino grupo mezclado surgió de la niebla ante ella. Tres formas estaban allí, con sus brazos izquierdos en alto y las puntas de los dedos tocándose, girando alrededor de un centro común; ella las conoció mientras miraba: la reina de los cálices, sosteniendo una copa contra su corazón; y la figura desnuda del campesino Muerte, con su hoz en la mano derecha; y una forma aún más ominosa, el conjunto de los egipcios, con la cabeza de burro, y los cautivos encadenados a él, el poder de la malicia infinita. Daban vueltas y vueltas, cada vez más rápidas, y cada una de ellas parecía extender hacia ella el símbolo de sí misma que portaba; y la música que había estado todo este tiempo en sus oídos se elevó con el chillido de un tremendo vendaval, que se volvió frío y terrible a su alrededor. El chillido era aún más fuerte; el viento feroz golpeaba con más violencia contra ella. El frío la golpeaba y la mordía; estaba sola y con las manos vacías, y el sombrío viento moría; solo veía los últimos fragmentos de la dorada niebla soplados y conducidos sobre ella. Pero al pasar, y al darse cuenta jadeante de que su amante y sus amigos estaban cerca, le pareció por un momento ser el centro de aquel último compás; las tres bailarinas giraban a su alrededor, sus manos izquierdas se tocaban sobre su cabeza, separándola y encerrándola. Algún conocimiento le llegó al corazón, y este le dolió en respuesta, un dolor sordo a diferencia de su gloriosa agonía cuando casi se rompía con la carga del amor. Existía y cesaba.

La voz de Henry dijo desde detrás de ella: «Buena suerte, querida. Vamos a ver las cartas» [...]

—de *The Greater Trumps*
[Los mayores triunfos] (1950)

En esta selección final, se utilizó una lectura de tarot para crear la trama y los personajes de una novela romántica. Luego, la lectura se incorporó a la historia misma. A lo largo de la escritura de la novela, los dos autores sacarían cartas periódicamente o harían lecturas adicionales para aclarar los motivos de los personajes y desarrollar aún más la trama. La historia es de una mujer, que después de la muerte repentina de su esposo se muda al otro lado del país a una casa que él estaba construyendo para ella en la playa de Carmel. Allí descubre sus propias habilidades creativas y pierde el miedo a estar sola. Esto es de su lectura original del tarot tal como aparece en el libro, lo que demuestra cómo se desenvolvió la trama para los autores.

DE *QUEST OF THE HEART* (LA BÚSQUEDA DEL CORAZÓN) (INÉDITO)
de Cybil Damien (Kathleen Goss y Dori Gombold)

—Ahora, veamos el flujo de energía en tu vida en este momento —prosiguió Mara—. Algo está en proceso de fluir, ¿y qué es? —Con una dramática floritura dio la vuelta a la carta de la derecha para revelar una figura lúgubre con una capa negra que miraba hacia abajo a tres copas volcadas, mientras que detrás de él dos copas llenas permanecían desatendidas.

—El cinco de copas, Ellen. Ya ves que te estás preparando para quitarte ese manto negro de luto que te sujeta al pasado. Cuando lo hagas, podrás darte la vuelta y enfrentarte al futuro y a las copas llenas que te esperan...

—Pero ¿qué hay en las dos copas? —preguntó Ellen entusiasmada, aunque con un poco de aprensión.

—Soy consejera, no adivina. Recuerda que el futuro es muy fluido, muy maleable. Lo sostienes en tu mente de la misma manera que un alfarero sostiene un jarrón en su torno: moldeándolo, dándole forma hasta que lo colocas en el horno, donde se endurece. Es entonces cuando el futuro se convierte en presente. Hasta entonces, te corresponde a ti crearlo. Pero fíjate bien en esta carta. —Se la tendió—. Mira los símbolos del fondo. Hay una casa cerca del agua y un puente. Los puentes simbolizan la transición. Estás dejando un lugar de luto y vas a un lugar que te ofrece una nueva vida. Y hay una casa: la casa será un catalizador.

Ellen respiró con fuerza.

—Sí, hay una casa, en la playa de Carmel. He venido a verla.

—La casa traerá cambios a tu vida. Puede que te asuste al principio, porque representa lo desconocido, pero no debes tener miedo; el cambio será para mejor.

—Y ahora —dijo Mara, dando la vuelta a la carta de la izquierda, la última que quedaba—, veamos lo que se prepara para llegar a tu vida. Y ahí está, el caballero de bastos.

Los autores eligieron tomar la aparición del caballero de bastos de forma bastante literal. Aparece en escena una figura elegante, montando un caballo por las arenas de la playa de Carmel.

Contar tu propia historia

He aquí algunas ideas para conocer mejor el tarot y, al mismo tiempo, para escribir historias.

El cuento del Loco

Por lo general, los cuentos de hadas tratan sobre el más joven de la familia o sobre el hijo único, o un simplón, un tonto al que se le encomienda alguna tarea importante. Al final, tiene éxito gracias a su ingenuidad e inocencia y a su amabilidad, especialmente con los animales (que son sabios y serviciales). Suele contar con la ayuda de dones mágicos otorgados por las criaturas y personas a las que ha ayudado. El premio suele ser el matrimonio (si es varón) con la hija de un rey, y así se convierte en el rey y sabio gobernante de la tierra, o (si es mujer) con el Príncipe Azul, y «viven felices y comen perdices» en un reino lejano. El matrimonio restablece el orden en la sociedad y representa la recuperación del equilibrio.

Escribe un cuento de hadas sobre un loco utilizando de algún modo las imágenes de esta carta: ¿quién es? ¿Por qué lleva una vestimenta tan extraña? ¿Cuál es la tarea y por qué hay que realizarla? ¿Qué contiene la bandolera? ¿Por qué la rosa y la pluma roja? ¿Qué papel juega el perro? ¿Por qué está el Loco al borde de un precipicio? ¿De dónde viene y a dónde va?

Un cuento utilizando los palos de la baraja

Este ejercicio permite comprender mejor la secuencia de las cartas de los palos de los Arcanos Menores.

Escoge cualquier palo e inventa una historia ilustrada, basada en las cartas del mismo palo en orden del as al diez. Las cartas de la corte pueden utilizarse como personajes de la historia si lo deseas.

Crear una trama

Deja que las propias cartas creen una trama para un cuento o una novela. La tirada de la cruz celta funciona bien para esto.

Escoge una carta de la corte para representar al personaje principal o elige al azar una de entre las dieciséis cartas de la corte. La carta que has elegido para tu personaje principal es: _____
_____.

¿Qué tipo de historia va a ser? (Misterio, romance, comedia, aventura, fantasía, etc.): _____

Baraja todas las cartas mientras piensas en crear una historia para este personaje. Córtalas y colócalas en una tirada de la cruz celta. Puedes pasar un buen rato y acabar con una historia interesante si interpretas las cartas lo más literalmente posible. Por ejemplo, si sale el caballero de bastos, puedes hacer que aparezca en escena un tipo pelirrojo montado en un caballo o en un Porsche rojo. Una vez que hayas colocado tus cartas, escribe el argumento en los espacios que siguen.

LAS CARTAS 1 y 2 son_____ y _____ describen el conflicto básico:

LA CARTA 3 _____ representa algo que el protagonista no sabe, que está en la base del asunto:

LA CARTA 4 _____representa algo de su pasado que debe dejar pasar:

LA CARTA 5 _____representa lo que está en su mente:

LA CARTA 6 _____ representa lo que viene después:

LA CARTA 7 _____ representa la imagen de sí mismo del protagonista:

LA CARTA 8 _____ representa el entorno:

LA CARTA 9 _____ representa la lección que debe aprenderse, el cambio que debe experimentar el personaje:

LA CARTA 10 _____ sugiere el final:

Decídete por el estilo y la forma, añade otros personajes y acontecimientos, desarrolla el argumento básico y ya tienes tu historia original.

Epílogo

Escribe tu propio epílogo. Al principio, se te pidió que definieras el tarot como lo veías en ese momento y que proyectaras lo que te gustaría aprender trabajando con él. Ahora es el momento de revisar lo que has aprendido y evaluar su valor en tu vida. No es necesario que hayas leído o hecho todos los ejercicios que se dan aquí. El hecho de que estés leyendo esto ahora te capacita para responder a las preguntas ahora y siempre que quieras volver a hacerlo en el futuro. ¿Es el tarot una herramienta que seguirás utilizando, y si es así, de qué manera? Solo tú puedes decidir lo que vendrá después de este libro.

Fecha: _____

¿Ha cambiado tu definición personal del tarot? ¿Cuál es ahora?

¿Qué métodos y técnicas te han resultado más útiles? (¿Y por qué crees que te funcionan mejor que otras?).

¿Con qué métodos, técnicas o ideas no estuviste de acuerdo o decidiste no utilizarlos? ¿Por qué?

¿Cuáles fueron algunas de las cosas más notables que aprendiste al emplear este libro?

¿Qué te gustaría hacer con el tarot en el futuro?

La interpretación de las cartas

Las siguientes interpretaciones de las cartas están diseñadas para ayudarte a identificar las áreas específicas de tu vida y tu psique que están relacionadas con las situaciones representadas en tus lecturas. Lo mejor es aprender los significados de las cartas en su contexto, no memorizando cada una de ellas.

Sin embargo, está bien que sigas ampliando tus conocimientos y estudies tanto las obras nuevas como las clásicas sobre el tarot.

Palabras clave

Cuando busques una carta, lee las palabras clave y los conceptos, y busca aquellas interpretaciones que parezcan relacionarse especialmente con tu situación. Escribe tus palabras clave favoritas en los márgenes.

Preguntas

Lee las preguntas, anotando las imágenes que te vienen a la cabeza en respuesta a cada una de ellas. Céntrate en las preguntas que más se ajusten a la situación sobre la que estás preguntando. Respóndelas de la manera más concreta y específica posible, modificando la información para la posición en la que aparece en la tirada (pasado, presente, futuro, yo, otros, etc.).

Afirmaciones

Se proporcionan ejemplos de afirmaciones para ayudarte a sacar el máximo partido de cada carta. Crea tus propias afirmaciones basándote en las cualidades que admiras en cada una de ellas y en lo que quieres manifestar en una situación concreta.

Fechas de las cartas

Anota la fecha de tu lectura en este cuaderno junto a cada carta que hayas recibido. Así, podrás ver qué cartas recibes y con qué frecuencia, durante cualquier periodo de tiempo. También sabrás cuándo dejan de tener importancia, qué cartas no has recibido todavía y cuándo aparecen por primera vez. Las que aparecen con frecuencia en un periodo determinado son aquellas con las que quizás deberías trabajar más para descubrir lo que tienen que enseñarte. También es posible indicar la posición en una tirada mediante códigos sencillos, como «CC4» para la posición n.º 4 de la cruz celta o «B» para la posición del cuerpo de la tirada de tres cartas.

Sácale el máximo partido a cada carta

Al realizar los ejercicios de los capítulos uno y dos, habrás comprobado que las imágenes de las cartas contienen claves de sus significados. La baraja específica que utilices debe influir en tus interpretaciones si estás leyendo las imágenes. La siguiente lista resume algunas de las sugerencias dadas anteriormente en este libro. Antes o después de buscar interpretaciones, puedes:

1. Describir sencillamente en tus propias palabras lo que ves representado en la carta.
2. Convertirte en un personaje de la carta y hablar de quién eres y de lo que ocurre. Utiliza la primera persona del singular, en tiempo presente.
3. Dialogar con las figuras de las cartas utilizando la escritura intuitiva.
4. Hacer asociaciones libres y emplear la escritura intuitiva al referirte a las imágenes de la carta.
5. Expresar las primeras impresiones y reacciones sensoriales que se produzcan al ver las cartas.

6. Dar significado a los números, colores, formas y símbolos de las cartas. Luego entrelazar los significados individuales de los símbolos para formar un gran conjunto compuesto.

7. Pensar en proverbios, refranes y expresiones que encajen con el nombre o la imagen de una carta. Por ejemplo, el cinco de pentáculos muestra a dos personas «expuestas a la intemperie».

8. Mantente siempre abierto a las ideas o asociaciones descabelladas que te vengan a la cabeza. Analiza detenidamente las «instantáneas» que surjan en tu mente, casi como si fueran fotos familiares, aunque no parezcan relevantes al principio.

Estas mismas sugerencias se aplican a la comprensión de la relación entre dos o más cartas.

Personaliza las interpretaciones

Utiliza los márgenes para anotar otras interpretaciones de las cartas que quieras recordar o afirmaciones personales y para cambiar los significados que no te sirvan.

Correspondencias

Cada carta de los Arcanos Mayores tiene una correspondencia astrológica de planeta o signo y su letra hebrea correspondiente, que normalmente se indica debajo del nombre de la carta. Cada uno de los Arcanos Menores está asociado a un planeta de un signo, y cada carta de la corte está relacionada con una combinación de dos de los elementos tierra, aire, fuego y agua. En estas correspondencias he seguido en su mayoría las designaciones de la Orden Hermética de la Aurora Dorada. Para más información sobre las correspondencias de los Arcanos Mayores, consulta el apéndice C. No dudes en sustituirlas por tus propias correspondencias, si difieren.

Los Arcanos Mayores

0
El Loco

Urano   *Aleph*

Salto hacia una nueva fase de la vida. Espíritu libre. Despreocupado. Estar abierto a la experiencia. Actuar por impulso, sin pensar ni planear. Espontaneidad. Algo inesperado o no planificado. Entusiasmo infantil. Inocencia. Ausencia de inhibiciones. Libertad de movimientos y de fantasía. Hacer el tonto. Frivolidad. Locura. Tu elección les podría parecer insensata o precipitada a los demás. Confiar en el universo. Sin sensación de preocupación o miedo. Sentirse protegido. Experimentar la vida en el aquí y el ahora, de momento a momento. Optimismo. Viajar y vagabundear. Espera lo inesperado con esta carta.

INVERTIDA: no asumir riesgos. Convencionalismo temeroso. Libertad restringida. Falta de aventuras o viajes. Jugar a lo seguro. Falta de confianza. Inmadurez. Irresponsabilidad. Estúpido. Malas decisiones. Imprudencia. Indigente. Caída potencial. Pereza. Inquietud. A la deriva. Remordimientos vanos. No hacer caso a las advertencias. Errores. No seguir los instintos. Descuido. Indiscreto. «Cubrirse las espaldas». Avergonzado. Eterna juventud (*puer*). Comportamiento inadecuado e infantil. Un niño con problemas. Un simplón cándido.

PREGUNTAS QUE HAY QUE RESPONDER:

¿En qué área de tu vida estás operando completamente con fe y confianza? ¿Hacia dónde te diriges? ¿Qué es lo que te hace sentir estúpido? ¿Qué te gustaría hacer si pudieras hacer lo que quisieras?

EJEMPLO DE AFIRMACIÓN:

«Todas las posibilidades están a mi alcance mientras vivo sin límites el aquí y el ahora».

1
El Mago

Mercurio *Beth*

La conciencia. El sentido de sí mismo. Centrar la atención en un proyecto o un objetivo. Unicidad de propósito. Compromiso. Tener el control. Destreza. Capacidad. Habilidad manual. Astucia. Ingenio. Claridad. Picardía. Capacidad de organización. Manipulación de la naturaleza y de los demás para aprovechar sus energías. Poderes mágicos y ocultos. Comunicación. Utilización de las habilidades de escribir, hablar y persuadir. El *animus*, o el concepto de uno mismo.

INVERTIDA: no ser capaz de hacer algo por sí mismo. Falta de habilidades. «No es mi culpa». Distraído. Indecisión. Intenciones poco claras. Voluntad débil. Exceso o falta de confianza. Empezar cosas que no se pueden terminar. Engaño. Subterfugios. Estafas. Charlatán. Actuar por detrás. Aislamiento inoportuno. Desarrollo interior. Cultivar el jardín interior. Tensión nerviosa. Mago o curandero. Alterar la conciencia a voluntad. Ver a través de la ilusión.

PREGUNTAS QUE HAY QUE RESPONDER:

¿Dónde concentras tu energía? ¿Tienes claros tus objetivos? ¿Qué habilidades y capacidades son necesarias en esta situación? ¿Cómo te comunicas con los demás? ¿Qué quieres que crean o vean los demás?

EJEMPLO DE AFIRMACIÓN:

«Soy un canal dispuesto para la manifestación del espíritu en el mundo».

2
La Suma Sacerdotisa

Luna *Gimel*

Profunda sabiduría interior. Conocimiento interior. Buen juicio. Capacidad psíquica o mediúmnica. Conocimiento esotérico. Acceso al Akasha. Independencia. Autonomía. En retiro tranquilo. Aislamiento. Objetividad. Receptividad. Misterio o secreto. Algo oculto. Algo en la memoria que hay que mirar. Recuerdo. Sueños. Viajes astrales. El *anima*, o el sentido femenino del ser. Buscar orientación y consejo, especialmente de una mujer. Prestar atención a los ritmos y ciclos naturales del cuerpo y las emociones. Los hábitos. El ciclo menstrual. Los estados de ánimo y el carácter cambiante. Pensar por comparación y contraste, pros y contras.

INVERTIDA: dificultades para acceder a la intuición, a los sueños, a los sentimientos. Volverse más sociable o activo sexualmente después de un período de aislamiento. O bien estar más retraído y solo. Frialdad. Superficialidad. Insinceridad. Comportamiento profesional. Tímido o libertino. Pasión. Traición de una mujer. Encuentro sexual no deseado. Secretos revelados. Confidencias rotas. Enfadado. Agitación. Problemas menstruales. Ciclos interrumpidos. Cambios de humor. Rituales de luna nueva. Brujería. Trabajo de trance. Posesión de espíritus.

PREGUNTAS QUE HAY QUE RESPONDER:

¿Qué ritmos o ciclos necesitas conocer? ¿Qué conocimientos buscas? ¿Qué necesitas recordar o «descubrir»? ¿Qué estás ocultando? ¿Es apropiado hacerlo? ¿Cómo puedes utilizar mejor tus habilidades intuitivas, psíquicas u oníricas en este momento? ¿Quién busca tu consejo, o a quién buscas tú?

EJEMPLO DE AFIRMACIÓN:

«El conocimiento que busco está dentro de mí esperando mi pregunta».

3
LA EMPERATRIZ

Venus   *Daleth*

Impulsos maternales. Tu madre u otra mujer en tu vida que sea cariñosa y maternal. La Madre Tierra. Enraizamiento de tu energía. El *anima*. Inspiración artística y estética a través de una mujer. Un flujo de pensamiento y acción creativos, pero a menudo indisciplinados y con necesidad de poda y organización. Fertilidad. Creación de nuevas combinaciones. El deseo de dar luz a algo extraordinario. Conciencia de tu propio sentido de la belleza y la gracia. Atracción y encanto.

Autocomplacencia. Ver la abundancia y la armonía en todo lo que te rodea. Prosperidad. Atención al cuerpo, a los sentidos. Promoción de la buena salud para el crecimiento y el bienestar.

INVERTIDA: madre envolvente o ausente. No querer ser como la madre. Vanidad. Autocomplacencia. Rechazo de los roles y valores femeninos tradicionales. Dificultades reproductivas. Ser demasiado egoísta o excesivamente dadivoso. Extravagancia. Veleidad. No cuidar la salud o el cuerpo. Desaprovechar el amor o el apoyo. Falta de poder. «Síndrome del nido vacío». Sentirse inútil. Crecimiento desenfrenado, insano y excesivo. Transgresiones sociales. Creatividad frustrada. Fuerza bruta e inculta de la naturaleza. Madre interiorizada. Autoalimentación.

PREGUNTAS QUE HAY QUE RESPONDER:

¿Cómo se emplean tus cualidades de crianza y maternidad en este momento? ¿Qué proyectos creativos están creciendo y desarrollándose? ¿Qué atraes hacia ti? ¿Quién te inspira y te nutre? ¿Cómo disfrutas de tus sentidos?

EJEMPLO DE AFIRMACIÓN:

«Soy un jardín fértil en el que la creatividad se nutre hasta dar sus frutos».

4
EL EMPERADOR

Aries   *He*

Figura paterna. El *animus*. El jefe. El rey. Una influencia masculina, o tu macho interior. El dominio de las cosas. Un dictador benévolo y la seguridad que conlleva su mandato. Un ejecutivo familiarizado con el poder. Un liderazgo establecido. Ambición por alcanzar la cima del éxito. Poder para lograr las ambiciones. Autoridad. Confianza. Afirmación. Empezar e iniciar cosas nuevas. La acción como camino hacia la realización. Vida, pasión, visión. Ordenar, planificar, construir. Ordenar los pensamientos y las energías. Buscar la estabilidad. Experimentar la totalidad y la unidad dentro del yo; integración de los elementos, las cuatro funciones, etc. Represión de los impulsos naturales por el bien de la sociedad. Creación de una situación estable en la que funcionar. Proteger y apoyar algo o a alguien. Posesión. La propiedad. Considerar los recursos naturales y humanos como materia prima para la construcción. Apoyarse en la razón, el poder y la estabilización.

INVERTIDA: autócrata. Tiranía farisaica. O bien cobardía débil y poco varonil. Rechazo de las características masculinas convencionales. Padre ausente o no disponible. No protege. Confianza traicionada. Ineficaz. Líder fracasado. Héroe caído. Falso orgullo. Bufón. Reino derrocado. Vacilación. Pérdida de control. Fuerza excesiva. Rigidez paralizada. Exceso de confianza en la realidad y la lógica. Exceso de crítica y juicio. Competitivo. Dominación despiadada. Problemas de virilidad. Inmadurez. Senilidad. Padre interiorizado. La autoridad sobre uno mismo. Rey herido.

PREGUNTAS QUE HAY QUE RESPONDER:

¿Dónde están tus ambiciones? ¿Qué estás organizando, construyendo, haciendo? ¿Qué tipo de emperador eres, energético e imaginativo, o rígido y poco receptivo? ¿Quién establece las directrices, los parámetros y las estructuras en tu vida? ¿Quién tiene el poder y la autoridad, y cómo los utiliza?

EJEMPLO DE AFIRMACIÓN:

«Tengo el poder y la disciplina para alcanzar mis mayores ambiciones».

5
EL PAPA

Tauro   *Vau*

Un maestro, figura del alma o mentor. Orientación intuitiva. Enseñanza y educación, especialmente la educación en las tradiciones de la propia sociedad. Comunicar y enseñar a otros lo que se ha aprendido. Dar o recibir consejos. Seguir a un gurú, sistema, filosofía, tradición o sistema ético. Disciplina espiritual. Las normas de obediencia y lealtad a un gurú, organización, trabajo, país, etc. Bendiciones. Identificación con una cultura o cualquier tipo de grupo que conlleva el acatamiento de sus creencias y reglas. Conformidad. Comprensión de las normas y los reglamentos de la jerarquía existente. Aprender a jugar el juego. Te impulsa a buscar una autoridad en el campo, a hacer nuevos aliados. Afirmación de las leyes morales del bien y del mal. Moralidad convencional. Seguir las reglas interiorizadas de una cultura. Escuchar los dictados de su conciencia. Sentirse oprimido por los «deberes» y los «deberías» de la vida. Represión del pensamiento libre, lo que te hace reaccionar de forma poco ortodoxa, ideas nuevas y revolucionarias, credulidad. Sentirse traicionado por el sistema. Problemas relacionados con la conciencia pública frente a la privada.

INVERTIDA: resistencia a la autoridad. Desafiar los preceptos morales. Rechazo de las tradiciones religiosas. El «extraño». Falta de ortodoxia. Iconoclasta. Confrontación con lo establecido. Ruptura con la tradición. Mala conciencia. Pecados. Inmoralidad. Falta de ética. Sin principios. Excomunión. O demasiado rígido y dogmático. Santurrón. Hipócrita. Aferrado a costumbres anticuadas. Gran inquisidor. Fe ciega. Falta de convicción. Timidez en la defensa de las creencias. Atrapado en un dilema. Divorcio. Caída de un gurú o maestro. Eficacia en los rituales ocultos.

PREGUNTAS QUE HAY QUE RESPONDER:

¿A quién buscas para que te ayude, dirija o enseñe? ¿Qué ley o norma crees que has transgredido? Es más, ¿quién te pediría cuentas? ¿Qué tradiciones defiendes? ¿Contra qué tradiciones te rebelas? ¿Qué estás aprendiendo?

EJEMPLO DE AFIRMACIÓN:

«Solo comprometo mi obediencia donde y cuando mi ser superior me lo indique».

6
LOS ENAMORADOS

Géminis   *Zain*

Síntesis. Combinación de elementos de la cabeza y el corazón, el sentimiento y el intelecto. La unión de lo divino en nosotros y en el universo. La unión de los opuestos. Pensar en la relación. Trabajar con un socio, o prepararse para la asociación. Tus relaciones reflejan tu propia sensación de valor; lo que sientes por ti mismo puede verse en la forma en que tu pareja se relaciona contigo. Elegir entre la seguridad y un riesgo de algún tipo, o entre lo viejo y lo nuevo. Entre algo respetable, pero aburrido, y algo muy deseado, pero moralmente impropio. Responsabilidad. Asumir la responsabilidad de tu elección y tus acciones. Utilizar el libre albedrío. Liberarse de las inhibiciones, la culpa, los condicionamientos o las ataduras. Amor que solo puede existir en ausencia de restricciones. Reconocimiento de la dualidad. Decisiones equilibradas que requieren que mente consciente y subconsciente estén de acuerdo. Implicación en un proceso de cooperación. Reconocimiento de las características masculinas y femeninas de uno mismo y de los demás. Necesidad de integrarlas dentro de uno mismo.

INVERTIDA: unión intangible, no en el plano físico. No hay relación. Dificultades en la relación. Divorcio. Separación. Desencuentros. Problemas de comunicación. Amor no correspondido. Seducción. Incompatibilidad sexual. Infidelidad. Hedonismo. Tentación. Manipulación. Falta de discriminación. Malas elecciones. Indecisión. Culpabilidad. Desobediencia. Supresión de la individualidad y la libertad. Equilibrio entre lo masculino y lo femenino interior. «Matrimonio sagrado». Amante del demonio. Amante de sí mismo.

PREGUNTAS QUE HAY QUE RESPONDER:

¿En qué relación significativa estás involucrado? ¿Cómo refleja esta relación tu propio sentido de la autoestima? ¿Qué elección o decisión tienes que tomar? ¿Qué responsabilidad tendrás que asumir a partir de tu decisión? ¿Qué debe combinarse, sintetizarse o reunirse?

EJEMPLO DE AFIRMACIÓN:

«Elijo estar libre de inhibiciones, culpas y ataduras en todas mis relaciones».

7
EL CARRO

Cáncer   *Cheth*

Autocontrol. Autodisciplina. Victoria sobre los instintos. Controlar con éxito alguna situación gracias a la fuerza de su personalidad. Confianza, optimismo y fe en tus propias capacidades. Bravuconería. Control de tu entorno físico y de tu cuerpo. Control sobre la naturaleza mediante la fuerza de voluntad o la tecnología. Tener un sentido de la dirección, un plan. Aprovechamiento de todas las fuerzas para lograr tu objetivo. Una fuerte división entre tu trabajo y tus sentimientos. Reflejas las acciones y los sentimientos de quienes están a tu alrededor. Al ser extremadamente receptivo y sensible a las emociones que te rodean, necesitas tu armadura de autoprotección, por lo que te pones una máscara de desapego. Desarrollo de la personalidad: la máscara exterior que se presenta al mundo. Tu identidad en el mundo. Tu máscara del ego. Poner a prueba lo que has aprendido. Desafiarte a ti mismo y tus habilidades. Depender de tu capacidad y tus habilidades para superar los retos de forma instintiva. Emprender un viaje, especialmente de desarrollo personal. Progresar. Contradicciones y tensiones no resueltas que se ponen bajo control. Imaginarte a ti mismo más allá de las limitaciones humanas. Orgullo. Arrogancia. Exaltación del ego por el éxito y la popularidad. Victoria. Dominio. Conquista. Triunfo.

INVERTIDA: presumir demasiado. Exceso de confianza. Imprudente. Irresponsable. Problemas con el coche. Problemas con el viaje. Retrasos y cancelaciones. Desviación de los objetivos. Conflictos por ideas opuestas. Perder el tiempo. No llegar a ninguna parte. Energía dispersa. Descontrol. Enfado. Agitación. Alboroto. Violencia. Disturbios. Accidentes. Derrota en la competición. Poder usurpado. Complots. El fin justifica los medios. Inflación del ego. Intimidación. Rebelión. Trabajo entre bastidores. Quedarse en casa. Centrarse en el viaje interior. Viaje astral. Viaje del héroe. Guerrero espiritual.

PREGUNTAS QUE HAY QUE RESPONDER:

¿Qué máscara (persona) estás presentando al mundo? ¿Qué reacciones emocionales escondes? ¿Qué contradicciones y tensiones tratas de controlar? ¿Dónde has experimentado una victoria o un éxito reciente en tu vida? ¿Qué progresos estás haciendo para poner a prueba tus capacidades en el mundo?

EJEMPLO DE AFIRMACIÓN:

«Encauzando todas mis fuerzas hacia mi propósito y controlando mis miedos, afronto victoriosamente mis retos».

8
LA FUERZA/EL DESEO

Leo   *Teth*

El amor como fuente de fuerza. Encontrar la fuerza para comenzar o continuar con algún proyecto difícil a pesar del miedo y la tensión emocional. Fuerza para aguantar a pesar de todos los obstáculos. El impulso o la voluntad de sobrevivir. El deseo de vivir. Tratar de mantener las emociones bajo control; aprender a manejar situaciones emocionales intensas con calma. Actuar con pasión y tener fuertes deseos. Emociones intensas. Sexualidad. Amor por lo que se hace. Entusiasmo. «Deseo» por tu propia creatividad. Valentía para asumir riesgos. Abundancia de energía vital. Reconciliar los opuestos o hacer las paces con un enemigo e integrar energías dispares en una fuerza formidable. Luchar con un problema que requiere perseverancia para resolverlo. Aprovechar la energía natural para trabajar en armonía con ella. Amar sin juzgar. Aprender a amar a la bestia. Liberarse de las fuerzas de la represión. Comprender a los demás siendo capaz de imaginarse en su lugar. Coraje y perseverancia.

INVERTIDA: temeroso de las pasiones, los impulsos, los instintos. O bien excesivamente audaz y atrevido. Despotismo. Tiranía. Sobrestimación de las capacidades. El intelecto y el instinto están en desacuerdo. Corazón que no está en algo. Falta de valor o perseverancia. Desinterés. Abrumado por fuerzas fuera de tu control. Dominar o subyugar a los demás. Tímido. Sumisión. Adulador. Orden de jerarquía. Juegos del gato y el ratón. Pasiones negadas. Sentimientos estrangulados. Fracaso. Cobardía. Instintos mal utilizados. Síndrome premenstrual. Sofocos. Problemas de corazón y sangre. Tantra. Encantamientos. Aliados animales. Curación vital.

PREGUNTAS QUE HAY QUE RESPONDER:

¿Cómo de fuerte es tu amor? ¿Cómo se te pide que muestres valor y perseverancia? ¿Qué deseas crear? ¿Qué pasiones internas necesitan ser expresadas y reconciliadas? ¿Qué es lo «natural» o instintivo?

EJEMPLO DE AFIRMACIÓN:

«Persevero con valentía en la reconciliación amorosa de mis seres inferiores y superiores».

9
El Ermitaño

Virgo   *Yod*

Retirada. Soledad. Alejamiento o abandono de las convenciones por convicción interior. Búsqueda de algo. Investigación. Preocupación por los detalles. Examinar algo oculto o escondido. Paciencia. Búsqueda de una visión. Un viaje. Programación. Gestión del tiempo. Prudencia. Necesidad de planificar y tomarse las cosas con calma, tanteando el terreno con cuidado. Dominio de lo que se ha trabajado. Un maestro o guía que te ayude en tu búsqueda interior. Ayuda y consejo de un maestro, gurú, consejero, amigo. Instrucción de un experto en su campo, o que actúe como guía para otros. Prudencia, cautela, discreción. Tiempo para observar, pero guardar silencio. Abstenerse de hacer comentarios. Hacer planes en secreto. Introspección. Finalización de un ciclo. Madurez. Interés por la enfermedad y la salud: hipocondríaco o curandero.

INVERTIDA: no estar solo. Búsqueda de relación o sentido. Insociable. Recluido. O bien deseoso de compañía. Retirarse. Abandono. Problemas con los mayores, el maestro o el gurú. Malos consejos. Excesivamente perfeccionista; o bien incauto, imprudente, extravagante. No ser circunspecto. Pericia exagerada. Desaprobación. Crisis de la mediana edad o del final de la vida. Miedo a envejecer. Inmadurez. Nostalgia. Mojigatería. Cascarrabias. Amargado. Intolerante con la juventud. Estudios genealógicos. Defectos o potenciales ocultos. Disfraz. Votos. Filósofo. Guía de almas.

PREGUNTAS QUE HAY QUE RESPONDER:

¿Qué haces con el tiempo que tienes para ti? ¿Qué buscas? O ¿qué necesitas saber? ¿Quién puede ayudarte a averiguarlo? ¿Qué preocupaciones sobre el tiempo tienes? ¿Qué necesitas callar? ¿Qué sería lo más prudente? ¿Qué necesitas completar?

EJEMPLO DE AFIRMACIÓN:

«Sigo pacientemente la guía de mi yo superior en el camino hacia la iluminación».

10
LA RUEDA DE LA FORTUNA

Júpiter   *Kaph*

Las leyes del karma y la reencarnación. Las consecuencias naturales de nuestros actos. Ciclos y puntos de inflexión (como el retorno de Saturno). La iniciación. Encontrar ciclos y motivos recurrentes en tu vida. Cambios en tus circunstancias vitales (en los que no has tenido elección). Optimismo. Generosidad. Azar. Adaptación al cambio. Un cambio de suerte. Mudanza o cambio de trabajo. Ampliación de las situaciones en tu vida, que trae nuevos recursos, personas, dinero. Suerte. Una ganancia inesperada. Reconocimiento por algo que has hecho. Salir a la luz. Tener un foco o propósito central alrededor del cual todo gira. O bien estar estancado en la rutina. Preguntar al oráculo o pedir que te lean el destino. Los comienzos y los finales, el cambio de estación. El pensamiento circular. La arrogancia. Orgullo excesivo. Extravagancia; exceso de indulgencia.

INVERTIDA: sigue siendo beneficioso, pero algo inestable. Dificultades o resistencia al cambio. Bloqueado. Estancado. Retrasos. Parada-arranque. Efecto «yoyó». Fluctuaciones. Ansiedad. Resultado desconocido. Imprevisibilidad. Esfuerzos prematuros. Inmadurez. Mal momento. Fuera de temporada. Tener que rehacer o repetir. Cambios no resueltos. Una rueda de molino. Crecimiento y expansión demasiado rápidos. Superávit. Descuido. Negligencia. Exceso de prudencia. Inflexibilidad. Lentitud. Negatividad. Oportunidad perdida. Mala suerte. Mal karma. Caída del poder. Ganancias o pérdidas inesperadas. Recaídas. Trastornos estacionales.

PREGUNTAS QUE HAY QUE RESPONDER:

¿Qué cambios de vida experimentas? ¿Cómo te estás adaptando a estos cambios? ¿Qué efectos sientes de las circunstancias que creaste anteriormente? ¿Hay algo que necesites resolver? ¿Cómo se están ampliando tus horizontes?

EJEMPLO DE AFIRMACIÓN:

«Confío en que el universo me traiga las experiencias que necesito para manifestar todo mi potencial».

11
LA JUSTICIA/EL AJUSTE

Libra   ***Lamed***

Hay que tomar una decisión. Deliberar sobre qué acción tomar. Suspender la actividad hasta que se tome una decisión. Necesidad de hallar el equilibrio, el aplomo, el término medio y la armonía. Encontrar el equilibrio entre la comprensión y la acción, la verdad y la justicia, el yo y el otro. Equilibrio de las cuentas. Decisiones relativas al dinero o a la compensación por tu trabajo y tu tiempo. Contratos. Intercambio justo de energía por medio de dinero, bienes o trabajo. La capacidad de ver los dos lados de una cuestión. La capacidad de discriminar y quitar las capas externas para percibir las verdaderas motivaciones. Sopesar todos los factores: las ventajas y las desventajas, lo bueno que se quiere mantener y lo malo que se quiere eliminar. Negociar. Arbitrar. Hacer de intermediario. Facilitar. Reconocer la verdad sobre uno mismo. Preocupación por la justicia de una situación. Querer «justificar» tus acciones, necesidad de sentir que son moralmente correctas o aceptables. Hacer planes y ser consciente de las posibles reacciones y consecuencias. Asumir la responsabilidad de tus acciones. La ley de causa y efecto. Recibir las consecuencias de tus acciones pasadas. Reaccionar a las acciones anteriores. Encontrar una respuesta adecuada. Implicación en una situación legal: pleito, contrato, multa de tráfico, etc. Asociación igualitaria.

INVERTIDA: «No es justo». Justicia anulada. Complicaciones o pérdidas legales. Desprecio por la ley. Comportamiento delictivo. Brutalidad policial. Perturbación ambiental o social. Desequilibrio.

Restitución. Rectificaciones. Problemas de pareja. Divorcio. Humillación o humildad. Justicia irónica o «poética». Agobiado por el papeleo y la burocracia. Alteración de las convenciones o de la etiqueta. Indecisión. Inacción. Fanatismo. Parcialidad. Prejuicios. Opresión de los débiles. Críticas duras. Exceso de racionalidad. Justicia y equilibrio interior. Adivinación.

PREGUNTAS QUE HAY QUE RESPONDER:

¿Qué decisiones estás sopesando? ¿Cuáles son los pros y los contras? ¿Qué consecuencias experimentas como resultado de alguna acción anterior? ¿Cuál es la compensación adecuada (o «intercambio de energía») que se necesita para equilibrar la situación? ¿Qué tienes que hacer para ser fiel a ti mismo?

EJEMPLO DE AFIRMACIÓN:

«Estoy dispuesto a ser fiel a mí mismo en todas mis decisiones».

12
EL COLGADO

Neptuno   *Mem*

Escuchar tu interior aunque parezca lo contrario a lo que hubieras pensado. Necesidad de invertir el orden establecido para hacer algo. Mirar las cosas desde otro punto de vista. Comportamiento no convencional. Sentirse obsesionado por algo. Bloqueo. Limitado. Esperar. Ansioso. Acción suspendida. Tiempo de estancamiento y frustración. Enfermedad. Colapso mental. Pérdida de contacto con la realidad. Poner en orden tus asuntos, eliminar los cabos sueltos. Búsqueda de asesoramiento o terapia. Habilidades psíquicas o una experiencia psíquica. Ver cosas que otros no pueden. Sacrificar algo. Martirio. Masoquismo. Necesidad de examinar tus motivos para ceder tu tiempo, espacio y necesidades psíquicas a otros. Conciencia de víctima. Sentir lástima por uno mismo. Soledad y aislamiento; «a nadie le importó». Consumo de drogas o alcohol para escapar de tus problemas. Intentar evadir la responsabilidad. Confianza total y entrega a una fuerza o ser superior. Suspender el juicio e incluso las expectativas con la esperanza de recibir un conocimiento superior. Convertir la mente en un recipiente claro y reflexivo.

Meditación. Suspender la incredulidad. Rito de paso. Iniciación o transición de un estado a otro. Devoción a una causa. Patriotismo. Someter la propia identidad a una causa o a otra persona. *Maya*/ilusión. No ver las cosas como son.

INVERTIDA: listo para la acción, pero sin ningún lugar a donde ir, nada que hacer. Demasiado bueno para ser verdad. Motivos ulteriores. Falsamente cándido y agradable. Arrogante. Falsa superioridad moral. Objetivos egoístas, perspectiva. Absorto en el materialismo. Las masas. Gentuza. La mafia. Encarcelamiento injusto. Sacrificio inútil o no realizado. Falsas promesas (dedos cruzados a la espalda). Postergación. Falta de fundamento. Aburrido. Apático. Inconvenientes. Vulnerable. Liberado de la detención. Desatado. Sin ataduras. Liberado del deber. Punto de inflexión espiritual. Esperanzado.

PREGUNTAS QUE HAY QUE RESPONDER:

¿Qué esperas de los sacrificios que estás haciendo? ¿A qué te entregas? ¿Qué te obsesiona? ¿Qué necesitas enderezar? ¿A qué debes renunciar? ¿De qué intentas escapar? ¿Cómo buscas el conocimiento superior?

EJEMPLO DE AFIRMACIÓN:

«Estoy dispuesto a renunciar a mis comodidades personales para obtener la riqueza del espíritu».

13
LA MUERTE

Escorpio   *Nun*

Estar atascado en viejos patrones. Estreñido. Necesidad de eliminar los hábitos restrictivos y los bloqueos, las formas anticuadas. Malestar con una situación o creencia antigua. Separación con el pasado. Desarraigo doloroso de hábitos arraigados, o eliminación de personas o cosas de tu vida. Fin de amistades cercanas, asociaciones. Liberación de uno mismo. «Cirugía». Cambio de conciencia. Entrada en un nuevo estado. Asimilación e integración en una nueva forma. Transformación. Liberación. Renovación. Nuevo crecimiento posible. Se experimentan emociones tan profundas que es como una «pequeña muerte». Una experiencia sexual intensa. Abandonar el sentido del yo a un sentimiento de fusión con otro o con el cosmos. Atravesar la estructura superficial de algo para comprender lo que hay en su núcleo. Cortar las cosas hasta la médula. Llegar a lo más básico. La transformación de la energía de una forma en otra.

INVERTIDA: puede ser más difícil que al derecho. Retrasar algo o resistirse a su final. Dolor y angustia prolongados. Impedir un nuevo crecimiento. Sentirse «plagado». Inercia. Insomnio. Estancamiento. Estreñimiento. Pesimismo. Recuperarse de la pena, la tristeza o la depresión. Despertar a la vida y al placer. Resurgimiento. Renacimiento. Experiencia cercana a la muerte. Fascinación por la muerte, lo gótico. Vampirismo. Actividades espiritistas. La mediumnidad. Impuestos. Enfermedades de transmisión sexual. La menopausia. Prácticas espirituales en previsión de la muerte.

PREGUNTAS QUE HAY QUE RESPONDER:

¿De qué necesitas desprenderte? ¿Cuál es tu sistema de apoyo básico (estructura esquelética) en esta transición? ¿Qué se está transformando? ¿Qué nuevo crecimiento es ahora posible? ¿Qué es lo que sientes tan profunda e intensamente?

EJEMPLO DE AFIRMACIÓN:

«Me transformo y renuevo dejando ir las cosas que ya no son necesarias para mi crecimiento».

14
LA TEMPLANZA/EL ARTE

Sagitario   *Samekh*

Entusiasmo ardiente. Sentimientos de confianza y optimismo. Ser franco; expresión franca de tus pensamientos. Ser abierto de mente, libre, expansivo, independiente. Saber manejar las situaciones complicadas. Estar curado. Templar tu vida y encontrar el equilibrio adecuado para sentirte bien. Hacer un trabajo de curación física y espiritual. Circulación de una corriente vital interna de energía.

Trabajar con un guía interior, un ángel de la guarda o un benefactor. Cooperación. Acomodación. Compatibilidad. Aplicar lo que has aprendido para ver lo que es cierto y lo que realmente dominas. Ponerse a prueba. Ensayar. Gestionar. Reconocer y utilizar los recursos (tiempo, personas, espacio, materiales) disponibles. Organización y planificación. Combinar materiales, recursos, personas o ideas en nuevas formas. Actividad creativa. Consolidación. Mezclar en la proporción adecuada. Reunir cualidades opuestas. Templar. Mezclar o combinar diferentes aspectos de tu vida de una manera nueva y diferente. Crear armonía. Comunicar tus ideas al público.

INVERTIDA: algo desequilibrado, en conflicto o excesivo. Estrés. Posible mala salud. Desencuentro. Desunión. Falta de cooperación. Competición. Conflicto. Peleas. Accidentes. Problemas mecánicos. Fugas de agua. Averías en los sistemas de regulación. Problemas de creatividad. Impracticabilidad. Impaciencia. Frustración. Falta de compasión. Acaparamiento. Trastornos alimentarios o adictivos. Actitud de ir y venir con facilidad. Templanza interior. Estado interno. Curación del cuerpo sutil. Transformación alquímica. Comunicaciones angélicas. Ministerio.

PREGUNTAS QUE HAY QUE RESPONDER:

¿Por qué te sientes optimista? ¿Cómo estás combinando los recursos que tienes a tu disposición? ¿Qué estás probando o ensayando? ¿Qué necesita ser sanado o equilibrado?

EJEMPLO DE AFIRMACIÓN:

«Gestiono con entusiasmo mis necesidades y recursos para conseguir salud y armonía».

15
EL DIABLO

Capricornio   *Ayin*

Juzgar las cosas solo por sus apariencias externas, convirtiéndose así en esclavo de la falacia. Vivir en medio de la confusión. Creer únicamente en lo que se ve. En un estado de miedo e ignorancia. Estar en la oscuridad sobre algo, o elegir ignorar la verdad. Sentimientos de duda y pesimismo. Depresión. Sentirse atado a una situación en la que otra persona te dicta. Conciencia de opresión y depresión. Crear fronteras y limitaciones en tu vida; reconocer que se originan en tu interior. Volverse más estructurado y menos flexible, aunque quizás con mayor enfoque. Estancamiento. Superado por la inercia. Esta carta exige sentido del humor: ser capaz de reírse de uno mismo y de la propia prepotencia. Ser diabólico, travieso y estar lleno de energía y ánimo. Pandemonio. Jugar al chivo expiatorio, al hostigador o al abogado del diablo para obligar a los demás a examinar sus propias creencias. La capacidad de tomar cosas incongruentes y sin relación entre sí y combinarlas de una manera nueva y creativa. La capacidad de sintetizar algo a partir del caos aparente. Creatividad, innovación. Orgullo desbordante. Ambición personal que te lleva a aprovecharte de los demás. Manipulación de los demás en beneficio propio. Manifestar tu «sombra»: hacer cosas que preferirías pensar que no haces. Utilizar o ser utilizado por alguien sexualmente. Ser un esclavo de los deseos que dominan tu criterio. Obsesión. Tentación. Intenciones malignas. Magia negra. Celos. Atrapado en los sentidos; falta de creencia en algo más allá del «mundo material».

INVERTIDA: grandes extremos. El mal triunfa o se niega. Ceguera espiritual. Mezquindad. Intriga. Culpar a los demás. Rechazar la tentación. Apartarse del mal. Pasar de pecador a santo. Conversión repentina. Ser excesivamente recto, moral, virtuoso. Escapar de lo desagradable. Superar los comportamientos destructivos para el alma. Liberación de falsas inhibiciones, ataduras, manipulación, codependencia. Acceder a los tesoros ocultos del interior. Desilusión. Pánico interior. Recuperación del abuso. Virus. Dios cornudo. Embaucador. Comienzo de la comprensión espiritual.

PREGUNTAS QUE HAY QUE RESPONDER:
¿Cuáles son los obstáculos y las limitaciones actuales en tu vida? ¿Qué o quién te obsesiona? ¿Cómo puedes canalizar y estructurar tus energías y deseos de forma creativa y no manipuladora? ¿Qué situación o situaciones necesitas mirar con humor?

EJEMPLO DE AFIRMACIÓN:

«Desde la oscuridad y el caos creo oportunidades para trascender las limitaciones».

16
LA TORRE

Marte   *Peh*

La ruptura de las defensas, los hábitos, las estructuras; la liberación de la ignorancia. Un despertar espiritual. Un rayo de luz de tu yo superior. Un golpe a tu ego o imagen personal. Humillación; empuje desde un lugar elevado. Cambio o choque inesperado. Perturbación. Sentirse destrozado. Cólera y frustración. Estallido de las emociones. Agotamiento o síndrome de desgaste profesional, a veces con resultado de enfermedad o accidente. Algo dañado. Superación de tu entorno. Implicación en un programa drástico de superación personal: terapia intensiva, ejercicio, dieta, etc. Limpieza de la casa. Ayuno. La inutilidad de las estructuras humanas y la tecnología frente a la madre naturaleza. Desastres naturales y éxodo. Huida del caos y del desastre.

INVERTIDA: menos severa que al derecho. Peligro evitado. Liberación de las limitaciones. Cese de las dificultades. «Salir de apuros». Aspectos de la vida que se desmoronan. Colapso. Contratiempos. Alivio de situaciones volátiles. Cólera reprimida. Presión intensificada. Mantener la calma. Hacer la vista gorda ante las faltas o la opresión. Tiranía. Opresión. Aferrarse a las estructuras establecidas y al *statu quo*. Exilio. Encarcelamiento. No escapar. Desactivación. Limpiar los escombros. Agitación o caos interior. Necesidad de desintoxicación. Impotencia. Interiorización tántrica de la eyaculación.

PREGUNTAS QUE HAY QUE RESPONDER:

¿De qué forma estás mejorando y reestructurando tu persona y tu entorno? ¿Qué te enfada? ¿Qué estructuras de tu vida se están desmoronando? ¿Qué ha destrozado tu autocomplacencia? ¿Qué revelación has tenido o qué has comprendido de repente?

EJEMPLO DE AFIRMACIÓN:
«Me libero de la ignorancia y las limitaciones de los viejos hábitos y estructuras siempre que supero su necesidad».

17
La Estrella

Acuario   *Tzaddi*

Meditación. Inspiración inagotable. Regeneración espiritual. Uso de la imaginación activa y la visualización. Inspiración artística y científica. Formulación de tus ideales y objetivos. Examinar tus esperanzas para el futuro. Utilización de sistemas de autoconocimiento, como la astrología, el tarot, la numerología, etc. Vivir según tu propia verdad y tus valores, en lugar de los del mundo exterior. «La libertad es no tener nada que perder». Altruismo. Inconformismo. Hacer lo inesperado. La calma después de la tormenta; la liberación después del encarcelamiento. La libertad. El culto a la naturaleza. Rituales solitarios. Paz y serenidad. Refrescarse, renovarse o limpiarse. Purificación. El bautismo. El deseo de conocer la verdad, de ser abierto y honesto, de comunicar sin guardarse nada. Franqueza. Revelación o descubrimiento de algo. Implicarse en acciones y proyectos beneficiosos para el prójimo. El deseo de participar en la iluminación y la toma de conciencia de toda la humanidad. Ser la «estrella», el centro de atención. El reconocimiento público. Ser el líder y el portavoz de los demás. Aferrarse obstinadamente a ideas fijas.

INVERTIDA: dependencia y, al mismo tiempo, necesidad de desprenderse de un falso estatus, apariencia, posesiones. Negar el talento, la gracia, la belleza. Desilusión temporal. Miopía. Ser poco científico. Pérdida de inspiración. Falta de objetivos. Autoengaño. Dispersión. Desenfocado. Ordenar. Tareas abrumadoras. Esfuerzos inútiles. Ideales inalcanzables. Despilfarro. Despojo. Tormentas. Incomprensión. Contemplación interior. Ser más que hacer. Soberbia. Arrogante. Poco imaginativo. De moda. Biorretroalimentación. Calmante. Relajante. Reconstituyente. Trabajando con energías y alineaciones terrestres, vegetales y planetarias.

PREGUNTAS QUE HAY QUE RESPONDER:

¿Qué aspecto de tu vida se está purificando o limpiando? ¿Qué está siendo renovado? ¿Qué te sientes inspirado a hacer? ¿Por qué recibes reconocimiento? ¿Cuáles son tus ideales al respecto?

EJEMPLO DE AFIRMACIÓN:

«Mi ser interior brilla como una estrella, guiando mis acciones, renovándome y limpiándome».

18
LA LUNA

Piscis *Qoph*

Autoengaño. Ilusión. Desconcierto. Confusión. Fluctuación. Oscilación de los acontecimientos. Inestabilidad. Estar abrumado por las emociones y los sentimientos. Falta de claridad en lo que quieres, como si varias partes de ti pidieran a gritos cosas diferentes. Enfrentarte a tus miedos subconscientes. Necesidad de explorar territorios desconocidos. Sensación de soledad. Tu comunicación con los demás está llena de malentendidos. Desilusión o distanciamiento de alguien o algo. Introspección. Es necesario fluir con los sentimientos. Desarrollar o utilizar las capacidades psíquicas y la intuición. Trabajar en el ámbito del inconsciente, especialmente con los sueños, las fantasías y las visiones para entender lo que tu subconsciente está tratando de decirte. Algo del pasado que has olvidado pero que afecta a tu vida actual a través de acciones inapropiadas para la situación. Una relación kármica del pasado que hay que trabajar. Una sensación de ser guiado o arrastrado como las mareas hacia algún propósito predeterminado. Impulsado desde dentro. Evolución. Actuar instintivamente. Hacer algo automáticamente, como una habilidad bien aprendida en la que ya no hay que «pensar».

INVERTIDA: aferrarse a la racionalidad, a la razón, al convencionalismo. Negar lo invisible, lo instintivo, lo salvaje. Bloquear los sentidos psíquicos. Fluctuación. Resistencia a la evolución natural. Falta de adaptación. Negación o aceptación fanática de las experiencias paranormales. Romanticismo extremo. Contenidos arquetípicos y míticos reprimidos o su irrupción inapropiada. Engañado por leyendas

332 ☙ El Tarot, un viaje interior

urbanas. Atacado por depredadores. Posesión espiritual. Recuperación del alma. Revelación de secretos, adicciones, traumas. Chantaje. Digestión y aclaración de experiencias del alma. Viajes astrales. Recuperación de vidas pasadas.

PREGUNTAS QUE HAY QUE RESPONDER:

Los perros, las torres y el terreno lúgubre simbolizan tus miedos; ¿qué representan para ti? ¿Qué has olvidado? ¿Qué quieres hacer instintivamente? ¿Qué tipo de ciclo o patrón estás repitiendo? ¿Tus acciones son apropiadas para esta situación particular o estás respondiendo a alguna situación pasada? ¿Qué te desconcierta o confunde? ¿Qué es real y qué es ilusorio?

EJEMPLO DE AFIRMACIÓN:

«Me siento impulsado a evolucionar más allá de mis miedos e inseguridades. Estoy dispuesto a recorrer el camino del autoconocimiento a través de los reinos interiores desconocidos de mí mismo».

19
EL SOL

Sol   *Resh*

Iluminación. Claridad. Comprensión. Entendimiento. Sabiduría. Cosas que antes permanecían ocultas o no estaban claras han salido a la luz. Superación de obstáculos anteriores. Éxito. Buena suerte. Premios y reconocimientos. Fructificación. Nacimiento. Plenitud. Libertad y liberación de viejas formas. Todo y todos los que necesitas son atraídos magnéticamente hacia ti. Capacidad para visualizar lo que quieres y hacerlo realidad. Tiempo de creatividad y crecimiento personal. Reconocimiento y valoración de tus propios logros. Identificación con tu trabajo creativo. Alegría. Intenso disfrute y felicidad en la vida. Optimismo. Entusiasmo. Compromiso con una relación amorosa con profundidad en la comunicación y el intercambio. Buenas relaciones con los demás. Amistad. Buena salud y vitalidad. Estar activo y con energía. Altruismo, idealismo, grandes esperanzas. Sientes que puedes lograr cualquier cosa. Autobombo y vanidad.

INVERTIDA: el significado es como al derecho, pero ligeramente debilitado o exagerado. Demasiado cálido o nublado. Agotamiento. Rechazar la alegría. Malentendidos. Incapaz de aceptar el reconocimiento o el éxito. Temer que algo sea «demasiado bueno para ser verdad». No mostrar tu luz. Presumir. Inflación del ego. Sobrestimar. Atribuirte el mérito que no te corresponde. Acuerdos rotos. Divorcio amistoso. Falsa fachada. Ser un bravucón. Optimismo falso. Insincero. Comportamiento infantil inapropiado. O miedo a ser infantil y divertido. Ingenuidad. Inocencia. Trastorno afectivo estacional. Oro alquímico. Matrimonio sagrado. Nacimiento de un niño divino.

PREGUNTAS QUE HAY QUE RESPONDER:

¿Qué entiendes ahora? ¿Qué éxitos has conseguido? ¿Qué has dado a luz o has hecho fructificar? ¿Qué alegrías has compartido con los demás? ¿Qué compromisos has asumido?

EJEMPLO DE AFIRMACIÓN:

«Creo calor y luz con mi claridad y entusiasmo».

20
EL JUICIO/AEÓN

Plutón   *Shin*

Un despertar a algo que no habías visto antes. Un cambio de paradigma que exige percepciones totalmente nuevas. Renacimiento. Escuchar la «llamada» del espíritu. Resurrección. Una sensación de nueva vida. Desarrollo de una filosofía o propósito nuevos. Llegar a una encrucijada con respecto a un propósito superior más allá de uno mismo. Investigar o examinar algo en profundidad. Estudiar a fondo un asunto y determinar el valor que tiene para ti. Hacer un inventario personal o una autoevaluación. Una revisión de las acciones pasadas; confrontar tus motivaciones. Aceptar la responsabilidad personal por cómo has utilizado tus oportunidades y cómo has reaccionado al inicio y durante las pruebas. Crítica. Criticar y juzgar a los demás, o ser criticado por ellos. Juicios realizados. Necesidad de ver más allá de los prejuicios y las críticas. La voz de la conciencia. La culpa y el perdón. La expiación. El arrepentimiento. La disculpa.

Sintetizar las diferentes partes de tu personalidad como el Padre, el Adulto y el Niño en el análisis transaccional. El cuerpo, la mente y el espíritu trabajando para un solo propósito. Regeneración. Transformación. Un cambio de un estado o identidad a otro. Un deseo de fundirse con otro, sexualmente o de otro modo; o de fundirte con tus propias obras creativas. Realización de la paternidad y la familia; responsabilidad por los demás en contraposición a la autoconservación egoísta. Cooperación con otras personas como unidad social. Un rito de iniciación.

INVERTIDA: transiciones difíciles. Resistencia a la transformación. Abandonar una causa. Huir. Amenazas a las viejas costumbres. Estancamiento. Decadencia. Rechazar «una llamada». Rechazar las nuevas tecnologías. Encajonamiento. Dificultades familiares. Exclusión. Alienación. Protestas. Manifestaciones. Disturbios. Llamada a las armas. Exceso de crítica o juicio. Prejuicios. Falta de perspectiva. Incapacidad de ver el panorama general. Mal juicio. Malas decisiones. Noticias perdidas. Intentar influir en los demás. Recuperación repentina e inesperada de una enfermedad. Cambio global.

PREGUNTAS QUE HAY QUE RESPONDER:

¿Qué «llamada» has escuchado? ¿A quién o qué se critica? ¿Qué juicio se hace? ¿Qué nueva comprensión o epifanía te está transformando? ¿Con quién o qué te estás fusionando? ¿De qué o de quién eres responsable?

EJEMPLO DE AFIRMACIÓN:

«Me transformo diariamente, despertando aún más a la llamada de mi espíritu».

21
EL MUNDO/EL UNIVERSO

Saturno   *Tau*

Tomar conciencia de tus limitaciones y así liberarte para aprovechar al máximo tu propio potencial. Bailar sobre tus limitaciones. «Cuadratura del círculo»: manifestar el espíritu en la tierra, o estructurar y dar forma al espíritu. Llegar. Aceptar la responsabilidad de ti mismo y de tus circunstancias. Vivir una experiencia muy dura, emocional y envolvente. Un sentimiento de alegría y arrebato por el hecho de estar vivo. Potencial infinito. Autorrealización (aunque no siempre sea comprendida o apreciada por los demás). Todo está disponible para ti. Vivir cómodamente en medio de la complejidad. O bien el miedo al cambio y a la complejidad te mantiene dentro de un recinto estrecho. Recordar tu naturaleza física y las leyes físicas que te atan. La Madre Tierra. La Creadora. Ella representa lo que perdura en el tiempo. La Fuente. Es la estructura o los cimientos de los que has salido y a los que debes volver. Te recuerda que primero tienes que cuidar de tu cuerpo y de la tierra en la que vives, uniendo los cuatro elementos que hay en ti y los cuatro tipos de personas que te rodean en este esfuerzo, para sanar las cuatro direcciones de la Madre Tierra y a ti mismo en el proceso.

INVERTIDA: significado parecido al de la carta al derecho. Ascenso o éxito retardado. Triunfo más tranquilo o privado. «Decepción». Dificultades en los viajes. Trabajo inacabado. Imperfección. Rehacer algo. Incomodidad por las limitaciones. Demasiada protección. Falta de visión de conjunto. Frustración leve. Inercia. Dormirse en los laureles. Responsabilidades y obligaciones. Espíritu libre e irresponsable. Idealizar a los demás. Poner a otro en un pedestal. Finalización kármica. Salud comunitaria. *Prima materia* (alquimia). Creación de espacios sagrados. Danza extática. Plenitud interior.

PREGUNTAS QUE HAY QUE RESPONDER:

¿Qué estás haciendo para liberarte de las limitaciones y restricciones en tu vida? O ¿qué estás haciendo para trabajar libremente dentro de ellas? ¿Qué potencial ves en ti mismo? ¿En el mundo? ¿Qué necesidades físicas debes atender? ¿Qué te hace bailar de alegría?

EJEMPLO DE AFIRMACIÓN:

«El universo satisface abundantemente todas mis necesidades».

Los Arcanos Menores: cartas numéricas

(Nota: Consulta también el capítulo tres, página 108, para la interpretación de los palos).

Ases

MERCURIO. Acción, ideas, comienzos. Semilla. Raíz. Impulso primario. Posibilidad. Penetración. Nacimiento. Iniciación. Apertura. Regalos. Potencial. Tesis. Punto de partida. Concentración de la voluntad. Atención. Soledad. Conciencia plena. Unidad. Conciencia de sí mismo. Intención. Umbral. Inicio. Enfoque. Oportunidad. (En el Árbol de la Vida, Kether).

NEGATIVAMENTE: *Es posible que tengas dificultades para aprovechar la oportunidad que se te ofrece.*

AS DE BASTOS

Elevación de la conciencia.* Creatividad. Deseo de crecimiento personal. Inspiración. Nuevas ideas. Estallido de energía. Acción apasionada. Motivación. «Pulgares arriba». Todos los sistemas funcionan. Nacimiento. Comienzo. Anuncio. Sugiere espontaneidad. Meta. Soborno. Ofrenda. Mando. Decreto. Declaración. Llevar una antorcha.

INVERTIDA: la carta del «pulgar hacia abajo». No exterior, sí interior. Todavía no. Retrasos, cancelaciones. Anhelo o deseo, pero sin oportunidad. Frustración. Exceso de entusiasmo. Comienzos precipitados. La oportunidad se esfuma. Reticencia. Indisponibilidad. Desinflamiento. Impotencia. Sentirse impotente, ineficaz. Acceso a la fuerza interior, al poder, al potencial. Fuerza encubierta.

PREGUNTAS QUE HAY QUE RESPONDER

¿Qué te inspira? ¿Qué ha despertado tus pasiones y deseos? ¿Cómo quieres crecer? ¿Cómo quieres expresarte creativamente? ¿Qué sientes el impulso de hacer? ¿Hacia dónde fluye tu energía y entusiasmo? ¿Qué nueva oportunidad se te ofrece?

---

* Conceptos clave de la profesora y consejera de tarot Suzanne Judith (N. de la A.).

EJEMPLO DE AFIRMACIÓN:

«Reconozco esta oportunidad de nuevas ideas y crecimiento creativo».

As DE COPAS

Apertura del corazón.* El comienzo del amor, del placer. La apertura de canales psíquicos, espirituales o inconscientes. Receptividad. Nuevas oportunidades para el amor y las relaciones. Sentimientos desbordantes. Nutrición espiritual y material. Reuniones sociales a la vista. Regalos. Bendiciones. Carta de amor. Fertilidad. Concepción. Nacimiento. Matrimonio. Sueños.

INVERTIDA: vacío emocional. Amor negado o despreciado. Sentirse agotado. Resistencia a las relaciones. Amor no correspondido. Falta de sinceridad. Abuso de sustancias. Desórdenes alimentarios. Engaño. Retrasos. Infertilidad. No confiar en las capacidades psíquicas. Sueños perturbadores. Incapaz de comprometerse. Sentimental. Melancolía. Abstinencia. Castidad. Amarse a uno mismo. Recuperar los sentimientos.

PREGUNTAS QUE HAY QUE RESPONDER:

¿Qué te hace sentir bien en este momento? ¿Qué te gustaría hacer para disfrutar de ti mismo? ¿Qué o quién te está ofreciendo cariño o amor? ¿Qué mensajes estás recibiendo de los sueños y las visiones? ¿A qué se siente más abierto tu corazón?

EJEMPLO DE AFIRMACIÓN:

«Reconozco esta oportunidad de expresar y aceptar el amor».

As DE ESPADAS

Expansión de la mente.* Enfoque mental. «Pelar» las capas de las cosas para analizarlas; atravesarlas. Semillas de verdad y justicia. Aplicar la fuerza de voluntad. Nuevas formas de pensar. Compromiso con la dirección y la acción. Nuevos planes y estrategias. Facultades

---

* Conceptos clave de la profesora y consejera de tarot Suzanne Judith (N. de la A.).

racionales. La verdad frente a la falsedad. Pros y contras. Romper lazos. Ambición. INVERTIDA: fracaso o mal uso de la agresividad y la lógica. Retrasos en el proyecto. Trabas. Injusticia. Causa o poder perdidos. «Bajo la espada». Rendición del ego y de la voluntad. Pesimismo. Falta de confianza. Tensión mental. Dolor. Bloqueo del escritor. Problemas irresolubles. Fin de las hostilidades. Rechazo a la lucha. Mentiras. Calumnias. Establecimiento de límites. Cirugía psíquica. Armas espirituales.

PREGUNTAS QUE HAY QUE RESPONDER:
¿A qué nuevo problema te enfrentas? ¿Qué te preocupa? ¿Qué necesitas analizar? ¿De qué se trata? ¿Estás siendo justo y equitativo? ¿Qué decisión tienes que afrontar? ¿Puedes determinar la verdad del asunto? ¿Qué oportunidades legales, de escritura o de investigación se te han presentado?

EJEMPLO DE AFIRMACIÓN:
«Reconozco esta oportunidad para descubrir la verdad».

AS DE PENTÁCULOS

Mantenimiento del cuerpo.* Una posibilidad de negocio o de trabajo. Materialización de ideas. Centrar o enraizar tu energía. Nuevo proyecto. Oferta financiera. Semillas de prosperidad y seguridad. Promesa de bienestar físico y comodidades materiales. Potencial espiritual. Frutos del trabajo. Valoración de los recursos. Ganancia inesperada. Realización. Regalo.

INVERTIDA: opulencia. Tesoros. El toque de Midas. Avaricia. Acaparamiento. Retención de favores. Miedo a perder. Desembolsar dinero. Reducción del flujo monetario. Pérdida de movilidad, flexibilidad. Atención a las preocupaciones físicas, materiales. Estancamiento. Sospecha de las oportunidades. Cobrar «en negro». Conservación. Concentración de poder y energía. Toque de sanación.

---

* Conceptos clave de la profesora y consejera de tarot Suzanne Judith (N. de la A.).

PREGUNTAS QUE HAY QUE RESPONDER:
¿Qué nuevas oportunidades de trabajo, estabilidad, hogar, dinero o salud tienes? ¿Qué te hace sentir seguro y con los pies en la tierra? ¿Cómo puedes utilizar un regalo reciente? ¿Qué plan estás poniendo en marcha? ¿Qué tipo de semillas estás plantando? ¿Cómo estás siendo recompensado por tus logros?

EJEMPLO DE AFIRMACIÓN:
«Reconozco esta oportunidad para materializar mis ideas».

Doses

LUNA. Personalidad, máscara, sentimientos. Reflexión. Aumento. Recepción. Nutrición. Polaridad. Dualidad. Oposiciones. Duplicación. Equilibrio. Antítesis. Secuencia. Memoria. Subconsciencia. Feminidad. Pasividad. Sentimientos. La búsqueda del equilibrio. Elección. Cambio. Se centra en el intento de permanecer en el medio. Sugiere la guía del conocimiento interno. Oráculos. Intuiciones. (En el Árbol de la Vida, Chokmah).

NEGATIVAMENTE: Desequilibrado. Frío e insensible; se niega a ver más allá de la superficie, o es demasiado emocional. Rechazo al cambio o inconstancia. Dificultad para manejar las cosas o las elecciones.

DOS DE BASTOS

Marte en Aries. Poder personal a través de la síntesis de habilidades. Capacidad de elección. Expresión creativa. Control de la situación. Independencia y autogobierno. Dominio de los recursos. Contemplar el viaje. Partida. Puerta a la oportunidad. Equilibrio de poder. Melancolía en medio de los logros.
INVERTIDA: cambios en situaciones difíciles. Giro imprevisto de los acontecimientos. Nuevas perspectivas. Dificultad para tomar decisiones. Restricción. Viajes en silla de ruedas. Anhelos insatisfechos. Tirar la toalla. Sorpresa. Maravilla, asombro. La credulidad. Descontento. Agorafobia. Otros en el camino de tu grandeza. Una apertura a otro mundo o estado alterado.

PREGUNTAS QUE HAY QUE RESPONDER:
¿Qué dos ideas estás uniendo de una manera nueva y diferente? ¿Qué piensas lograr? ¿En qué eres competente? ¿Qué deseos conflictivos deseas integrar? ¿En qué umbral te encuentras? ¿Qué opciones tienes?

EJEMPLO DE AFIRMACIÓN:
«Tengo el poder de elegir».

Dos de copas

Venus en Cáncer. Unión amorosa y sanadora de los opuestos. Poder del amor. Espiritualización de las pasiones. Respeto y beneficio recíprocos. Atracción. Cooperación. Trascender las diferencias. Servir a un propósito superior. Encontrar a alguien a mitad de camino. Mezclar o integrar opciones. Reconciliación. Matrimonio. Compromiso.

INVERTIDA: mensajes contradictorios. Peleas. Problemas temporales. Pasión vacía. Trabas en el amor. Separación. Falta o rechazo de amor. Una aventura secreta. Incompatibilidad sexual. Infidelidad. Obsesión. Confianza rota. Esperanzas defraudadas. Equilibrio de las energías internas masculinas y femeninas dentro de uno mismo. Amar a uno mismo. Aspectos de la sombra reflejados en otro.

PREGUNTAS QUE HAY QUE RESPONDER:
¿A quién le das tu amor y afecto? ¿Cómo nutres a los demás? ¿Qué se está sanando en tu relación? ¿Cómo se unen y trabajan juntos tu masculino y tu femenino interior en tu vida? ¿Qué estás compartiendo amorosamente con otro?

EJEMPLO DE AFIRMACIÓN:
«Amo a los demás como me amo a mí mismo».

Dos de espadas

Luna en Libra. Dejar de juzgar. Emociones bloqueadas. Incertidumbre o estancamiento. Hacer las paces. Procrastinación. Compromiso. Ideas o perspectivas contradictorias. Imparcialidad. Equilibrio.

No se puede hacer nada. Delicado equilibrio de poderes. En desacuerdo. Ambivalente. No partidista. Cerrado. Autoprotección.

INVERTIDA: quebrar la paz. Pasar a la acción. Lealtades divididas. Duplicidad. Desgarrado. Poderes enfrentados. Superar la complacencia y el acuerdo superficial. Traición. Engaño. Un duelo. Perturbación. Reclusión de los hostiles. Diferencias irreconciliables. Paz interior. Abarcar e integrar los opuestos.

PREGUNTAS QUE HAY QUE RESPONDER

¿Qué estás dudando en hacer? ¿Con quién tienes que hacer las paces o reconciliarte? ¿Qué te cuesta mantener en equilibrio? ¿Qué decisión preferirías no tomar? ¿Qué preferirías no saber?

EJEMPLO DE AFIRMACIÓN:

«Soy diplomático y no juzgo a los demás al tratar con ellos».

DOS DE PENTÁCULOS

Júpiter en Capricornio. Adaptabilidad. Movilidad. Ampliación de horizontes. Cambio. Viajar. Juego. Ocio. Navegar por aguas turbulentas. Enredos. Intercambio de bienes y servicios. Comercio. Fluctuaciones en el mercado. Malabarismos. Mantener dos o más cosas a la vez.

INVERTIDA: burocracia. Papeleo. Acumulación y flujo de datos. Comunicaciones rápidas. Respuesta a. Sobrecarga de información. Fallo informático. Avisos actualizados. Fácilmente influenciable o manipulable. Periodismo. Trabajo por encargo. Circulación. Distribuir. Promover. Publicidad. Atrapado en un bucle o en una cinta de correr. Frenético. Desequilibrado. Payasadas. Trucos. Mímica.

PREGUNTAS QUE HAY QUE RESPONDER

¿Qué dos o más situaciones manejas con soltura? ¿A qué te estás adaptando? ¿Qué quieres cambiar en tu casa, profesión, estatus, finanzas, etc.? ¿Con qué haces malabares para mantenerte estable (dinero, peso, estilo de vida)? ¿De qué manera juegas y utilizas tus energías sobrantes? ¿Qué requiere diplomacia?

EJEMPLO DE AFIRMACIÓN:

«Manejo diversas situaciones con facilidad, adaptándome rápidamente».

Treses

VENUS. Intuiciones, afectos, belleza. Reuniones. Manifestaciones. Integración. Combinación. Simpatía. Fecundidad. Comprensión. Crecimiento. Multiplicación. Síntesis. Armonía. Despliegue. Cooperación. Idealización. Los treses tratan de lo ideal frente a lo real. Ponen a prueba tu capacidad para manejar lo mundano y las decepciones de tus idealizaciones. Los treses son reformistas potenciales con fuertes simpatías. (En el Árbol de la Vida, Binah y Saturno).

NEGATIVAMENTE: crueldad, arrogancia y autoindulgencia.

TRES DE BASTOS

Sol en Aries. Magnético. Visionario. Fuerza arraigada. Síntesis de ideas. Previsión. Planificación. Obtención de la visión de conjunto. Visión de conjunto creativa. En el punto de mira. Lanzamiento de empresas. Comercio. Negociación. Planes puestos en marcha. Supervisión. Dirección. Viajes o negocios en el extranjero. Audacia. Osadía.

INVERTIDA: bloqueo creativo. Dificultades para poner en marcha los planes. Agobio; agotamiento. Falta de previsión. Expectativas poco realistas. Sueños no realizados. Arrogancia. Ansiedad. Desconfianza. Contratiempos. Las inversiones no traen los rendimientos esperados. Fin de la espera. Una expatriación. Centrarse en el pasado. Investigación genealógica. La enfermedad como consecuencia de los viajes.

PREGUNTAS QUE HAY QUE RESPONDER:

¿Dónde están tus ambiciones? ¿Dónde pones tu atención? ¿Qué y a quién estás atrayendo a través de tu vitalidad, poder y energía? ¿Qué visualizas para el futuro? ¿Qué y con quién tienes que coordinarte para lograr tu plan?

EJEMPLO DE AFIRMACIÓN:

«Creo mi propio futuro visualizándolo claramente».

TRES DE COPAS

Mercurio en Cáncer. Amistad. Comunicación. Disfrute de los demás. Celebración y alegría. Ideales compartidos. Vinculación. Simpatía. Alianza. Fiesta. Alegría. Rituales. Reuniones. Hospitalidad. Asistir a un evento o espectáculo, o participar en él. Fructificación. Embarazo. Logro. Brindis.

INVERTIDA: alejamiento de los demás. Pérdida de la amistad. Cansancio. Nostalgia de los buenos tiempos. Exceso de indulgencia. Resaca. «En el vagón».* Placeres vacíos. Frivolidad sin sentido. Desencanto. Falta de apoyo. Falta de cooperación. Envidia de los demás. Exclusividad. Un robo por parte de un conocido. Un accidente o una distensión muscular. Aumento de la energía para el trabajo interior. Una celebración privada.

PREGUNTAS QUE HAY QUE RESPONDER:

¿Cómo te diviertes? ¿Cómo te relajas con los demás? ¿Qué te da alegría? ¿Qué talentos tienes y cómo los empleas? ¿Qué quieres comunicar o compartir con los demás? ¿Qué motivo de celebración hay en tu vida?

EJEMPLO DE AFIRMACIÓN:

«Celebro mi alegría y mi felicidad».

TRES DE ESPADAS

Saturno en Libra. Aflicción. Dolor. Alienación. Separación. Celos. Angustia creativa. Sentirse herido. Lágrimas. Pelea. Ruptura. Eliminación. Desarmonía. Incompatibilidad. Corazón y mente en desacuerdo. Autocompasión. Triángulo amoroso. Desintegración de acuerdos. Dolorosas faltas de comunicación. Herida. «Contra tu voluntad». El «bajón».

INVERTIDA: alivio después de los problemas. Liberarse del sufrimiento. Recuperación. Curación. Despejar el aire. Compromiso de apoyo. Negar los celos, la pena o las dificultades de la relación. No llorar. Enajenación o enfermedad grave. Herida que no se cura.

---

* Abstinencia de sustancias alcohólicas (N. del T.).

Ruptura. Vergüenza. Culpar a otros de tus problemas. Caos. Posible violencia. Maldiciones. Peleas. Tradicionalmente, una carta de guerra.

PREGUNTAS QUE HAY QUE RESPONDER:

¿De qué manera sufres? ¿Tienes celos? ¿Te sientes herido? ¿Alguien ha dañado tus sentimientos? ¿Por qué te sientes apenado? ¿A quién te gustaría herir o de quién te quieres «vengar»? ¿Puedes examinar tus relaciones con sinceridad y honestidad? ¿Qué es lo que más temes en tus relaciones?

EJEMPLO DE AFIRMACIÓN:

«Reconozco mi herida y mi dolor para poder hacerle frente y trabajar en ello».

TRES DE PENTÁCULOS

Marte en Capricornio. Trabajo, especialmente con los demás. Habilidades y capacidades creativas. Practicidad. Trabajo en equipo. Construcción. Renovación. Aprendizaje. Seguir instrucciones. Hacer una presentación. Evaluación y crítica. Mecenazgo y apoyo. Distinción. Materialización de lo sagrado. Estética. Detalle.

INVERTIDA: problemas relacionados con el trabajo. Desempleado. Rechazo de una oferta. Problemas con el jefe o los compañeros de trabajo. Sentirse ignorado o ninguneado. Errores en los planos o en los esquemas. Reparaciones. Mediocridad. Habilidades inferiores. Aburrimiento. Capacitación excesiva o insuficiente. Críticas adversas. Retirada de apoyo. Desaprovechamiento. Condiciones peligrosas. Conspiraciones. Iniciación oculta. Maestros internos.

PREGUNTAS QUE HAY QUE RESPONDER:

¿Cómo trabajas con los demás? ¿En qué trabajas? ¿Cuál es tu objetivo? ¿Qué habilidades utilizas? ¿Estás dispuesto a perseverar? ¿Cómo tomas o expresas las críticas al trabajo realizado?

EJEMPLO DE AFIRMACIÓN:

«Trabajo bien con los demás, reconociendo la experiencia y el valor de cada persona para el proyecto».

Cuatros

TIERRA/SOL. Toma de tierra. Estabilidad. Orden. Finalización. Actualización. Ley y orden. Razón. Consolidación. Centrarse en el interior de uno mismo. Enfocado. Evaluación de las necesidades. Convenciones de la sociedad. El mundo material. Organización. Fundación. Establecimiento. Perfección. El conflicto básico de los cuatros es entre el deseo de ley y orden y seguridad, y el deseo de cambio y expansión desde el letargo, el aburrimiento y la pasividad que engendran. Los cuatros marcan un paso, un punto de inflexión o un hito, y por tanto el establecimiento de fronteras y límites. (En el Árbol de la Vida, Chesed y Júpiter).

NEGATIVAMENTE: represión, limitación, estrechez, incomodidad, restricción, descontento.

CUATRO DE BASTOS

Venus en Aries. Celebración y agradecimiento después del trabajo. Optimismo. Llegada. Ceremonia. Finalización de una empresa. Regreso a casa. Reuniones. Cosecha. Fruto del trabajo. Consolidación de lazos personales. Pacto. Tratado. Concordia social. Talleres o conferencias de fin de semana. Estancia en el país. Compra de una propiedad. Agradecimiento.

INVERTIDA: lo mismo que en vertical. Ritos de iniciación. Familia extendida. Ausencia de convencionalismo. Relaciones ilegítimas. Tomar la salida. No querer abandonar un buen momento. Pifias sociales y dificultades de etiqueta. Problemas para expresar la gratitud. Incompatibilidad. Inseguridad. Felicidad incompleta. Retorno a la salud.

PREGUNTAS QUE HAY QUE RESPONDER:

¿Qué estás llevando a la culminación, a la fructificación? ¿Qué papel juega el ritual o la ceremonia en tu vida? ¿Qué has integrado en tu vida? ¿Qué rito de iniciación estás experimentando y cómo lo celebras? ¿Qué estás festejando?

EJEMPLO DE AFIRMACIÓN:

«Me alegro de haber completado cada etapa de mi viaje y doy gracias por sus frutos».

CUATRO DE COPAS

Luna en Cáncer. Letargo, apatía y descontento. Aburrimiento. Meditación. Retirada de las emociones. Soledad. Receptividad pasiva. Descanso. Cansancio. Asco. Aversión. Rechazar un regalo o una oportunidad. Sueño. Imaginación. Período de barbecho. Tomarse un tiempo de descanso. Relación insatisfactoria.

INVERTIDA: nuevas oportunidades. Nuevas experiencias. Opciones reconsideradas. Una señal o presagio. Premoniciones. Presagio. Conciencia psíquica. Soluciones imprevistas. Inquietud. Romper con el descontento. Nuevos conocidos. Recalcar. Revolotear de una nueva moda a otra. Pérdida de apetito. Apatía.

PREGUNTAS QUE HAY QUE RESPONDER:

¿En qué sentido te sientes insatisfecho? ¿Dónde vas a encontrar paz y serenidad? ¿Cómo te beneficia este tiempo de retiro y contemplación? ¿Qué estás reevaluando en tu vida y en tus relaciones? ¿Con qué fantaseas y qué puedes hacer para realizar tus fantasías?

EJEMPLO DE AFIRMACIÓN:

«Permanezco abierto a los mensajes de mis sueños y de mi intuición».

CUATRO DE ESPADAS

Júpiter en Libra. Necesidad de curación. Un problema o dilema que se está trabajando. Enfermedad. Retiro. Descanso y recuperación. Tomarse un tiempo libre. Soledad. Bajo presión. Respiro del estrés. Jubilación. Meditación. Sueños. Recibir consejos de una autoridad. Rezar. Organizar los pensamientos. Establecer prioridades. Encarcelamiento. Pacifismo.

INVERTIDA: experiencia extracorporal. Despertar del sueño. Restablecimiento después de una enfermedad. Recuperación de una pérdida o dificultad de negocio. Resolver preocupaciones. Finalización de un período de aislamiento. Simpatía. Incapacidad para descansar. Sueños inquietantes. Atrapado en un dilema entre «la espada y la pared». Precaución. Congelado en el tiempo. Adhesión demasiado rígida a los principios. Trabajo de guía interior.

PREGUNTAS QUE HAY QUE RESPONDER

¿De qué necesitas descansar o retirarte? ¿Dónde tienes que concentrar tus energías para recuperar tus fuerzas? ¿Qué debes hacer para tener una mejor perspectiva y ser justo y equitativo en la situación? ¿Qué tipo de ayuda profesional te sería más útil?

EJEMPLO DE AFIRMACIÓN:

«Me doy tiempo para descansar, prescindiendo de los planes y acudiendo a mi interior en busca de orientación».

CUATRO DE PENTÁCULOS

Sol en Capricornio. Centrado o egoísta. Conciencia del valor y la valía personal. Posesividad. Poder. Estructurar o establecer un orden en una situación. Estabilidad. Seguridad. Consolidación. Control y protección de los recursos. Planes de jubilación o ahorro. Codicia. Acaparamiento. Arraigo.

INVERTIDA: liberación. Riesgo. Cambio. Codicia excesiva. Demasiado a la defensiva. Enclaustramiento. Dejar de lado el poder o las posesiones. Despojarse. Obstáculos. Retraso. Trabas. Chocar contra «el techo de cristal»: no avanzar. Impracticabilidad. Gasto precipitado. Especulación. Pérdida financiera. Romper un monopolio. Impotencia. Insatisfacción material. Posesión del espíritu.

PREGUNTAS QUE HAY QUE RESPONDER:

¿Qué te mantiene centrado? ¿Cuáles son tus mayores fortalezas? ¿Qué es lo que te da poder? ¿Qué te hace sentir seguro? ¿Qué quieres retener o poseer? ¿A quién o qué necesitas proteger?

EJEMPLO DE AFIRMACIÓN:

«Mi poder está en mis manos; mi seguridad, en mi interior».

Cincos

MARTE. Reacción. Deseo. Desafío. Adaptación. Cambio. Confusión. Lucha. Conflicto. Ruptura. Destino. Culpa. Caos. Tormenta y estrés. Perturbación del sistema estáticamente estabilizado de los cuatros. Humanidad. Medio camino. Puente. Mediación. Conciencia. Tentación. Fuerza de la naturaleza que se

rompe. Pruebas. El movimiento acudiendo en ayuda de la materia. Perturba-
ción. Ira. Los cincos son indicadores de culpa, lucha, conflicto. Pruebas que hay
que superar para seguir teniendo éxito o continuar con los logros. El despren-
dimiento de todo lo que es inútil, indeseable o anticuado. El impulso vital o la
fuerza que supera los obstáculos. Revuelta contra las convenciones y tradiciones
de los cuatros. Representan algún tipo de pérdida de temperamento, sentimien-
tos, seguridad o integridad. (En el Árbol de la Vida, Geburah y Marte).

NEGATIVAMENTE: *Inercia. Dogma. Represión.*

CINCO DE BASTOS

Saturno en Leo. Intercambio de ideas, a veces acalorado. Juegos energéticos y competitivos. Enfrentamiento de obstáculos. Desencuentros. Lucha. Juegos. Concursos. Lucha por el poder o la posición. Lluvia de ideas. Resolución de problemas. Interacciones entre comités. Deseos contradictorios. Esfuerzo por ser escuchado. Opulencia. Exceso. Orgullo extravagante.

INVERTIDA: fin del conflicto y de la tensión. Llegar a un acuerdo. Intervención legal o profesional. Salir de un atasco. Persecución y acoso. Uso de artimañas o astucia para fomentar las disputas. Sabotaje de las negociaciones. Agitación interna, conflictos interiores. Demasiados cocineros en una cocina. Falta de prioridades. Aplazamiento de un partido o evento deportivo. Lucha contra la infección. Autodefensa psíquica.

PREGUNTAS QUE HAY QUE RESPONDER:

¿Cómo y contra quién compites? ¿A qué obstáculos te enfrentas? ¿Cómo presentas tus ideas a los demás? ¿Con quién te peleas o discutes? ¿Y por qué? ¿Qué es lo que te entusiasma? ¿A qué juegas?

EJEMPLO DE AFIRMACIÓN:

«Presento mis ideas de forma clara y asertiva».

CINCO DE COPAS

Marte en Escorpio. Pérdida y decepción. Progreso obstaculizado. Pérdida de armonía pero el amor sigue ahí. Retraso temporal. Aprendizaje de los errores y de la experiencia. Sufrimiento. Dolor. Tristeza. Decepción. Arrepentimiento. Ignorancia. Miedo. Cruzar un puente. Seguir adelante. Romper con todo. Abandono. Peleas.

INVERTIDA: perspectiva esperanzadora. Recuperación. Renovación. Seguir adelante con la vida. Alianzas. Afinidades. Conexiones. Sanar desavenencias. Causas ambientales y políticas. Linaje genético. Familias de nacimiento. Negar la pérdida o el dolor. Duelo extendido. Victimización. Minusvalías. La mediumnidad.

PREGUNTAS QUE HAY QUE RESPONDER:

¿Qué es lo que parece estar perdido o por los suelos? ¿Qué te desespera? ¿Qué te desilusiona o decepciona? ¿Qué te da pena? ¿Cuáles son las posibles alternativas a lo que has perdido? ¿Qué aguarda tu atención? ¿Qué has aprendido de tus errores?

EJEMPLO DE AFIRMACIÓN:

«He sentido mi pérdida, pero sigo mi camino con la experiencia que he adquirido».

CINCO DE ESPADAS

Venus en Acuario. Una victoria vacía utilizando medios injustos. Ser divisivo y poco ético. Lucha personal o política. Situación tormentosa. Discusiones. Conquista. Robo. Búsqueda de tesoros. Operaciones de salvamento. Perspectivas conflictivas. Pensamiento fragmentado. Divisibilidad. Abuso. Situación sin salida. Malicia. Rencor. Humillación.

INVERTIDA: duelo. Ritos de entierro. Recuerdos o motivaciones enterrados. Doble personalidad. Pérdida del alma. Esfuerzos frustrados. Traición o maldad. Falta de simpatía por las personas ajenas a la empresa. Cumplir órdenes sin cuestionarlas ni tener sentimientos personales. «Enterrar el hacha de guerra». Poner fin al conflicto. Remordimiento. Arrepentimiento. Reparación. Resolver desavenencias. Angustia. Consternación.

PREGUNTAS QUE HAY QUE RESPONDER:

¿Esperas que te «escarmienten» en esta situación? ¿Qué es lo que temes? ¿Qué está provocando la división en la solidaridad de tu grupo? ¿Por qué no te sientes bien con lo que haces? ¿Qué necesitas para sentirte bien? ¿Qué sería lo más ético? ¿Qué es tan importante para ti que tienes que demostrar que los demás están equivocados?

EJEMPLO DE AFIRMACIÓN:

«Reconozco una situación donde no hay nada que ganar y estoy dispuesto a retirarme con elegancia».

CINCO DE PENTÁCULOS

Mercurio en Tauro. Sencillez voluntaria y falta de convencionalismo. Incertidumbre que crea ansiedad, preocupación y tensión. Pérdida del trabajo, del hogar, de la seguridad. Sentirse «fuera de juego». Amistad. Bueno para el amor, pero no para el dinero. Dificultades. Lisiado. Conciencia de escasez. Enajenado. Defectuoso. No convencional. Ayuda a la vuelta de la esquina.

INVERTIDA: volver a trabajar. Salir de la quiebra. Reversión de una mala tendencia. Encontrar un refugio. Accesibilidad. Mal uso o despilfarro de recursos. Despilfarro. Caos. Ruina. Amor ilegítimo. Cambios en las relaciones por pérdida o separación. Reconciliación. Amnistía. Rechazo o traición de la autoridad religiosa. Una llamada espiritual.

PREGUNTAS QUE HAY QUE RESPONDER:

¿Cuáles son tus problemas de supervivencia? ¿Qué cambios te cuesta afrontar? ¿A qué has decidido renunciar o de qué prescindir? ¿Por qué? ¿Qué te preocupa o te angustia? ¿Contra qué convenciones o tradiciones te rebelas? ¿Qué desigualdades o injusticias intentas cambiar?

EJEMPLO DE AFIRMACIÓN:

«Estoy dispuesto a pasar por aparentes dificultades y situaciones vitales poco convencionales para ser fiel a mis valores».

Seises

JÚPITER. Exuberancia. Reconciliación. Una experiencia cumbre de algún tipo. Expresivo y expansivo. Los elementos en su máxima expresión (Crowley). Contemplación. Reciprocidad. Cooperación. Compartir. Irradiación. Elección. Avance. Armonía. Equilibrio. Los seises indican los beneficios de dar a los demás, especialmente de forma recíproca. Ser receptivo (sensible) a las necesidades de las personas y satisfacerlas. (En el Árbol de la Vida, Tiphareth y el Sol).

NEGATIVAMENTE: tendencia a ir a los extremos. Egocentrismo. Vanidad. Condescendencia.

SEIS DE BASTOS

Júpiter en Leo. Confianza en tu capacidad de liderazgo. Avance hacia una meta. Victoria y honor. Orgullo. Trabajo en equipo. Viajes. «Subir a lo alto». Apoyo. Movilización. Tomar las riendas. Noticias. Mensajero o heraldo. Popularidad. En un pedestal. Reciprocidad entre líder y seguidores. Servidores. Expectativas cumplidas.

INVERTIDA: *un caballo de Troya*. Traición o engaño. Aprensión. Una caída. Ganancias efímeras. Problemas con las noticias, las comunicaciones, las relaciones con los empleados. No victorioso. Bloqueado. Falta de liderazgo o ineficacia. Un héroe con «pies de barro». Ocultar los laureles. Celos del éxito de otro. Descenso a los infiernos o a la psique.

PREGUNTAS QUE HAY QUE RESPONDER:

¿Qué puestos de liderazgo y responsabilidad has asumido? ¿Cuál es tu relación con tus compañeros de trabajo? ¿Qué se ha resuelto con tus acciones? ¿En qué te sientes seguro? ¿Qué tipo de liderazgo necesitan los demás de ti?

EJEMPLO DE AFIRMACIÓN:

«Mi confianza en mi capacidad para alcanzar objetivos inspira a mis compañeros de trabajo».

Seis de copas

Sol en Escorpio. Memoria o renovación de algo del pasado. Amistad. Intercambio placentero. Éxtasis. Regalos dados y recibidos. Nostalgia. Recuerdos. Anhelo. Añoranzas. Búsqueda de consuelo. El pasado. Antes. La antigüedad. Decorar. Embellecimiento. Protección. Intriga. Cortejo. Nuevos conocidos.

INVERTIDA: aferrarse al pasado. Reaccionario. El futuro. Lo que ocurrirá en breve. Regeneración. Resurrección. Liberación de viejos patrones o responsabilidades. «No se puede volver a casa». Desintegración de los ideales. Progresista. Nuevas tecnologías. Crecer. Estar en el presente. Redecorar. Trascender las raíces. Curación con hierbas. Trabajo con el niño interior.

PREGUNTAS QUE HAY QUE RESPONDER:

¿Qué recuerdos o relaciones del pasado han reaparecido? ¿Qué conocimientos o conciencia te han proporcionado? ¿Qué te está renovando y revitalizando? ¿Qué te brinda placer? ¿Qué sentido tienen los niños o los placeres infantiles en tu situación actual? ¿Qué das en la amistad? ¿Qué tipo de amigo eres?

EJEMPLO DE AFIRMACIÓN:

«Mi mayor regalo es la amistad».

Seis de espadas

Mercurio en Acuario. Alejarse del peligro. Viaje en la conciencia, o viaje mental. Resolver problemas. Tomar distancia para ver las cosas con perspectiva. Éxodo. Transición. Pasaje. Enviado. Viaje por agua. Transferencia de ideas, datos, materiales. Planificación de una ruta. Pensamiento científico. Dependencia de otros.

INVERTIDA: bloqueado mental o físicamente. Viaje en silla de ruedas. Problemas con el transporte. Dificultades relacionadas con el agua. Tímido, temeroso. Aferrarse a los prejuicios. Inflexible. Actividades encubiertas reveladas. Regreso de un viaje. Choque cultural. «Abandonar el barco». Propuesta no deseada. Revelación pública. Cambio de planes. Recuperación del alma. Viaje al inframundo.

PREGUNTAS QUE HAY QUE RESPONDER:

¿Qué problemas inmediatos intentas resolver? ¿A dónde vas a ir para resolverlos? ¿En qué momento de tu vida es importante la claridad mental? ¿Cómo estás liberando tu mente del desorden y las falsas ideas para poder pensar con claridad? Cuando te alejas de tu problema para obtener una perspectiva clara, ¿qué ves?

EJEMPLO DE AFIRMACIÓN:

«Gano perspectiva en los problemas y asuntos cambiando mi dirección y enfoque».

SEIS DE PENTÁCULOS

Luna en Tauro. Compartir tus recursos. Obtener ayuda o patrocinio; atraer hacia ti lo que necesitas. Reformas simbólicas. Sensibilidad a las necesidades de los demás. Un «intercambio de energía». Dar o recibir dinero. Regalo. Caridad. Inversor. Un benefactor. Ganar un caso legal. Pagar un préstamo. Codependencia. Dominio y sumisión.

INVERTIDA: redistribución de la riqueza. Disparidad de poder. Desfavorecimiento. Envidia. Codicia. Deudas incobrables. «Planes para hacerse rico rápidamente». Expectativas financieras fallidas. Adulación. Extorsión. Hambre de atención. Falta de gratitud. Injusticia. Desfase entre el deseo y la realización. Rechazo de la caridad. Necesidades negadas. Malversación de fondos. Anulación de la estructura de clases.

PREGUNTAS QUE HAY QUE RESPONDER:

¿Con quién compartes tu prosperidad, recursos o habilidades? ¿Cómo y para quién eres mentor, consejero o mecenas? ¿Cómo compartes la riqueza (de dinero, talento, información)? ¿Qué tienes para dar que otros necesitan? ¿Cómo gestionas tu tiempo? ¿Qué recibes y de quién?

EJEMPLO DE AFIRMACIÓN:

«Doy, sabiendo que recibiré en la misma medida».

Sietes

SATURNO. El proceso de maduración. Trabajo interior. Autorreflexión. Lucha. Precaución. Pruebas. Limitación. Disciplina. Restricción. Movimiento. Cambio. Nueva dirección. Equilibrio. Dominio. Descanso. Unidad dentro de la complejidad. Autoexpresión. Acción independiente. Corrección del desequilibrio. Cambio de patrones. Despertar. Preparación. Previsión. (En el Árbol de la Vida, Victoria y Venus).

NEGATIVAMENTE: arrogancia. Engaño. Manipulación. Falta de voluntad para afrontar y tratar la realidad.

SIETE DE BASTOS

Marte en Leo. Afrontar una situación y hacer valer tu punto de vista. Carácter e integridad. Tomar una posición. Defenderte a ti mismo y a tus necesidades o creencias. Una disertación. Cotilleo. «Rey de la montaña». Ganar ventaja. Levantar las estacas. A caballo entre dos aguas. No estar seguro de la posición que ocupas. Colocación u orquestación adecuada de elementos.

INVERTIDA: *el muro de Berlín.* Paranoia. Colocación o eliminación de defensas, barricadas. Retirada. Demasiado para gestionar. Exceso. Objeciones superadas. Establecer límites. Tiempo muerto. Evitar la acción. Vergüenza. Desenfado. Vacilación. Compromiso forzado. Victimismo. Intransigencia. Aterrizar y centrarte cuando te sientes vulnerable.

PREGUNTAS QUE HAY QUE RESPONDER:

¿A qué creencias u opiniones te aferras a pesar de las críticas y la presión social? ¿A quién te enfrentas? ¿Estás siendo leal contigo mismo? ¿Cuál sería el resultado ideal para ti si pudieras conseguir lo que quisieras? ¿Cómo puedes adoptar una postura y presentar tu punto de vista de la manera más eficaz?

EJEMPLO DE AFIRMACIÓN:

«Defiendo mis creencias».

Siete de copas

Venus en Escorpio. Un estado de conciencia alterado. Inundado de fantasías. Atrapado en las ilusiones o en el reino de los sentidos. Sueños. Ensueños. Visiones. La imaginación creadora. La indecisión. Tentaciones. Pruebas del alma y de las emociones. El libertinaje. La indulgencia. Esquemas de enriquecimiento rápido. Éxito ilusorio.

INVERTIDA: pensamiento claro y lógico. Ser realista. Hacer planes. Definir prioridades. Centrarse. Establecer intenciones. O bien desconcierto total. Falta de imaginación. Esperanzas truncadas. Ilusiones que se esfumaron. Sublimación de los deseos. Lucha contra el pecado y el vicio. Aplazamiento de los logros. Hipocondría. Males derivados de los vicios: orgullo, envidia, gula, castidad, paciencia, liberalidad, diligencia. Sucumbir a las tentaciones mundanas.

PREGUNTAS QUE HAY QUE RESPONDER:

¿En qué medida te excedes o te consientes a ti mismo? ¿Cuáles son tus fantasías para el futuro? Enumera al menos siete. ¿Cuáles son tus fantasías actuales? ¿Cómo te engañas a ti mismo? ¿Qué visiones místicas o religiosas experimentas? ¿Cómo gratificas tus sentidos?

EJEMPLO DE AFIRMACIÓN:

«Reconozco mis fantasías; sin embargo, pido al universo que satisfaga mis necesidades».

Siete de espadas

Luna en Acuario. Esconderse. Mentir. Abrumado por las adversidades, evitando la confrontación. Investigación: recoger los conocimientos e ideas de los demás. Preparación. Montaje. Distribución. Sigilo. Subterfugio. Robo. Ingenio. Desarmar a otros.

INVERTIDA: prudencia. Evitar el peligro. Anular planes y acuerdos. Sin subterfugios. Salir a la luz. «Salir del armario». Recuperar algo. Volver a la escena del crimen. Devolución de los bienes robados. Examinar las acciones pasadas. Consejo e instrucción. Iniciación. Conocimiento e interpretación esotérica.

PREGUNTAS QUE HAY QUE RESPONDER:

¿De qué te estás «apropiando»? ¿A quién engañas? ¿Cuál es tu estrategia para conseguir tus fines? ¿Qué investigación estás realizando? ¿Qué ideas recoges? ¿Cómo gestionas el resultado? ¿Confías en las personas con las que trabajas? ¿Qué te confunde? ¿Qué puedes hacer para bajar tus defensas y ser más abierto? ¿Cuáles son los puntos débiles de tu plan, investigación o trabajo?

EJEMPLO DE AFIRMACIÓN:

«Investigo, preparo y reúno pruebas y recursos para mis proyectos».

SIETE DE PENTÁCULOS

Saturno en Tauro. Miedo al fracaso. Retraso. Valoración de los resultados de tus esfuerzos. Evaluar los errores para aprender de ellos. Observar los ciclos y procesos. Cultivar. Sacrificar. Eliminar. Esfuerzo. Paciencia. Valoración. Fructificación. Perfeccionismo. Procrastinación. Progreso lento. Obstáculos.

INVERTIDA: aumento de la ansiedad. Pérdida. Paranoia. Preocupación. Melancolía. Impaciencia. Procrastinación. Desconfianza justificada. Dificultad para descansar. Exceso de trabajo. Poco rendimiento por la cantidad de trabajo. Falta de beneficios. Explotación. Sobrexplotación de los recursos. Excedente no utilizado. Despilfarro. Pereza. Dejar que la naturaleza haga su trabajo. Confiar en el proceso. Hechizos mágicos.

PREGUNTAS QUE HAY QUE RESPONDER:

¿Qué está creciendo y madurando que te preocupa? ¿Qué temes que falle o se estropee? ¿Qué errores cometiste en el pasado en circunstancias similares y qué puedes hacer de manera diferente ahora? ¿Qué inversiones de tiempo, dinero o trabajo que hiciste te preocupan? ¿En qué medida han merecido la pena tus esfuerzos?

EJEMPLO DE AFIRMACIÓN:

«Aprendo tanto del éxito como del fracaso evaluando el proceso y los resultados».

Ochos

URANO. Dar, gastar, expandir. Orden o falta de él. Reevaluación. Priorización. Uso de la energía. Valoración. Inspiración. Evolución. Equilibrio. Causa y efecto. Vibración. Movimiento. Avanzar. (En el Árbol de la Vida, Hod y Mercurio).

NEGATIVAMENTE: en el aire, falta de conclusiones, incapacidad para decidir. Frustración, celos.

OCHO DE BASTOS

Mercurio en Sagitario. Encaprichamiento o enamoramiento. Aceleración de las actividades y de la energía. Crecimiento y desarrollo rápidos. Pensamiento y comunicación rápidos. Internet. Arrastrado por el entusiasmo. Desplazamiento. Viaje en avión. Una carrera. Acercarse a una meta. Ordenar. Alinear. Alineación. Transacciones comerciales. Sincronía.

INVERTIDA: enfrentarse a los problemas. Emociones desbocadas. Celos. Excitación sin liberación. Histeria. Pánico. Enamoramiento ciego o desamor. Discordia. Las comunicaciones se desvían. Demasiada precipitación. Desperdicio de energía. Accidentes. Irregularidad. Huelga, ralentización o cancelaciones. Remordimientos. Liberarse de las ataduras. Superación de un nuevo nivel. Volar.

PREGUNTAS QUE HAY QUE RESPONDER:

¿En qué te apresuras? ¿Una relación? ¿Una nueva dirección de crecimiento? ¿Una creencia o filosofía? ¿Por qué te dejas llevar o te sientes abrumado? ¿Hacia dónde sientes la necesidad de avanzar rápidamente? ¿Qué necesitas contar a los demás?

EJEMPLO DE AFIRMACIÓN:

«Respondo rápidamente cuando es el momento adecuado».

OCHO DE COPAS

Saturno en Piscis. Drenaje de energía. Autocompasión. Retirada. Alejarse de las actividades y refugiarse en uno mismo. Dejar de lado antiguos valores y creencias. Sensación de falta de rumbo. Disminución de los intereses. Descontento. Abandono. Vacaciones.

Viaje. Atraído por lo desconocido. Búsqueda espiritual. Búsqueda profunda del alma. Buscar lo que falta.

INVERTIDA: volver al redil. Reincorporarse. Fiestas. Aguantar el tirón. Disculpas. «Ventana de oportunidad». Hacer acopio. Recoger. Vacaciones pospuestas. Inercia. Sentirse atrapado o vacío. Deriva sin rumbo. Miedo a la intimidad. Aferrarse a una relación que ha terminado. Visualizaciones guiadas. Viajes interiores. Huida de la realidad. Insomnio.

PREGUNTAS QUE HAY QUE RESPONDER:

¿De qué te sientes cansado o insatisfecho? ¿Qué relaciones o valores han dejado de ser relevantes en tu vida? ¿Qué o quién está consumiendo tu energía y te hace sentir emocionalmente agotado? ¿Cómo puedes retirarte o tomarte un tiempo para renovarte?

EJEMPLO DE AFIRMACIÓN:

«Me tomo un tiempo libre para recuperar mi energía y redescubrir mi sentido de identidad».

OCHO DE ESPADAS

Júpiter en Géminis. Sentirse encerrado. Restricciones. Demasiadas ideas sin dirección. Paranoia. Energía o creatividad bloqueadas. Atado por tus propios bloqueos mentales. Esperar a ser rescatado. Sentirte vulnerable y aislado. Autosabotaje mental. Victimización. Ingenuidad. Escapar. «La carta de Houdini». Una prueba de iniciación.

INVERTIDA: quitarle los límites a la experiencia. Trascender el destino, la suerte, los acontecimientos preestablecidos. Eliminar los obstáculos mediante el trabajo duro, el ingenio y la improvisación. Romper con las limitaciones. No dejarse influenciar. No ser crédulo. Delirios de persecución. Autosabotaje. Falsa humildad. Pruebas de resistencia. Tendencias místicas. Corte de cuerdas emocionales. Experiencias OVNI.

PREGUNTAS QUE HAY QUE RESPONDER:

¿Qué acciones, planes o ideas están siendo bloqueados por circunstancias que escapan a tu control? ¿Qué te gustaría hacer si pudieras liberarte de los obstáculos y bloqueos? ¿Quién o qué podría ayudarte a liberarte? ¿Qué beneficios obtienes al no actuar? ¿Qué está interfiriendo en tu expresión creativa o en tu capacidad de comunicación?

EJEMPLO DE AFIRMACIÓN:

«Me libero de mis propios dilemas soltando los conceptos que me ataban».

OCHO DE PENTÁCULOS

Sol en Virgo. Autodisciplina. Preparación. Atención a los detalles. Productividad. Poner en orden las finanzas y los recursos. Trabajo. Artesanía. Control de calidad. Cumplimiento de cuotas. Prudencia. Aburrimiento. Exhibición. Ejercicio. Puntuación. Repetición. Progreso diario. Persistencia. Desarrollo paso a paso.

INVERTIDA: cambios ocupacionales. Reentrenamiento. Falta de formación. Desempleado. Ocioso. Falta de ambición. Huelga. Trabajos sin sentido o de corta duración. Imprudencia. Temeridad. Vanidad. Trabajo de mala calidad. Recortar gastos. Accidentes. Falta de concentración. Esquemas piramidales. Facturas impagadas. Exceso de trabajo. Examinar viejos patrones. Hacer y consagrar herramientas sagradas. Aprendiz de brujo.

PREGUNTAS QUE HAY QUE RESPONDER:

¿En qué estás trabajando? O ¿qué estás preparando con antelación? ¿Qué habilidad u oficio estás aprendiendo? ¿Qué detalles necesitas examinar y cuidar? ¿Cómo puedes crear un momento y un lugar fijo para trabajar? ¿Qué preparativos necesitas hacer? ¿Qué haces para cuidar tu salud y tu bienestar?

EJEMPLO DE AFIRMACIÓN:

«Trabajo con paciencia y perseverancia para conseguir buenos resultados».

Nueves

NEPTUNO. Suerte, destino. Fuerza. Capacidad. Obstinación. Integración. Experiencia. Soledad. Gestación. Magia. Finalización. Iniciación. Puro intelecto. Conclusión. Cumplimiento. Consecución de la meta. El cambio es la estabilidad. Confianza en uno mismo. Autoconciencia. (En el Árbol de la Vida, Yesod y la Luna).

NEGATIVAMENTE: aislamiento. Espejismo. Negación y rechazo. Falta de disciplina y autoconciencia.

NUEVE DE BASTOS

Luna en Sagitario. Sabiduría y disciplina por la experiencia. Independencia. Dedicación a una causa. Fuerza y persistencia en el propósito. Defensividad. Fortalecimiento. Protección. Viejas heridas. Disciplina. Carácter. Cautela. Sospecha. Aplazamiento. Anticipación. Aislamiento. Inflexibilidad. Mantener una línea.

INVERTIDA: los obstáculos se vuelven opresivos. Aislamiento extremo. Alienación. Destierro. Romper el confinamiento. Derribar las defensas. Imprudencia. Aburrimiento. Falta de disciplina. Despreocupación. Fin de la espera. Fuera de servicio. Contratiempos en la carrera. Obstáculo a la finalización. Enfermedad crónica. Defensas debilitadas. Discernimiento espiritual. Sabiduría interior a través de la experiencia.

PREGUNTAS QUE HAY QUE RESPONDER:

¿A qué conocimientos y habilidades previas estás recurriendo? ¿Qué te fortalece para hacer frente a la oposición? ¿Qué disciplinas te ayudan a salir adelante? ¿Quién o qué te está exigiendo mucho? ¿Qué tarea tienes que manejar por tu cuenta?

EJEMPLO DE AFIRMACIÓN:

«Mis vivencias me han proporcionado la sabiduría y la experiencia necesarias para actuar de forma independiente».

NUEVE DE COPAS

Júpiter en Piscis. Satisfacción. Deseos cumplidos. Visualización de lo que se desea. Placeres sensuales. Autocomplacencia. Felicidad material. Satisfacción emocional. Buena salud. Bienestar. Apetito gratificado. Engreimiento. Trofeos. Producir o ver un evento o entretenimiento. Visualización creativa. Algo oculto. Complacencia.

INVERTIDA: deseos no cumplidos. Errores, equivocaciones, imperfecciones reveladas. Exposición. Liberación de apegos superficiales. Superación de la autocomplacencia. Dificultades con el entretenimiento. Atravesar la máscara o llegar bajo la piel. Hedonismo imprudente, superficialidad, adicción. Liberación de toxinas. Abandonar los placeres materiales por los espirituales. Simplicidad. Contemplación. Generosidad.

PREGUNTAS QUE HAY QUE RESPONDER:

¿Cómo se han cumplido tus deseos? ¿Qué placeres experimentas? ¿De qué te sientes satisfecho? ¿Qué quieres manifestar en tu vida? ¿Puedes visualizarlo con detalle?

EJEMPLO DE AFIRMACIÓN:

«Manifiesto lo que quiero visualizándolo con claridad y precisión».

NUEVE DE ESPADAS

Marte en Géminis. Depresión. Sufrimiento. Culpabilidad. Autodesprecio. Pesadillas. Insomnio. Tormentos mentales. Desesperación. Vergüenza. Crueldad con uno mismo. Conciencia. Remordimiento. Duda. Sufrimiento. Herida. Enfermedad. «Bajo la espada». Miedos. Imaginar lo peor. Aislamiento. Fracaso. El tiempo como sanador. Sudores nocturnos. El monacato.

INVERTIDA: salida de la depresión. Fin de la pesadilla. Confesión. Defenderte a ti mismo. Desafío. No reconocer la depresión, la soledad o la vergüenza. Depresión grave y prolongada. Fantasías mórbidas. Trabajo psicológico en la sombra. Búsqueda espiritual del alma. Enfrentarse a los miedos. Calumnia. Miedo o sospecha justificada. Evitar a los demás. Lucha espiritual.

PREGUNTAS QUE HAY QUE RESPONDER:

¿Cómo te menosprecias a ti mismo? ¿Cuál es el origen de tu depresión? ¿De qué sufres? ¿Cómo has sido cruel y desconsiderado, o quién ha sido cruel y te ha hecho daño? ¿Qué puedes hacer para mejorar la situación? ¿Qué pensamientos o pesadillas te atormentan?

EJEMPLO DE AFIRMACIÓN:

«Reconozco mis sentimientos y actúo para liberarlos».

NUEVE DE PENTÁCULOS

Venus en Virgo. Disfrutar del ocio en solitario. Relajación. Facilidad. Cosecha. Buenos resultados de los esfuerzos. Bienestar material. Recompensa. Jubilación. Vacaciones. Lujos. Placeres. Aficiones. Bienestar físico. Compra o cuidado de la propiedad. Encerramiento como protección o atrapamiento. Discreción. Instinto a cubierto.

INVERTIDA: estar atrapado. Deseo de libertad. Resistencia a la tentación. Falsos valores. Inquietud. Daños a la propiedad. Peligros ambientales. Tormentas. Engaño. Mentiras. Robo. Estafa. Artificios. Negación del bienestar o de la buena fortuna. Exceso de trabajo. Falta de intereses externos. No hacer ejercicio. Autoindulgencia. Codicia. Bendiciones de hadas. Aliados o familiares animales.

PREGUNTAS QUE HAY QUE RESPONDER:

¿Qué ganas con tus esfuerzos: riqueza material, seguridad, estatus? ¿Cómo disfrutas de ello? ¿Cómo pasas tu tiempo libre? ¿Cómo das las gracias por todo lo que has conseguido?

EJEMPLO DE AFIRMACIÓN:

«Utilizo y me beneficio de los frutos de mi trabajo, sin permitir que nada se desperdicie».

Dieces

PLUTÓN. Regeneración. Liberación. Responsabilidad. Consolidación. Suma de todo el trabajo realizado desde el principio. Advertencias. Culminación. Fin y comienzo. Resultados. Karma. Recompensa y castigo. Preocupación por el bienestar de los demás. Ciclos. Nuevo comienzo en el plano social de la responsabilidad con la familia o la comunidad. Renovación del compromiso o nueva dirección. Dar sentido o propósito a tus experiencias. Indica condiciones construidas (o existentes) durante un período de tiempo. Convención. Persistencia. Conservadurismo. Voluntad propia en relación con las condiciones sociales. (En el Árbol de la Vida, Malkuth y los Elementos).

NEGATIVAMENTE: *desbordamiento o sobredosis del elemento. Rebeldía y temeridad.*

DIEZ DE BASTOS

Saturno en Sagitario. Responsabilidades. Perseverancia en el cumplimiento de un objetivo. Cargas. Resentimiento. Proliferación de ideas o tareas. Mantenimiento. Sobrecarga de información. Agotamiento. Agobiado. Encargado. Atrapado. Agobiado. Traición. Obstáculos. Disfraz. Injusticia. Deber. Bloqueos creativos. La recta final.

INVERTIDA: liberarse de las cargas. Desplazar la carga. Delegar la responsabilidad. Pasar la pelota. Alivio. Limpiar. Enterrar la cabeza en la arena. Evasión. Desesperación. Desconfianza. Falsificación. Falsedad. Disimular. Pudrirse. Subterfugio. Camuflaje. Ocultación. Irresponsabilidad. Fin de un sueño o de una ambición. Emigrar. Liberación de viejos patrones.

PREGUNTAS QUE HAY QUE RESPONDER:

¿Qué responsabilidades pesan sobre tus hombros? ¿Qué es lo que te agobia? ¿Cuál es tu objetivo? ¿Cuándo lo conseguirás? ¿Quién (o qué) te restringe y te impide manifestar toda tu energía radiante? ¿Por qué has asumido estas responsabilidades? ¿Cómo puedes utilizar mejor tus poderes y energías?

EJEMPLO DE AFIRMACIÓN:

«Cumplo con mis responsabilidades, pero no eximo a los demás de las suyas».

DIEZ DE COPAS

Marte en Piscis. Estar «en casa» con uno mismo y con los demás. Plenitud y finalización. Afirmar la alegría en tu vida. Optimismo.

Compatibilidad. Armonía. Hogar feliz. Familia extendida. Tranquilidad y confianza después de una tormenta. Idealización. Un sueño imposible. Saciedad. Demasiado de algo bueno. Unir lo personal y lo profesional, lo interior y lo exterior.

INVERTIDA: abandono. Problemas con el hogar o las relaciones. Discusiones. Separación. Perturbaciones en la familia. Reuniones difíciles. Desintegración de los sueños. «Síndrome del nido vacío». Caridad o beneficencia. Rechazo de los valores familiares. Falta de familia o de hijos. Excedente insalubre. Expansión suburbana. Realización emocional interior. Plenitud psíquica.

PREGUNTAS QUE HAY QUE RESPONDER:

¿Cómo vives en armonía con tu entorno? ¿Qué hay de bueno en tu vida? ¿Dónde encuentras la alegría? ¿Dónde está tu hogar? ¿Qué esperas de tus relaciones futuras? ¿Qué quieres en una familia? ¿A qué necesidades de la familia y de los amigos atiendes?

EJEMPLO DE AFIRMACIÓN:

«Estoy en casa conmigo y con mis seres queridos».

DIEZ DE ESPADAS

Sol en Géminis. Parálisis. Fin de un problema, defensa, egocentrismo, hostilidad. Soltar. Aceptación y resignación. Sacrificio. Aflicción. Exceso. Traición. Agotamiento. Tocar fondo. Apuñalado por la espalda. Inmovilizado. Pérdida de posición. Problemas de espalda. Muerte de las viejas formas de pensar. Liberación. Alivio. Nuevo amanecer. Esperanza.

INVERTIDA: recuperación. Renacimiento. Supervivencia. Avances liberadores. Alivio del estrés. Lo peor ha pasado. Los problemas de salud crónicos pueden reaparecer tras una pausa. Nuevos logros precarios. Expiación de una transgresión. Negar la gravedad de un problema. Negarse a soltar algo. Sacrificios necesarios. Supervivencia del más fuerte. Viajes astrales. Muerte/renacimiento ritual.

PREGUNTAS QUE HAY QUE RESPONDER:

¿En qué sentido te sientes paralizado o incapaz de actuar? ¿En qué aspectos crees que no tienes elección? ¿Qué te obligan a aceptar? ¿Qué se está sacrificando? ¿Qué problema puedes dejar de lado en este momento? Si ahora aceptas totalmente la derrota, ¿qué te permitirá eso hacer?

EJEMPLO DE AFIRMACIÓN:

«Me libero de aquello que no puedo lograr para dedicarme a hacer las cosas que sí puedo».

DIEZ DE PENTÁCULOS

Mercurio en Virgo. Tradiciones y convenciones establecidas. Jerarquías. Herencia. Resistencia y permanencia. Prosperidad y riqueza. Familia y hogar. Dinero antiguo. Valores y responsabilidades familiares. Legados. La genética. Ascendencia. Archivos. Garantía. Lo que perdura. Reencuentro. Instituciones. La sabiduría.

INVERTIDA: rechazo de la tradición. Alejamiento. Problemas o pérdidas familiares, organizativas o institucionales. Inseguridad. Privación. Peleas. Rencillas. Consejos ignorados. Apuestas. Exceso de materialismo. Carga de cuidados. Carga de la herencia y de las obligaciones. Herencia sin valor o dilapidada. Herencia disputada. Venta de mercadillo. Trabajo espiritual con los antepasados.

PREGUNTAS QUE HAY QUE RESPONDER:

¿De qué manera eres rico? ¿Qué tradiciones estás continuando? ¿Qué has heredado: un trabajo, dinero, una casa? ¿Qué debes a la influencia familiar? ¿Cuál es tu estatus o posición en la jerarquía o estructura? ¿Qué perdurará más allá de esta experiencia o situación? ¿Cómo se espera que te comportes en estas circunstancias?

EJEMPLO DE AFIRMACIÓN:

«Soy rico en familia y tradiciones».

Los Arcanos Menores: cartas de la corte

(Nota: Consulta también el capítulo tres, páginas 108 y siguientes, para ver las interpretaciones de los palos).

Reyes/Chamanes

Los reyes muestran dominio, habilidad y autoridad en el campo representado por el palo. Simbolizan la experiencia, el poder, la autoridad, el estatus. Seguros pero rígidos, limitados por las reglas que han establecido. Las cartas de la corte suelen señalar tanto a uno mismo como a otro en una lectura. El rey puede ser un jefe, tu padre o alguna otra figura de autoridad. «Él» también puede representar el animus *en una mujer o el concepto de sí mismo en un hombre.*

REY DE BASTOS

(Fuego de fuego). La creación del yo. La capacidad de ser uno mismo. Un dictador benévolo. Se arriesga basándose en destellos de intuición, le gusta apostar y es muy ostentoso y teatral. Orientado a los logros. Puede ser dominante, irascible y arrogante. Creativo y expresivo.

INVERTIDA: arrogante. Autocrático. Dictatorial. Autocomplaciente. Vanidoso. Orgullo prepotente. Dominante. Fanfarrón. Espectáculo. «El emperador desnudo». O débil e ineficaz. No es humano. Usar el poder imprudentemente. Decisiones tontas. Errores de juicio. Dificultad para retirarse o quedar sin trabajo. Miedo a la falta de experiencia. No tener el control. Rehuir el poder y la responsabilidad. Padre ausente. Demasiado indulgente. Exigente. O muy severo.

PREGUNTAS QUE HAY QUE RESPONDER:

¿Cómo te expresas a ti mismo? ¿Cómo utilizas tu capacidad de decisión y liderazgo? ¿Quién controla la situación? ¿A quién admiras por su concepto de sí mismo?

EJEMPLO DE AFIRMACIÓN:

«Reconozco mis logros y mi iniciativa».

REY DE COPAS

(Fuego de agua). Emociones o relaciones establecidas. La capacidad de amar. Un consejero o cuidador. Creativo e imaginativo. Puede tener sus sentimientos bajo control, mantener una conciencia distante o nublar el asunto con celos y fantasías.

INVERTIDA: sentimental. Melancólico. Nostálgico. Apático. Sin corazón. Frío emocionalmente. Pérdida de control emocional. Busca el amor en los lugares equivocados. Desagradable. Manipulador emocional. Malversación. Estafas. Escondido detrás de una fachada cariñosa. Fingir simpatía. Sacrificios no apreciados. Calzonazos. Vivir en un mundo de fantasía. Refugiarse en las adicciones. Autocompasión. Perversión. Libertinaje. Mareo. Devoción sacerdotal.

PREGUNTAS QUE HAY QUE RESPONDER:

¿Qué sentimientos controlas al máximo? ¿En qué sentido eres un cuidador o consejero? ¿A quién le importas de todo corazón? ¿Cómo te has establecido creativamente?

EJEMPLO DE AFIRMACIÓN:

«Reconozco mis valores internos, sentimientos e intuiciones».

REY DE ESPADAS

(Fuego de aire). Pensamiento establecido. Capacidad de comunicación y de análisis. Escritor, abogado, diplomático o filósofo (profesionalmente o no). Protege y defiende. Afilado y rápido. Puede cortar sin piedad lo que percibe como innecesario o ilógico.

INVERTIDA: inhumano. Indiferente. Inquebrantable. Disciplina dura. Sarcástico. Implacable. Prejuicioso. Irrazonable. Sin piedad. O bien débil de voluntad, flojo, sin carácter. Poco asertivo. Profesor distraído. No intelectual. Sin escrúpulos. Tramposo (especialmente en asuntos legales). Criminal. Pensamiento equivocado. Desilusionado por el sistema de justicia o la política. «Vencer al sistema». Evitar las consecuencias. Anular las decisiones judiciales. Degeneración mental. Dolor. Ordalías y juramentos. Ley cósmica.

PREGUNTAS QUE HAY QUE RESPONDER:

¿Quién impone la ley? ¿Cómo utilizas tu capacidad de ser racional, lógico y analítico? ¿Quién te juzga o critica?

EJEMPLO DE AFIRMACIÓN:

«Reconozco mi capacidad para defender aquello en lo que de verdad creo».

REY DE PENTÁCULOS

(Fuego de tierra). Trabajo establecido. La capacidad de producir y ser práctico. Un gestor, financiero o artesano. Responsable y digno de confianza, pero obstinado y lento para el cambio. Ambicioso. Preocupado por la seguridad y la calidad.

INVERTIDA: miserable. Explotador. Testarudo. Crudo. Burdo. Aburrido. Tedioso. Carente de imaginación. O extravagante. Ostentoso. Corrupto. Avaricioso. Sediento de poder. Posesivo. Celoso. Inseguro. Infravalorado. Abuso de la tierra, de los recursos, de las personas. Deformación física. Preocupación por el dinero. Agobiado por las necesidades familiares o materiales. Incapacidad de proveer. O rechaza las preocupaciones materiales. Comer en exceso. Problemas articulares o de próstata. Hombre verde.[*] Seguridad interior y satisfacción.

PREGUNTAS QUE HAY QUE RESPONDER:

¿Cómo utilizas tu habilidad para gestionar tus asuntos materiales? ¿Quién es digno de confianza y a la vez obstinado? ¿Cómo estás siendo práctico y con los pies en la tierra, o a quién conoces que lo sea?

EJEMPLO DE AFIRMACIÓN:

«Reconozco a la Madre Tierra como la fuente de mi bienestar material».

---

[*] Figura mitológica de origen celta que representa el renacimiento y la primavera (N. del T.).

Reinas/Sacerdotisas

Las reinas representan el control interno y personal, más que el mundano. Tie-
nen la capacidad de nutrir y desarrollar los aspectos señalados por cada palo.
Representan a las madres y la maternidad, los hábitos y la integración cultural.
Administran y canalizan el poder. Gobiernan desde el corazón. Son el anima
de un hombre o el sentido de la identidad de una mujer.

REINA DE BASTOS

(Agua de fuego). Reconoce su poder personal. Muestra confianza en sí misma, generosidad, pasiones ardientes y deseos intensos. Se
comporta con espontaneidad y es irascible. Utiliza sus energías creativas y las inspira en los demás. Ama la felicidad.

INVERTIDA: bruja. Buscona. Manipuladora. Depredadora. Ce-
losa. Vengativa. Vulnerable. Engañada. Enfadada. Ambiciones frustradas y crecimiento personal. Falta de oportunidades. Necesidades
propias dejadas de lado. Demasiado generosa y servicial. Agotamiento. Falta de voluntad. Prepotente. Astuta. Maliciosa. Imprevisible.
Fervor salvaje. Hace alarde de sexualidad o se vuelve frígida. Madre
excesivamente dominante. Irritable. Autocomplaciente. Ensimisma-
da. No está disponible. Sofocada. Encantadora.

PREGUNTAS QUE HAY QUE RESPONDER:

¿Cómo estás expresando tus energías creativas? ¿Quién te da
muchas buenas ideas y energía? ¿Cuándo te sientes poderoso y apa-
sionado? ¿Quién tiene un carácter fuerte y protector?

EJEMPLO DE AFIRMACIÓN:

«Reconozco mi propio potencial y mi capacidad para manifestar
mis deseos».

REINA DE COPAS

(Agua de agua). Canaliza los sentimientos, las emociones, los
sueños, las visiones. Es la musa, la encantadora. Es psíquica y profundamente emocional, fluctúa como la luna en sus emociones. Debe
estar cerca del agua y refleja el inconsciente de los demás. Suele ser

empática y comprensiva, pero puede ser temperamental y engañosa. Enamorada del amor.

INVERTIDA: vampiresa. Seductora. Vampiro emocional. Frívola. Melodramática. Inconstante. Realista. Aguda. Fría. Insensible. Poco práctica. Hipersensible. Olvidar el tiempo, las responsabilidades o las necesidades de los demás. Retirada a la fantasía o a las adicciones. Delirante. Insípida. Enervada. Aferrada. Autocompasión. Resistencia pasiva. Malhumorada. Como progenitor, retraído o bien asfixiante. Dificultades para mantener los límites psíquicos. Canalización.

PREGUNTAS QUE HAY QUE RESPONDER:

¿Quién quiere protegerte y colmarte de afecto? ¿Cómo estás trabajando o expresando tu inconsciente? ¿De qué manera expresas tus emociones? ¿Quién te inspira con sus sueños y su apertura?

EJEMPLO DE AFIRMACIÓN:

«Reconozco la profundidad de mis emociones y mi capacidad para atraer y encantar a quienes me rodean».

REINA DE ESPADAS

(Agua de aire). Canaliza el pensamiento. Capaz de hablar en nombre de los demás. Expresa bien su punto de vista. No se deja engañar ni confundir. Una mujer profesional. Inteligente y autosuficiente, con una mente crítica y una lengua afilada. Suele ser justa y equitativa, pero puede ser vengativa. Le gustan las ideas.

INVERTIDA: rencorosa. Engañosa. Maliciosa. Hipercrítica. Profundamente decepcionada. Malhumorada. Ambiciones frustradas. Ideales agriados. Habilidades sacrificadas. Dependiente. Emocional. El intelecto se esconde bajo el artificio. Niega el dolor. Teme estar sola. No puede tomar decisiones. Se resiste o tiene dificultades con los finales. Falta de firmeza y discernimiento. Cólera reprimida. Prudencia. Intolerante o vacilante. Alergias. Amortaja al muerto.

PREGUNTAS QUE HAY QUE RESPONDER:

¿Cómo estás utilizando tus habilidades mentales y comunicativas? ¿Quién te ayuda a ver las alternativas señalándote las cosas de forma racional y quizás crítica? ¿En qué sentido estás siendo previsor y analítico?

EJEMPLO DE AFIRMACIÓN:

«Reconozco mi sabiduría interior y mi capacidad de ser justo y equitativo».

REINA DE PENTÁCULOS

(Agua de tierra). Canaliza la información sensorial y el conocimiento práctico. Es capaz de preservar y conservar. Respeta el cuerpo, los alimentos y la tierra. Procrea. Ama el mundo, la tierra y la vida. Inspira confianza y proporciona seguridad.

INVERTIDA: desaliñada. Desordenada. Odia el campo, la cocina, la jardinería. Aventurera. Se niega a nutrir, o a cuidar el cuerpo o el entorno. Desleal. Dificultades financieras. No apreciada. Irresoluta. Tímida. Autocomplaciente. Desconcertada por las necesidades de gestión. Indefensa. O bien fanática de las tareas domésticas. Exceso de gestión. Codiciosa y posesiva. Obsesionada con la seguridad, el estatus, la conformidad. Problemas digestivos y nutricionales. Sensible a las toxinas ambientales. Magia en la cocina.

PREGUNTAS QUE HAY QUE RESPONDER:

¿Cómo canalizas tus recursos físicos? ¿Quién inspira tu necesidad de habilidades prácticas y alimenta tu deseo de conocimiento? ¿Quién es fiable y digno de confianza? ¿Cómo estás conectado a la Madre Tierra?

EJEMPLO DE AFIRMACIÓN:

«Reconozco la fertilidad de mi alma y planto mis semillas en tierra preparada».

Caballeros/Príncipes/Hijos

Los caballeros actúan, se involucran y se comprometen con lo indicado por su palo. Representan la energía pura y a menudo muestran dónde estás poniendo tus energías. Centrados pero activos, muestran propósito, valor y una actitud cortesana. A veces son testarudos, precipitados, irreflexivos y egocéntricos. Para las mujeres, los caballeros suelen ser una representación del animus, *especialmente romántica. Representan su necesidad de desafiar algo o de aventurarse. Pueden indicar viajes.*

CABALLERO DE BASTOS

(Aire de fuego). Poner la energía en el crecimiento propio, las perspectivas de futuro, las nuevas direcciones. Dispuesto a asumir riesgos. Entusiasmo inspirado. Puede explotar de ira o de celos. Irradia energía creativa y sexual.

INVERTIDA: rebelde sin causa. Pícaro. Buscador de emociones. Fanfarrón. Gamberro. Matón. Incendio. Interrupciones. Imprudente. Crea discordia y desunión. Peleas. Lucha. Turbulencias. Deseo hirviente sin foco ni salida. Inflamaciones. «Quiérelas y déjalas». Sexo como diversión o deporte competitivo. Mal genio. Frenar los nuevos emprendimientos. O un ritmo más lento. *Festina lente,*[*] «vísteme despacio, que tengo prisa». Caminar por el fuego. Explorador de los planos interiores.

PREGUNTAS QUE HAY QUE RESPONDER:

¿Cómo creces y te desarrollas? ¿De qué manera estás asumiendo riesgos? ¿Quién irradia energía creativa o sexual en tu vida? ¿Quién tiene ganas de ponerse en marcha con entusiasmo?

EJEMPLO DE AFIRMACIÓN:

«Estoy dispuesto a actuar siguiendo mi inspiración».

CABALLERO DE COPAS

(Aire de agua). Seguir tus sueños, visiones, ideales, amor. Expresar el gusto y la sensibilidad estética. Compartir visiones y dar amor de forma psíquica e intuitiva. Un soñador romántico. Puede ser temperamental y celoso.

INVERTIDA: embaucador o esteta excesivamente sensible. Seductor, especialmente mediante la astucia o la manipulación de las emociones. «Enamorado del amor». Amor secreto o no convencional.

---

[*] Locución latina que significa, literalmente, 'apresúrate despacio' (N. del T.).

«Que no ha salido del armario». Propuesta sospechosa. Una invitación retirada. Amor no correspondido. Engaño. Falta de voluntad de compromiso. Adulación y servilismo. Deriva. Deseo de escapar de las duras «realidades». Posibles adicciones. Desequilibrios de fluidos. Caprichos poéticos.

PREGUNTAS QUE HAY QUE RESPONDER:

¿Qué sueño, visión, ideal o amor estás siguiendo? ¿Quién te invita a un viaje de significado emocional?

EJEMPLO DE AFIRMACIÓN:

«Estoy dispuesto a actuar según mis sueños».

CABALLERO DE ESPADAS

(Aire de aire). Centrado en demostrar una cuestión. Comprometido con las ideas, los pensamientos, la filosofía. Utilizar la mentalidad, la comunicación. Hablar claro, regañar a la gente. Asertivo y valiente, pero testarudo e impaciente.

INVERTIDA: imprudente. Fuera de control. Vengativo. Ladrón. Tahúr. Pone en peligro a los demás de forma imprudente. O bien puede «agotarse». Desgastado y exhausto. Retirada. Librar una batalla que no te corresponde. «Con la cabeza llena de pájaros». «Azotar a un caballo de paja». Argumentos irrelevantes. Enfurecido sin comprobar los hechos. Reencauzar un caballo desbocado. Reflexivo. Desvíos. Conexiones perdidas. Accidentes. Heridas. Autodefensa psíquica. Guerrero espiritual. Defender la verdad interior.

PREGUNTAS QUE HAY QUE RESPONDER:

¿Contra qué cargas y por qué tan deprisa? ¿Qué idea te has comprometido a demostrar?

¿Quién ha sido impaciente y descuidado con tus sentimientos?

EJEMPLO DE AFIRMACIÓN:

«Defiendo el derecho de todos a la verdad y la justicia».

CABALLERO DE PENTÁCULOS

(Aire de tierra). Realizar o enseñar tus logros. Utilizar tus conocimientos. Comprometido con la seguridad. Estable y fiable, pero a veces obstinado. Se esfuerza por mantener el orden y las normas.

INVERTIDA: obstinado. Intolerante. Antisocial. Demasiado materialista. «Duro de mollera». Comodón. Malhumorado. Fatigado. O bien se concentra únicamente en el ejercicio y la musculación. Carece de iniciativa o persistencia. Abandona a las personas y los proyectos. Desempleo. Trabajo sin salida. Pérdida de movilidad. Esfuerzos o recursos desperdiciados. O bien superación de obsesiones materialistas. Lúdico. Centrarse en la valía y los valores internos. Reposo meditativo. Espíritus de la naturaleza. Rey del roble.[*]

PREGUNTAS QUE HAY QUE RESPONDER:

¿Quién es estable y fiable para ti? ¿Quién está comprometido con la seguridad y las convenciones? ¿Cómo te va en el trabajo o en un proyecto? ¿A qué necesidades de tu cuerpo o de la Madre Tierra eres sensible?

EJEMPLO DE AFIRMACIÓN:

«Protejo y cuido mi cuerpo y el de la Madre Tierra».

Pajes/Princesas/Hijas

Los pajes señalan la necesidad de indagar en un asunto, de estudiarlo, de estar abierto a «mensajes» o nuevas formas e ideas. Actúan como catalizadores del cambio, indicando una oportunidad presente. Asumen riesgos y están abiertos a nuevas posibilidades. Indican un niño real o tu propio «niño» interior: ingenuo e inocente, aprendiendo. A veces llegan a tu vida como mensajeros.

PAJE DE BASTOS

(Tierra de fuego). Busca nuevas direcciones para el crecimiento y el desarrollo personal. Trae mensajes y llamadas telefónicas. Es ardiente y audaz; toma al tigre por la cola. De temperamento caliente. Desinhibido. Franco y directo al hablar.

---

[*] Antigua deidad europea que reinaba sobre la mitad luminosa del año, es decir, desde el solsticio invernal hasta el solsticio de verano (N. del T.).

INVERTIDA: diletante o aficionado. Caprichoso. Propenso a las rabietas o hastiado y poco entusiasta. Hiperactividad. Indecisión. Déficit de atención. Quiere una gratificación inmediata. Miedo a la decepción. Falta de curiosidad. Aburrimiento. Miedo a parecer crédulo o ingenuo. Actuar con displicencia o desprecio. Malcriado. Ser demasiado indulgente. Indiscriminado. Imprudente. Delincuente. Fanfarrón. Malas noticias. Oportunidad o plan rechazado. Historias y fábulas. Bardo en formación. Aprendiz de brujo.

PREGUNTAS QUE HAY QUE RESPONDER:

¿Qué nuevos territorios e ideas estás examinando? ¿Quién te llama? ¿Quién se entusiasma con tus esfuerzos o te admira como un adulto maduro? ¿Qué acciones arriesgadas estás llevando a cabo? ¿Qué es lo que te entusiasma?

EJEMPLO DE AFIRMACIÓN:

«Siempre estoy creciendo y aprendiendo».

PAJE DE COPAS

(Tierra de agua). Abierto al amor y a las nuevas relaciones. Dispuesto a correr riesgos en el amor. Trae mensajes de tus sueños o intuición. Dependiente emocionalmente. Al servicio de los demás.

INVERTIDA: se resiste al amor. Teme la vulnerabilidad. Pérdida de la inocencia y la confianza. Chico o chica locos. Seductor. Adulador. Lisonjero. Engreído. Exceso de sensibilidad. Escapista. Demasiado romántico o poco romántico. Insensible. Indiferente. Sueños e intuición ignorados o constatados como falsos. Se encierra en sus fantasías. Fácilmente manipulable, influenciable. Anhelante. Cartas de «Querido Juan» o «Querida Juana». Cancelación de invitaciones o compromisos sociales. Rituales de pubertad.

PREGUNTAS QUE HAY QUE RESPONDER:

¿Quién depende de ti emocionalmente? ¿Qué te dice tu intuición que hagas? ¿Cómo puedes servir a los demás? ¿Quién te ofrece un amor sin reservas y sin prejuicios?

EJEMPLO DE AFIRMACIÓN:

«Estoy dispuesto a arriesgarme a amar».

PAJE DE ESPADAS

(Tierra de aire). Busca la justicia y la verdad. Supera la depresión y los pensamientos pesados y tormentosos. Se arriesga con las comunicaciones. Penetrante y astuto. Atraviesa los pensamientos turbios para llegar a la verdad del asunto. A veces es irreflexivo, imprudente y rencoroso.

INVERTIDA: cáustico. Vituperable. Argumentativo. O bien se queda sin palabras. Débil. Se siente atado y vulnerable. No puede protegerse. Ilógico. Bajar la guardia. Postura de valentía. No está preparado. Excesivamente defensivo. Un impostor. Malos entendidos. Problemas con la ley. Participación en pandillas. Dañado por el divorcio o el distanciamiento. Se niega a comunicarse. Las noticias son repentinas y pueden causar angustia. Los proyectos carecen de lógica o planificación. Peleas en la pubertad.

PREGUNTAS QUE HAY QUE RESPONDER:

¿Qué tienes que decir? ¿A qué temores debes enfrentarte? ¿Qué información importante acabas de conocer a través de los medios de comunicación? ¿Quién intenta comunicarse contigo?

EJEMPLO DE AFIRMACIÓN:

«Me enfrento a mis miedos y depresiones y me arriesgo a atravesarlos».

PAJE DE PENTÁCULOS

(Tierra de la tierra). Busca conocimiento, experiencia y nuevas habilidades. Busca una visión. Busca la guía de la tierra. Examina los valores. Arriesga el dinero y la seguridad. Asume riesgos físicos.

INVERTIDA: pérdida de concentración. No es estudioso. Dificultades para aprender o recordar. Impaciente. «Tirar la toalla». Búsqueda excesiva de errores. Codicia el dinero y las posesiones. O bien poco práctico y no material. Apegos neuróticos. Fascinación por lo oculto. Ignorar la salud o la higiene. Tirar basura. Deterioro del entorno.

Enfrascarse en los detalles. Exceso de trabajo. Agotamiento. Enfermedades de la infancia. Malas noticias. Cancelaciones. Conciencia interior de la maravilla de la creación.

PREGUNTAS QUE HAY QUE RESPONDER:

¿Qué nueva información estás recogiendo? ¿Qué nuevas posibilidades albergas en tu interior? ¿Quién te está aportando información económica? ¿Estás escuchando a la tierra?

EJEMPLO DE AFIRMACIÓN:

«Confío en la información que me da mi cuerpo y estoy aprendiendo a escuchar cómo me habla».

Historia del tarot y teoría de sus orígenes

Durante los últimos veinticinco años, han aumentado mucho los conocimientos acerca de los orígenes del tarot. Sin embargo, los datos aislados pueden conducir tanto a una imagen falsa de lo que ocurrió como a la fantasía y la especulación. Para el lector de cartas, el ritualista o el meditador, el mito de que el tarot es un remanente de una antigua tradición de sabiduría es una proyección de la psique en forma de metáfora que habla directamente al alma. Contiene un tremendo potencial energético que puede ser canalizado como significado personal y utilizado para inspirar reflexiones creativas, el arte del tarot y la transformación del ser.

Admito que he seleccionado una serie de datos para contar una historia que tenga sentido para mí. Si quieres solo la evidencia de los hechos, te recomiendo los libros de los siguientes autores que se encuentran en la bibliografía: Dummett; Decker, Depaulis y Dummett; Kaplan; O'Neill, y la hoja informativa sobre la historia del tarot.[1]

Orígenes

Los naipes aparecieron en Europa en algún momento de la última mitad del siglo XIV y, a pesar de que se diga lo contrario, preceden al tarot en, al menos, cincuenta años. Originados en algún lugar de Asia Menor antes del siglo XIII, probablemente se inspiraron en los naipes de China o la India. Pasando por el Egipto mameluco, llegaron primero a España o al sur de Italia a lo largo de las rutas comerciales. Gracias a la llegada fortuita de las técnicas de fabricación de papel entre los siglos XI y XIII y de la impresión en madera antes de finales del XIV, los naipes pronto se extendieron por toda Europa. Primero se llamaron *naypes* o *naibi*, y lo más probable es que el nombre derive de un término árabe, *na'ib*, que significa 'lugarteniente' o 'virrey', tal y como se inscribe en dos de las cartas de la corte mameluca. (No se ha establecido una relación etimológica con el término hebreo *nabi*, 'profeta', a menos que se refiera a un profeta como lugarteniente de Dios). Debido a las prohibiciones religiosas musulmanas de representar seres vivos, los diseños eran abstractos y sin figuras. Los palos consistían en bastones de polo, espadas, copas y monedas o círculos. Los europeos, que nunca habían visto ese tipo de bastones, los convirtieron en cetros o porras.

Fue en el norte de Italia donde se añadieron las veintidós cartas de triunfos a esta baraja original como un palo permanente en un juego de apuestas similar al *bridge*. No hay registros que nos digan exactamente dónde, cuándo, quién o por qué se fabricaron las primeras cartas de triunfo. Sin embargo, los naipes más antiguos conocidos a día de hoy guardaban relación con la familia gobernante de Milán.

En 1428, Filippo Visconti, el último duque de la gran familia Visconti de Milán, se casó con María de Saboya. Entre los regalos de boda, o para un aniversario posterior, se encontraba una magnífica baraja de naipes de gran tamaño pintados a mano con iluminación de pan de oro martillado. Además, presentaban una nueva invención: un conjunto de veintidós imágenes alegóricas conocidas como *I Trionfi*, 'los triunfos'. El triunfo de los Amantes de esta baraja, conocida como *Cary-Yale Tarocchi*, muestra a un hombre y una mujer tomados de la mano bajo el arco de un dosel que lleva las armas de las familias Visconti y Saboya.[2]

Otra baraja pudo haber sido creada para marcar el matrimonio entre Bianca, la hija ilegítima del duque Filippo, y el advenedizo Francesco Sforza, un soldado profesional. Sforza parecía ser la única esperanza de salvar el ducado, una de las ricas e importantes ciudades-estado con gobierno propio. Se cree que las cartas conocidas como el Tarot Visconti-Sforza, de esta época o poco después, son uno de los primeros trabajos de Bonifacio Bembo, que apoyó a Sforza en su intento de convertirse en duque de Milán. Bembo también era conocido por sus ilustraciones de *La historia de Lancelot del Lago*.[3]

Tanto el nuevo juego como los naipes adornados, pintados a mano y decorados con pan de oro que se utilizaban para jugarlo se llamaban originalmente *trionfi*, pero en 1516 ya se conocían como *tarocchi*.[4] Este último término posiblemente hace referencia a una técnica llamada *taroccare* para estampar diseños (*tara*) en láminas de oro, ya que también se refiere a una naranja siciliana con una superficie igualmente dorada y picada. Incluso puede estar relacionado con la palabra árabe *Taraqa*, que significa 'martillar'. Sin embargo, este es solo el último de una larga lista de significados propuestos para el *tarot* o *tarocchi* que van desde un «camino real» egipcio hasta la diosa budista Tara o el río italiano Taro. Es interesante que los mismos dibujos en forma de diamante que se imprimen en el fondo de las cartas puedan verse pintados al fresco en edificios del siglo XV en Milán, por ejemplo el que se ve en el exterior del palacio Borromeo. En el interior de este edificio, un magnífico fresco (fechado en la década de 1440) cubre toda una pared. Representa a hombres y mujeres jugando al *tarocchi* con cartas del tamaño y la forma de las primeras barajas cortesanas.

Las dos barajas mencionadas anteriormente son las que mejor se conservan de los primeros ejemplos de tarot. Una baraja parcial de tarot encontrada en la Biblioteca Nacional de París se atribuye a Carlos VI de Francia, quien en 1392 pagó a Jacquemin Grigonneur para que pintara tres barajas. Sin embargo, no hay ninguna indicación de que se tratara de algo más que simples cartas de juego y, al mismo tiempo, las cartas de tarot existentes han sido identificadas como pintadas por un artista ferrarés en algún momento entre 1480 y 1490.[5]

La primera mención conocida del tarot es de 1442, cuando «*pare uno de carte da trionfi*» (una baraja de cartas de triunfo) aparece en un inventario de la finca D'Este en Ferrara.[6] Y en 1450, cuando Francesco Sforza, ya duque, ordenó a su tesorero que le enviara una baraja de tarot, «o, si no podía encontrarla, una baraja corriente de naipes».[7] Ese mismo año, en Florencia, los funcionarios eximieron al juego de *trionfi* de las prohibiciones generales de los juegos de cartas y de mesa, y siguieron eximiéndolos durante muchos años. Incluso hay documentación sobre algunos cardenales aficionados al tarot. Sin embargo, al menos un documento del siglo xv contiene una diatriba contra los dados, el *backgammon* y el tarot como «artefactos del diablo».[8]

En algún momento del mismo siglo aparecieron las barajas de tarot grabadas en madera, de diseño más medieval, con variaciones de diseño según la región. No sabemos si fueron anteriores o posteriores a las barajas pintadas para la nobleza. Como las de papel se rompían con facilidad, se desechaban cuando se perdían las cartas, por lo que no es de extrañar que los únicos juegos que se conserven sean hojas sin cortar utilizadas en la encuadernación. Los mismos impresores que elaboraron naipes y *trionfi* imprimieron naipes que representaban a los santos y las virtudes cristianas; de hecho, muchos eran indistinguibles entre sí. Se hacían eco de una mentalidad anterior conocida como fetichismo, ya que la gente común creía que tales objetos eran portadores de una presencia sagrada con un poder de emanación. Según el librero anticuario Bennett Gilbert, «las imágenes desarrollaron un significado derivado de la creencia de que eran un espacio sagrado a través del cual, mediante la vista, los fieles entraban en una especie de identidad con la xilografía sagrada». Las estampas se pegaban y clavaban en paredes, puertas y cofres, y se cosían en las prendas de vestir, donde se veneraban como fuentes de curación y milagros. Señala asimismo: «Esta es la esfera de la "mentalidad" popular, llena de irracionalidad, arcaísmo, emociones y supersticiones que impregnaban la cultura».[9]

Aunque la adivinación es una práctica que ha estado siempre presente, parece que históricamente pasa a primer plano durante los periodos de grandes cambios, quizá porque tenemos la necesidad de mezclar los elementos de la vida de formas nuevas y aleatorias y de asumir riesgos que no son posibles en una sociedad estable. Las viejas formas de interpretar las crisis y responder a ellas ya no sirven, y aún no han surgido nuevos modelos.

No existe ningún indicio de que el tarot se creara como una forma de adivinación, y sin embargo surgió durante ese tiempo intermedio, cuando los acontecimientos despojaron al pueblo de todo lo que había creído durante siglos, sacando a la luz nuevas ideas y formas de vida. Si se toma cualquier historia de la Europa medieval, esta termina en el siglo XV con un capítulo sobre la transición al Renacimiento. Si examinamos cualquier historia del Renacimiento, tras una introducción sobre la transición desde la época medieval, comienza en la década de 1450 con la invención de la imprenta. El tarot surgió en este intervalo entre épocas, en algún momento entre 1420 y 1440 en el norte de Italia, que constituía un importante centro de cultura, riqueza y aprendizaje. No fue un producto ni del mundo medieval ni del Renacimiento, aunque se inspiró en uno y presagió el otro. Se trata de un periodo de dos generaciones en el que se produjeron enormes fluctuaciones y contrastes. Hubo guerra, prosperidad, invención, construcción y un florecimiento de nuevos estilos de arte, junto con un redescubrimiento masivo de conocimientos del pasado.

A finales del siglo XIV, más de ochocientos manuscritos griegos y sus traductores llegaron a Florencia antes de la caída de la legendaria Bizancio. Los disturbios antisemitas en España provocaron un temprano éxodo de judíos a otros países, especialmente a Italia, donde ya había comunidades activas. A falta de una tradición propia de música cortesana, las casas ricas contrataban a los mejores músicos del sur de Francia. Esta zona fue el hogar de la tradición del amor cortés, de los herejes cátaros albigenses y de los primeros escritos de la cábala hebrea, todos ellos de siglos pasados, pero no totalmente olvidados en la historia y la canción. La nobleza, cuyos miembros se habían casado en toda Europa, supervisaba los centros cosmopolitas.

En el siglo anterior, tanto Dante como Petrarca habían escrito sobre los desfiles alegóricos llamados *trionfi*, que los duques rivales recreaban ahora en estupendas procesiones, festivales y carnavales. Los carros triunfales, a menudo encabezados por un Loco, representaban los cuatro temperamentos, las virtudes y los destinos, los Planetas, los Elementos, las Edades, los Dioses y las Diosas paganos, y siempre incluían el carro de la Muerte. La muerte, en forma de Gran Peste, había arrasado la mitad de la población europea en 1350, y volvía a visitar a cada nueva generación. Una investigadora de la Biblioteca de Nueva York, Gertrude Moakley, escribió en 1966 que había visto la similitud entre las imágenes del tarot, el poema *I Trionfi* de Petrarca y las imágenes de los desfiles triunfales. También señaló que el juego de cartas, cuando estaba restringido por la ley, se permitía durante las fiestas de Saturnalia y Carnaval.[10]

Desde sus inicios, se consideró que los naipes tenían un significado alegórico. El monje suizo Johannes von Rheinfelden escribió en *Tractus de moribus et disciplina humanae conversationis* (1377, posiblemente completado en 1429) que los naipes (*Ludas Cartarum*) describen el estado del mundo y son valiosos para la educación moral. Se refirió a los palos diciendo que «algunos de estos signos se consideran buenos, pero otros significan el mal». En 1423, Bernardino da Siena, en un sermón contra el juego de cartas, describió los cuatro palos con estas palabras: «Considerad la avaricia del dinero, la estupidez o ferocidad canina de los bastos, las copas o vasos de la embriaguez y la gula, las espadas del odio y la guerra».[11] Esto muestra una tradición de atribuir un significado a los palos que continúa hasta nuestros días.

Los historiadores del tarot coinciden en general en que las cartas se inventaron únicamente para jugar, y que no hay indicios de ningún simbolismo interno coherente ni de ningún uso para ese supuesto simbolismo. Sin embargo, es posible que detrás de la invención de las veintidós imágenes pictóricas haya un propósito distinto al del juego. Para exponer esta teoría presentaré algunos datos tentadores y numerosas suposiciones.

Alegorías y cosmologías

Filippo Maria Visconti, un gran creyente en la erudición y la astrología, tenía en su plantilla a varios filósofos eruditos. Uno de ellos era un astrólogo judío llamado Helias (¿nos atrevemos a suponer que también era cabalista?) y otro era Marziano da Tortona. El duque Filippo encargó a Marziano la creación de un juego alegórico de dioses paganos en cuatro palos.

Sin embargo, la tradición de las cartas educativas es aún más antigua. Ya en 1227, en un diario de un francés que viajaba por Italia, se señala que en las cortes de la nobleza italiana los niños jugaban con unas pequeñas ilustraciones finamente decoradas llamadas *carticellas*, que probablemente eran una ayuda educativa que presentaba los fundamentos del conocimiento clásico.

Las imágenes pintadas servían habitualmente como ayudas para la memorización, pero también como objetos de contemplación y veneración espiritual. El humanista del siglo XV Marsilio Ficino encapsuló esta filosofía cuando escribió: «No basta con construir un modelo perfecto del mundo o con mirarlo: también debemos llevarlo dentro de nosotros mismos mediante una intensa meditación y la contemplación de la imagen pintada en las habitaciones en las que vivimos. El hombre [...] debe sintetizarse a sí mismo y lograr así la armonía perfecta identificándose con la vida y con la fuerza de todo».[12]

Los juegos alegóricos fueron concebidos como modelos cosmológicos que representaban un universo con significado y que mostraban un patrón y un propósito para la existencia: una vía de ascenso y descenso entre la tierra mortal y la sede de la Divinidad y la Vida Eterna. Martha Heyneman, al escribir sobre las cosmologías, señala que para que una cosmología sea eficaz, ha de ser capaz de crecer, cambiar y evolucionar como un ser vivo y, por tanto, de asimilar ideas, información y experiencia. Sin embargo, tiene que poner en orden un vasto reino de datos aparentemente inconexos, de experiencias contradictorias que ocupan su lugar en una relación armoniosa para que su significado pueda ser revelado. La autora considera que «cuanto mayor sea la variedad de experiencias que se engloben y armonicen en ella, mayor será la herramienta».[13] Aunque se inventaron muchos modelos, pocos han sobrevivido; variaciones como las barajas de noventa y siete cartas de Minchiate y cincuenta de Mantegna, aunque influyentes en su época, apenas se ven hoy en día. Por otro lado, el tarot ha demostrado ser una tradición viva y creciente que para mucha gente revela una armonía entre las enseñanzas de la sabiduría y las mitologías a lo largo de diversas culturas y numerosas generaciones.

Los juegos cosmológicos y alegóricos se basan claramente en una especie de «tradición de emblemas enigmáticos del Renacimiento», que surge de una cosmología en la que cada estado o etapa triunfa sobre los anteriores en una especie de orden jerárquico que conduce de nuevo a la Divinidad, a una Jerusalén restaurada o al Paraíso.[14] Un tema similar se encuentra en la obra de carácter adivinatorio más famosa del cristianismo, el libro del *Apocalipsis*. De hecho, como ha documentado Timothy Betts en *Tarot and the Millennium* [El tarot y el milenio], las ilustraciones medievales y de principios del Renacimiento del Apocalipsis tienen similitudes sorprendentes con las imágenes del tarot.[15] Las organizaciones religiosas seculares llamadas cofradías se formaron por primera vez en Italia, y uno de sus fines consistía en ayudar a la gente a morir en estado de gracia.[16] Los miembros llevaban túnicas encapuchadas para mantener en secreto sus actos de caridad y utilizaban imágenes para educar tanto a sus propios miembros como al público en cómo evitar los vicios del Diablo, abrazar las virtudes y ascender así por la escalera celestial. Estas imágenes, entre las que se encuentra uno de los mejores ejemplos europeos tanto de un Triunfo de la Muerte como de una Danza Macabra, se conservan en los frescos del siglo XV de las paredes de la capilla de una cofradía en el pueblo de Clusone, cerca de Milán. No estoy sugiriendo que ninguno de ellos fuera precursor del tarot o de los demás, pero todos eran temas comunes de los siglos XIV y XV, con imágenes que guardan un sorprendente parecido con un buen número de triunfos del tarot.

Quizá te estés preguntando: «Pero ¿qué pasó con la idea de que el tarot surgió de los misterios egipcios, los gitanos y los secretos de la cábala?». Históricamente, estas ideas no aparecen hasta que Antoine Court de Gébelin «descubrió» una relación en 1781. Las primeras barajas no tienen simbolismo egipcio; y, aunque los gitanos aparecieron por primera vez en Europa oriental más o menos al mismo tiempo que los naipes, y en Italia más o menos al mismo tiempo que los *trionfos*, nunca se ha encontrado ninguna relación. Al parecer, los gitanos no empezaron a utilizar las cartas del tarot hasta el siglo XIX.

También sabemos ahora que había cabalistas judíos en la Italia de principios del siglo XV, y que los teólogos cristianos llevaban varios siglos estudiando el Zohar y explorando la posibilidad de que la cábala mística judía prefigurara a Cristo.[17] Cuarenta o cincuenta años después de que se inventara el tarot, Pico della Mirandola enseñaba, según Edgar Wind, que «las religiones paganas, sin excepción, habían utilizado una imaginería "jeroglífica"; que habían ocultado sus revelaciones en mitos y fábulas diseñados para distraer la atención de la multitud, y así proteger los secretos divinos de la profanación [...]. Pico afirmaba que la tradición pagana tenía una virtud en común con la Biblia: había misterios hebreos además de paganos».[18] La cábala se basa en el simbolismo entrelazado de las letras, los números y los signos astrológicos. Sin embargo, las primeras cartas no tenían ni letras ni números, solo dibujos. Aunque hay veintidós cartas hebreas, las primeras referencias al orden de las cartas del tarot, esenciales para el juego, agrupan los triunfos en veintiuna cartas numeradas más un Loco sin número. La Europa del Renacimiento tenía sistemas alternativos de simbología numérica, entre ellos conceptos pitagóricos y platónicos, la mayoría de los cuales encajan mucho mejor con las imágenes.

El tarot puede ser heredero del pensamiento pitagórico, hermético, neoplatónico y mágico sintetizado en Alejandría, Egipto, y descrito por Robert O'Neill en su brillante obra *Tarot Symbolism* [El simbolismo del tarot].[19] Por ejemplo, entre los manuscritos griegos que llegaron a Florencia en 1422 estaba la *Hieroglyphica* de Horus Apolo (Horapolo), un texto griego del siglo v de nuestra era. Antecesor de la tradición de los emblemas renacentistas, creó inmediatamente un gran revuelo, dando vigencia a la creencia de que los egipcios utilizaban imágenes crípticas para ocultar antiguos misterios. Una teoría más controvertida, elaborada por Christine Payne-Towler, afirma que estas ideas se sintetizaron en las letras hebreas y corrieron como una «corriente subterránea» constante a través de la cultura occidental.[20]

Andrea Vitali, estudioso italiano de la iconografía medieval y del tarot, cita a Orígenes, uno de los primeros padres de la Iglesia, que nació y creció en Alejandría en el siglo III de nuestra era. Escribió:

«En el orden de los números, cada uno contiene una cierta fuerza y poder sobre las cosas. De este poder y fuerza se sirvió el Creador del universo, en algunos casos para dar origen al universo mismo, en otros para expresar la naturaleza de cada cosa tal como se nos presenta. Se deduce, pues, que hay que observar y sacar en la base del Evangelio estos aspectos, pertenecientes a los propios números. Y, en verdad, no hay que ignorar que los libros de la Biblia misma, tal como los relataron los judíos, son, no sin razón, veintidós y, por lo tanto, iguales al número de elementos hebreos. Ya que, de hecho, veintidós letras parecen ser la introducción a la sabiduría y al conocimiento del mundo».[21]

El significado del 22 en relación con una sabiduría primordial contenida en el alfabeto hebreo es un tema constante a lo largo de la historia, y encaja con el conocimiento pagano clásico que se fusionó con las enseñanzas de la sabiduría de Egipto en la ciudad de Alejandría. Lo que queda por demostrar es si los jugadores renacentistas del juego de los triunfos con sus 21 + 1 triunfos habrían sacado algo en claro de estas conexiones.[22] Alguien finalmente lo hizo, en el siglo XVIII.

Un relato cosmológico

Pero, antes de llegar a esa parte de la historia, consideremos el diagrama cosmológico que reconocería la gente del Renacimiento y que quizá formara la base de un juego educativo (*giuoco*). Las primeras cartas no estaban numeradas, por lo que cada lugar utilizaba su propia variación durante el juego.[23] Este texto se basa en la nomenclatura, el orden y los comentarios de un documento en latín compuesto entre 1450 y 1480 por un monje dominico, *Sermones de Ludo Cum Aliis* («Discursos sobre un juego (que se juega) con otros»), que es la primera descripción escrita de los *trionfos*.[24] He basado la siguiente descripción en las sugerencias de Andrea Vitali[25] y Gertrude Moakley.[26]

En primer lugar está el *Bagatella* (Juglar), que es «el más bajo de todos». (Esta persona de «escasa importancia» se convirtió en el prototipo de la figura de la *comedia de l'arte* conocida como *Bagatino*, un charlatán que decía cosas sin sentido. Moakley propuso esta carta como el «Rey del Carnaval», que finalmente sería derrocado por la figura de la Cuaresma [el Loco]).

A continuación, nos encontramos con las guías mundanas de *Imperatrix* (la Emperatriz) e *Imperator* (el Emperador), seguidas de la guía espiritual que nos advierte contra la negación de nuestra fe cristiana y nos exhorta a permanecer firmes en la santidad, *la Papessa* (la Papisa) y *el Papa* (el Papa).

Se nos enseña a moderar nuestras vidas, *la Temperantia* (la Templanza), para hacernos aptos para el «amor», *L'amore* (el Amor). Además, debemos tener la victoria sobre el mundo terrenal, *lo caro triumphale* (el Carro Triunfal), que requiere resolución y fuerza, *la Forteza* (la Fuerza).

Sin embargo, cuando llegamos a la cima de nuestro reinado, el destino hace girar la rueda, *la Rotta* (la Rueda), y descendemos al otro lado. El tiempo y la edad nos doblegan, *el Gobbo* (el Jorobado) y como traidores, *lo Impichato* (el Colgado), somos impotentes ante la muerte, *la Morte* (la Muerte).

Nos dirigimos al infierno, *el Diavolo* (el Diablo), o a través del rayo y los fuegos celestiales, *la sagitta* (la flecha), a los cuerpos celestiales de las alturas donde encontramos nuestro destino: *la stella* (la estrella), *la luna* (la luna), *el sole* (el sol). «Y habrá señales en el sol, en la luna y en las estrellas, y en la tierra angustia de las naciones», Lucas 21: 25.

Entonces seremos llamados ante el Ángel del Juicio Final, *lo Angelo* (el Ángel), donde la Justicia Divina triunfa sobre todo, *la Iusticia* (la Justicia), y entramos en la presencia de Dios, *el Mondo*, *cioe Dio Padre* (el Mundo, es decir, Dios Padre).

Tanto si no reconocemos a Dios como si lo reconocemos, nos desprendemos de todos los apegos mundanos y nos volvemos locos a los ojos del mundo. *El Matto* (el Loco) no tiene ningún valor (a menos que los jugadores lo deseen). Gertrude Moakley sugiere que al final del Carnaval fue el Loco con sombrero de plumas, que representa la humilde austeridad de la Cuaresma, quien triunfó sobre todo.

Adivinación, análisis del carácter y magia

No hay constancia de la adivinación con el tarot antes del siglo XVIII; sin embargo, las cartas se utilizaban en un juego poético del siglo XVI llamado *tarocchi appropriate*, que hace alusión al análisis del carácter. Alguien repartía o asignaba cartas de triunfo a cada persona (normalmente damas nobles), y luego el poeta improvisaba un soneto que coincidiera con la carta y las características de cada una. Pietro Aretino, en 1525, escribió *Le Carte Parlanti* [Las cartas parlantes], donde daba significados alegóricos a algunas de las cartas del tarot y afirmaba: «Revelan los secretos de la naturaleza, la razón de las cosas, y explican las causas por las que el día es expulsado por la noche y la noche por el día».[27] En 1540, Francesco Marcolino da Forlì publicó una técnica de adivinación o *sorti* que utilizaba las cartas como dispositivo aleatorio que dirigía al que preguntaba a las páginas de su libro que contenían predicciones. Sin embargo, las cartas en sí carecían de significado. Se trata de la misma técnica utilizada desde la época clásica en la adivinación con dados. Moakley señala que dos dados pueden caer de veintiuna maneras diferentes, y que tres dados tienen cincuenta y seis permutaciones, que se corresponden precisamente con los veintiún triunfos más las cincuenta y seis cartas menores.[28] Un obispo, Wibold, utilizó las cincuenta y seis permutaciones de los dados como base para un ejercicio espiritual. ¿Habría sido tan descabellado emplear imágenes que se parecieran a las cartas sagradas?

En 1589, los tribunales venecianos registraron pruebas del uso de las cartas del tarot en el altar de una bruja y en un hechizo.[29] Tal uso fue explicado por Pierre del'Ancre en 1622: «Es un tipo de adivinación de determinadas personas que toman las imágenes y las colocan en presencia de ciertos demonios o espíritus que han convocado, para que esas imágenes las instruyan sobre las cosas que quieren saber». En el grabado *Depart pour Le Sabat*, de J. Aliamet (según el cuadro de 1650 del mismo nombre de David Teniers), vemos los naipes dispuestos como parte de un hechizo mágico. En cambio, no se menciona el tarot en los numerosos catálogos de artes esotéricas, como el de Robert Fludd, Rabelais o Paracelso. Esto sugiere que el tarot o los naipes, cuando se utilizan en la hechicería, pueden haber sido más una parte del folclore popular que de la alta magia.

En 1665, John Lenthall publicó en Londres una baraja de cincuenta y dos cartas para adivinar el futuro: «Cuando cualquier persona desee probar su fortuna, que se dirija a uno de los cuatro reyes y elija la pregunta que desee». A continuación, seguían un complicado procedimiento para determinar su fortuna. En un libro de 1672 sobre ciencias ocultas escrito en latín por Schwabergen, el autor explica que hay horas favorables y que «no se debe realizar ninguna operación adivinatoria (ya sea con cartas o de otro tipo) cuando haya demasiada niebla, tormenta, lluvia o viento».[30]

Hacia 1703, el tahúr Samuel Fullwood anunciaba en los periódicos londinenses «Cartas de adivinación divertidas e inocentes».[31] Es también a principios del siglo XVIII cuando podemos relacionar definitivamente el tarot con la adivinación. Un pliego de treinta y cinco cartas boloñesas de triunfos y números estaban etiquetadas con significados adivinatorios sencillos como «viaje», «traición», «hombre casado» o «amor». Otras referencias corresponden a los naipes ordinarios. En 1765, Casanova escribió en su diario que su amante campesina rusa leía las cartas todos los días, «colocándolas en un cuadrado de veinticinco naipes».[32] Goethe, en su biografía, *Dichtung und Wahrheit* [Realidad y ficción], cuenta cómo en el otoño de 1770, como resultado de varias lecturas de cartas, vivió una situación dolorosa relacionada con dos hermanas que influiría en todas sus relaciones posteriores con las mujeres.[33] También en 1770, Etteilla, en el primer libro sobre la adivinación con naipes, menciona *«les Taraux»* en una lista de otros métodos de adivinación.[34]

El tarot oculto

En 1781, Antoine Court de Gébelin publicó el octavo volumen de *Le Monde Primitif* [El mundo primitivo (o prístino)], su enciclopedia que pretendía rastrear todos los vestigios de la sabiduría de una Edad de Oro anterior. En ella anunciaba que «todavía existe en nuestro tiempo una obra de los antiguos egipcios, uno de sus libros que escapó de las llamas que devoraron sus soberbias bibliotecas y que contiene la más pura doctrina sobre temas interesantes [...] Nadie antes de nosotros había sospechado nunca su ilustre origen».[35] Afirmaba que el nombre de tarot procede de las palabras egipcias *TA* y *RHO*, que significan 'camino real',[36] les daba nuevos títulos basados en la mitología egipcia y sostenía que fueron difundidos por toda Europa por los *bohémiens* (es decir, los gitanos). Por supuesto, la Piedra de Rosetta no se descubrió hasta 1799, por lo que se tomaron grandes licencias con los significados ficticios de los jeroglíficos. Para su uso en la divinidad, se remite a un artículo que sigue al suyo del conde de Mellet. Louis-Raphaël-Lucrèce de Fayolle, conde de Mellet (1727-1804), fue un gobernador general de la región de Maine y Perche que parece tener un conocimiento mucho más desarrollado del «descubrimiento» de Gébelin que el propio de Gébelin.[37]

El conde de Mellet lo llama *El libro de Thot*, y explica por primera vez que las cartas corresponden a letras del alfabeto hebreo. Asigna *Aleph* al Mundo, y así sucesivamente, en orden descendente, hasta llegar al Loco como última letra, *Tau*. Por ejemplo, el Sol es *Gimel*, que significa 'recompensa' o 'felicidad'; el Diablo es *Zain*, 'inconstancia', 'error' o 'crimen'; la Muerte es *Teth*, 'la acción de barrer'; la Fortuna es *Lamed*, 'ley' o 'ciencia'. Court de Gébelin y probablemente el conde de Mellet eran miembros de órdenes masónicas, rosacruces y otras sociedades secretas que entonces proliferaban en Francia. Por lo tanto, es muy probable que revelen información que ya había circulado entre estas sociedades. Además, en algún momento del siglo XVIII se imprimió una pequeña baraja grabada que se corresponde notablemente con las descripciones de las cartas de Mellet.[38] Se desconoce si fue anterior o posterior a la publicación de *Le Monde Primitif*.

Además, en 1781, William Herschel descubrió Urano, el primer planeta nuevo identificado desde la prehistoria babilónica. Terminó la Revolución de Estados Unidos, Catalina la Grande de Rusia y el emperador del Sacro Imperio Romano Germánico José II se repartieron los Balcanes y un tercio de los monasterios bajo el mando de José cerraron, liberando a más de la mitad de los religiosos de sus votos. La primera inseminación artificial demostró el papel del semen en la fecundación. En París, no más del seis por ciento de los bebés residían con sus padres y la mayoría eran enviados al campo. Se fundó la ciudad de Los Ángeles. Un joven William Blake escribía sus *Cantos de inocencia y experiencia*. Se publicaron la *Crítica de la razón pura*, de Kant, y *Decadencia y caída del imperio romano*, de Gibbon, y Mozart componía. La Revolución Industrial se encontraba en pleno apogeo de invenciones. Entre los francmasones franceses se produjo un gran revuelo cuando en 1778 se tradujo al francés la *Crata Repoa*, una descripción de una iniciación misteriosa egipcia bajo la Gran Pirámide, que instituyó una nueva rama de la masonería. Franz Anton Mesmer promovió su magnetismo animal y los baños eléctricos, en los que Antoine Court de Gébelin moriría durante un tratamiento.

Según Mellet, las siete primeras cartas, yendo hacia atrás desde el Mundo hasta la Justicia, representaban la Creación. Comienza con el Universo representando a la diosa Isis en un óvalo o un huevo y las cuatro estaciones en las esquinas como el Hombre, el Águila, el Toro y el León. Le sigue Osiris (el Juicio), que crea a la humanidad. Luego está la creación del Sol, la Luna y los seres terrestres, y las Estrellas y los peces. La cola de un cometa expulsa a un hombre y a una mujer de la Torre del Paraíso, y Tifón introduce el mal para atormentarlos, cerrando así la Edad de Oro.

En la Edad de Plata, el Ángel de la Templanza instruye al hombre sobre cómo evitar la muerte a la que ha sido condenado; sin embargo, la Muerte continúa segando tanto las cabezas coronadas como las comunes. Para evitar percances como el de ser colgado, debemos ir por el mundo con la Prudencia (que sustituye al antiguo Colgado), suspendida por un pie. La fuerza ayuda a la Prudencia a vencer al león salvaje e inculto. La Rueda muestra la injusticia de la diosa inconstante, Fortuna (junto con la adivinación por suertes o números). El Sabio/Ermitaño busca por todas partes la Justicia, la última carta de este conjunto.

La Edad de Hierro comienza con los crímenes del Carro de Guerra. Al vacilar entre el vicio y la virtud, el hombre se deja llevar por el deseo de Cupido. El eterno Júpiter[39] amenaza la Tierra, mientras que los orbes imperiales del Rey y la Reina indican que nada puede gratificar su insaciabilidad. Esto da lugar a una arrogancia de los poderosos para los que Juno anuncia una religión terrenal de idolatría. El Malabarista sostiene la varita de los Reyes Magos, haciendo milagros y aprovechándose de la credulidad del Pueblo. El Loco lleva sus defectos a cuestas, mientras un tigre de remordimientos le muerde el muslo, retrasando su avance hacia el resultado natural de las acciones de los hombres: el crimen.

Parece una descripción políticamente radical, que presagia la inminente agitación de la Revolución francesa.

Mellet llamó por primera vez al palo de monedas *Talismanes*. Waite, que utilizó el término *pantacles* para los talismanes, representó las monedas como pentáculos en su propia baraja, probablemente basándose en Eliphas Lévi, que afirmaba que el pentáculo era el talismán perfecto (podríamos decir «arquetípico»). Mellet llamó a los triunfos *Tableaux*, mientras que Gébelin los denominó *Atouts* (una palabra que significa tanto 'triunfo' como 'oportunidad').[40] Gébelin fue el primero en utilizar los términos *Sumo Sacerdote* y *Alta Sacerdotisa*, mientras que Mellet siguió la designación de *Júpiter* y *Juno* utilizada en las barajas suizo-alemanas o en el Tarot de Besançon.[41] Según Mellet, en su uso sagrado por parte de los sacerdotes egipcios, las copas representaban la copa adivinatoria de José; las monedas o talismanes eran los Thera-phim, Urim y Thummin; las espadas adivinaban el futuro y el destino de los combates, y las varas de Moisés y los magos hacían sus maravi-llas. Las espadas eran la realeza; las copas, el sacerdocio; las monedas, el comercio, y los bastos (vara o báculo), la agricultura.

Mellet se quejaba de que «nuestros adivinos no saben leer los jeroglíficos y han eliminado de ellos todos los *Tableaux* y cambiado in-cluso los nombres de las copas, los bastos, las monedas y las espadas, de los que no conocían ni la etimología ni la expresión. Sustituyeron los palos de corazones (felicidad), diamantes (indiferencia y campo), tréboles (fortuna) y picas (desgracia) [...]. Pero han conservado cier-tas figuras y varias expresiones, consagradas por el uso, que nos per-miten ver el origen de su adivinación».

Por último, describe cómo los sacerdotes egipcios utilizaban los *Tableaux* para la interpretación de los sueños, poniendo como ejemplo el sueño de siete vacas gordas y siete flacas del faraón. «Empiezan por escribir en letras comunes el sueño que lo agitaba como en toda adi-vinación en la que haya una cuestión explícita cuya respuesta hay que buscar en el *Libro del Destino* (Sorts), y después de haber mezclado las letras sagradas se sacan los *Tableaux*, se colocan cuidadosamente bajo las palabras cuya explicación se busca y la frase que forman estas figu-ras es descifrada por el sacerdote *Jannes* (o «explicador»)».

No pasó mucho tiempo antes de que Jean-Baptiste Alliette, un comerciante de láminas y profesor de Álgebra (lo que parece indicar conocimientos de numerología) que había escrito varios libros sobre adivinación con naipes bajo el seudónimo de Etteilla, publicara sus propios significados para las setenta y ocho cartas del *Livre de Thot* (Li-bro de Thot), que han influido en la mayoría de los significados adi-vinatorios posteriores de las cartas.

Tarot y magia ceremonial

Eliphas Lévi (seudónimo de Alphonse-Louis Constant), que ha-bía sido diácono de la Iglesia católica, retomó la senda esotérica en la década de 1850 con varias obras sobre magia. Relacionó las cartas numéricas con las *sefirot* del Árbol de la Vida cabalístico y los palos con los elementos. Luego propuso un sistema diferente al de Mellet para relacionar las *clefs* (término de Lévi para los triunfos, que significa 'llaves') con las letras hebreas, empezando por *Aleph* como el Mago. Rechazó la baraja de tarot reconstruida por Etteilla, volviendo al Tarot de Marsella, pero añadiendo algunas modificaciones propias como las esfinges blancas y negras en la carta del Carro. El Tarot de Oswald Wirth se basa en las ideas de Lévi, mientras que los tarotistas franceses posteriores, como Paul Marteau, volvieron al Tarot de Marsella, aunque con la influencia de la filosofía ocultista de Lévi. Los modernos estudiosos del tarot francés tienden a encontrar un significado en cada línea y detalle sutil de las barajas de estilo marsellés.

Fue el discípulo de Lévi, Paul Christian, quien, en *Histoire de la magie* [Historia de la magia], de 1870, utilizó por primera vez el término *Arcana* ('arcanos'), «secretos mágicos» para los dos grupos de cartas. El término deriva de *arca*, que significa 'caja o recipiente', de una palabra raíz que significa 'cerrar o encerrar'. El conocimiento arcano, por ejemplo, es el que solo conocen unos pocos. El neoplatónico Jámblico (fallecido hacia el año 330 de la era cristiana), al que Christian se refería con frecuencia, hablaba de *los arcanos en el adytum*,[*] como el contenedor de los misterios en el santuario más secreto de un templo.[42] Paracelso utiliza los arcanos para referirse a la medicina alquímica como algo inmortal y eterno, que tiene «el poder de transmutar, alterar y restaurar».[43] Además, Helena Blavatsky decía que era a través de los arcanos de la naturaleza como los seres humanos podían ponerse en comunicación con los espíritus invisibles.[44]

Christian, seudónimo de Jean-Baptiste Pitois, que era bibliotecario del arsenal donde se recogían los manuscritos arcanos, aludió por primera vez a setenta y ocho claves pictóricas en su novela ocultista de 1863, *L'homme rouge des Tuileries* [El hombre rojo de las Tullerías]. En *Historia de la magia* describió una iniciación de una escuela de misterio egipcia bajo la Gran Pirámide que, según él, procedía de *Iamblichus*, pero que en realidad se basaba en un pastiche neoplatónico conocido como *Crata Repoa* que circulaba entre las logias masónicas. Christian añadió una escena en la que el *Pastophore* (Mago) explica

---

[*] El *adytum* es una cámara secreta o lugar de retiro en los templos antiguos, considerada como el lugar más sagrado, el santuario o capilla más recóndito (N. del T.).

al iniciado el significado de los Arcanos Sagrados que se alinean en un pasillo por parejas (ver la ilustración de la página 248).

En 1896, R. Falconnier publicó *Les XXII lames hermètiques du tarot divinatoire* [Las 22 láminas herméticas del tarot adivinatorio] con nuevas ilustraciones de estilo egipcio realizadas por M. O. Wegener a partir de las descripciones de Paul Christian. Esto inició una tradición de tarot egipcio esotérico que sigue existiendo hoy en día, especialmente en el trabajo de C. C. Zain y la Hermandad de la Luz.

En los años 1890, un grupo de ocultistas franceses se reunió en torno a Gérard Encausse, que escribió bajo el seudónimo de Papus, explorando y ampliando las ideas mágicas de Eliphas Lévi y las interpretaciones adivinatorias de Etteilla. Consulta el *Tarot de los Bohemios*, que también contiene ensayos de varios de sus compatriotas.

Mientras tanto, en Inglaterra se fundó en 1888 una organización mágica, la Orden Hermética de la Aurora Dorada, cuyos rituales se basaban en un manuscrito cifrado de origen desconocido que incluía una alternativa a las correspondencias cabalísticas de Eliphas Lévi. Es probable que el manuscrito procediera de Kenneth Mackenzie, un rosacruz de alto rango, masón y creador de rituales de la sociedad secreta, fallecido el año anterior, que había visitado a Lévi para discutir ideas sobre el tarot. La Aurora Dorada es más conocida por sus trabajos sincréticos sobre la doctrina de las correspondencias que vinculan la astrología, las letras hebreas y el Árbol de la Vida, el tarot, las plantas y los perfumes, y las armas mágicas. Estas listas fueron publicadas por Aleister Crowley en su obra magna *777*, y son la base del apéndice C. De esta tradición surgieron varios mazos y libros escritos y creados por iniciados de la orden de la Aurora Dorada: MacGregor y Moina Mathers (*El tarot de la Aurora Dorada*), A. E. Waite y Pamela Colman Smith (*El Tarot de Rider-Waite-Smith*) y Aleister Crowley, (*El mazo de Thoth*), pintado por Frieda Harris.

El moderno renacimiento del tarot

En 1960, la librera neoyorquina Eden Gray, con objeto de paliar la falta de instrucciones sencillas para interpretar el Tarot Rider-Waite-Smith, publicó el primero de varios libros que hacían relativamente fácil para cualquiera realizar una lectura del tarot. Además, animó a los interesados a contemplar sencillamente las cartas. Sus obras, fáciles de entender, fueron precursoras de un número creciente de textos destinados a una ansiosa corriente de *hippies* que encontraban en el tarot una herramienta mágica para explorar la psique, la metafísica oculta y una cultura que inventaba sus propias reglas sobre la marcha. Fue a partir de la cultura alternativa de finales de los sesenta y principios de los setenta, precursora de la Nueva Era, cuando el renacimiento del tarot moderno echó raíces. A finales de los años sesenta, nuevos artistas diseñaban cartas de tarot que expresaban intereses y temas modernos, a menudo psicológicos y «acuarianos». Desde entonces, se han publicado cientos de libros y barajas nuevas.

La evolución más reciente puede verse en el florecimiento de recursos de tarot en Internet, gran cantidad de boletines y organizaciones profesionales, conferencias, líneas telefónicas de videncia, la creación de barajas personales y colaborativas utilizando una amplia variedad de medios, las exploraciones transculturales de los símbolos y un interés renovado por la historia del tarot y las primeras barajas que se apoya en reproducciones de barajas antiguas de editores italianos y franceses. Ese nuevo interés por las raíces del tarot y los grupos de discusión de Internet es responsable en gran medida de un emocionante intercambio internacional de ideas e información. Los sitios web especializados en el «asesoramiento de expertos» son conscientes de que las lecturas de tarot constituyen una de sus áreas más populares y que sigue siendo sólida, a pesar de las enormes fluctuaciones en el resto del mercado. Tal vez esto se deba a que estamos en una especie de «periodo entre dos épocas», en el que la adivinación es un indicador de la dirección futura tan válido o más que las formas de conocimiento oficialmente autorizadas.

abla de correspondencias

El sistema de correspondencias metafísicas más completo que he encontrado es el de la Orden Hermética de la Aurora Dorada, desarrollado por MacGregor Mathers y perfeccionado por Aleister Crowley, A. E. Waite, Dion Fortune, Paul Foster Case y los miembros del B.O.T.A.* Es seguido por la mayoría de los comentaristas de tarot en el mundo de habla inglesa.

Los franceses y los españoles prefieren un conjunto diferente de correspondencias basado en el trabajo del mago francés Eliphas Lévi, que se suele utilizar con barajas «estilo Marsella». C. C. Zain desarrolló las correspondencias que se utilizan más a menudo con las barajas «estilo egipcio» de la Hermandad de la Luz.

Las correspondencias de la Aurora Dorada nos ofrecen un tarot capaz de relacionarse (sincronizarse) con los signos astrológicos y los planetas, el sonido, las escalas de colores, las gemas, los perfumes, los inciensos, las hierbas y las drogas, las letras hebreas, el Árbol de la Vida cabalístico, las mitologías, los ángeles y los números. Al meditar sobre una carta, es posible incluir todos los sentidos a través de estos elementos. Por lo tanto, siempre que las correspondencias son apropiadas, me refiero a las de la Aurora Dorada, que se dan, junto con algunas variaciones, en este apéndice. Debe tenerse en cuenta que estas correspondencias son trabajos en curso o teorías de trabajo

---

* Builders of the Adytum (Constructores del adytum) (N. del T.).

que Crowley, Case, Waite y otros continuaron experimentando por sí mismos. Por lo tanto, debes considerar estas correspondencias solo como puntos de partida para tu propio trabajo. Las áreas que considero más necesitadas de exploración son las de las hierbas y los perfumes. Cada lugar geográfico tiene sus propias hierbas y plantas autóctonas que probablemente puedan colocarse en el Árbol de la Vida y asociarse con los Arcanos Mayores. Además, muchos de los perfumes son los que provienen de especies en peligro de extinción, como la civeta, de los felinos del mismo nombre. De nosotros depende encontrar sustitutos que no pongan más en peligro la vida de ningún ser.

Si trabajas con otro sistema y quieres seguir haciéndolo, simplemente adáptalo y desarrolla tus propias correspondencias. Sigue siempre lo que te parezca correcto.

≫ **TABLA DE CORRESPONDENCIAS** ≋

N.º	CARTA	LETRA HEBREA	SIGNIFICADO DE LA LETRA HEBREA	ASTROLOGÍA	NOTA MUSICAL	COLOR	PIEDRA PRECIOSA	ANIMAL	PLANTA	ARMA MÁGICA	PERFUME
0	EL LOCO	Aleph	Buey	Urano	Mi	Amarillo claro	Turmalina, turquesa	Águila, hombre, mariposa	Álamo, uvas, menta	Daga y abanico	Gálbano
1	EL MAGO	Beth	Casa	Mercurio	Mi	Amarillo	Ojo de tigre, citrina, ópalo de fuego, ágata	Golondrina, ibis, mono	Mejorana, palma, verbena	Vara, caduceo	Lentisco, macis, Estorax (excitantes cerebrales)
2	LA SUMA SACERDOTISA	Gimel	Camello	Luna	Sol#	Azul	Piedra de luna, perla	Perro	Almendra, granada, avellana, (Emenagogos)	Arco y flecha	Alcanfor, aloe, sangre menstrual
3	LA EMPERATRIZ	Daleth	Puerta	Venus	Fa#	Verde esmeralda	Esmeralda, cuarzo rosa	Gorrión, paloma cisne	Maíz, mirto, rosa, trébol, ciprés (afrodisíacos)	Faja o cinturón	Sándalo, mirto, rosa, salvia
4	EL EMPERADOR	Heh	Ventana	Aries	Do	Rojo escarlata	Rubí	Carnero, búho	Roble, lirio tigre, geranio	Cuernos, punzón	Sangre de dragón
5	EL PAPA	Vau	Uña o gancho	Tauro	Do#	Rojo naranja	Topacio, cornalina, lapislázuli	Toro	Malva, caña de azúcar	Labor de preparación	Estorax
6	LOS AMANTES	Zain	Espada	Géminis	Re	Naranja	Alexandrita, ágata	Urraca	Orquídea, junco, LSD	Trípode	Ajenjo

N.º	CARTA	LETRA HEBREA	SIGNIFICADO DE LA LETRA HEBREA	ASTROLOGÍA	NOTA MUSICAL	COLOR	PIEDRA PRECIOSA	ANIMAL	PLANTA	ARMA MÁGICA	PERFUME
7	EL CARRO	Cheth	Valla	Cáncer	Re	Amarillo, naranja	Ámbar, calcedonia	Cangrejo, tortuga, esfinge	Loto, oliva, berro	Horno ardiente	Onycha
8	LA FUERZA	Teth	Serpiente	Leo	Mi	Amarillo	Ojo de gato, topacio, crisolita	León	Girasol (carminativo)	Disciplina	Olíbano
9	EL ERMITAÑO	Yod	Mano (abierta)	Virgo	Fa	Verde, amarillo	Peridoto, piedra de sangre	Rinoceronte, perro	Campanilla de invierno, álamo, narciso (anafrodisiacos),	Varita y lámpara	Narciso, macis
10	LA RUEDA DE LA FORTUNA	Kaph	Mano (cerrada)	Júpiter	La#	Violeta real	Zafiro, amatista, lapislázuli	Águila, esfinge	Hisopo, roble, álamo, coca	Cetro	Azafrán, cedro
11	LA JUSTICIA	Lamed	Aguijada de bueyes	Libra	Fa#	Verde esmeralda	Esmeralda, coral, jade	Elefante, grulla	Aloe, tabaco	Cruz del equilibrio	Olíbano, gálbano
12	EL COLGADO	Mem	Agua	Neptuno	Sol#	Azul marino	Berilo, aguamarina	Serpiente, águila, escorpión	Loto, ceniza, plantas de agua, uvas fermentadas (purgas)	Copa y cruz	Mirra, onycha
13	LA MUERTE	Nun	Pez	Escorpio	Sol	Azul verdoso	Piedra de serpiente, piedra de sangre	Lobo, escarabajo, cangrejo de río	Cactus, tejo, álamo, mirto	Mal de ojo, dolor de obligación	Benzoína, opoponax, asafétida
14	LA TEMPLANZA	Samekh	Pilar	Sagitario	Sol#	Azul	Jacinto, amatista	Centauro, caballo, perro	Junco	Flechas	Aloe

N.º	CARTA	LETRA HEBREA	SIGNIFICADO DE LA LETRA HEBREA	ASTROLOGÍA	NOTA MUSICAL	COLOR	PIEDRA PRECIOSA	ANIMAL	PLANTA	ARMA MÁGICA	PERFUME
15	EL DIABLO	Ayin	Ojo	Capricornio	La	Índigo	Diamante negro, azabache, obsidiana	Cabra, asno	Cáñamo y marihuana, cardo, higo, raíz de orchis	Mal de ojo, lámpara	Civeta, almizcle, nuez moscada
16	LA TORRE	Peh	Boca	Marte	Do	Escarlata	Rubí, granate	Oso, lobo, caballo	Absenta, ruda, tabaco	Espada de dos filos	Sangre de dragón, pimienta
17	LA ESTRELLA	Tzaddi	Anzuelo	Acuario	La#	Violeta	Turquesa, cristal de roca	Pavo, hombre, águila	Abeto plateado, olivo, coco (diuréticos)	Incensario	Gálbano
18	LA LUNA	Qoph	Nuca	Piscis	Si	Violeta-roijzo	Ópalo de leche, piedra de luna, perla	Delfín, pez, escarabajo	Amapola, avellana, opio, ortiga (narcóticos)	Espejo mágico	Ámbar gris
19	EL SOL	Resh	Cabeza	Sol	Re	Naranja	Diamante, heliotropo	Gorrión, halcón, león	Laurel, girasol, heliotropo	Arco y flecha, lanza	Olíbano, canela, cinabrio
20	EL JUICIO	Shin	Diente	Plutón	Do	Rojo	Ópalo de fuego, malaquita	León	Hibisco, amapola roja (nitratos)	Varita, lámpara	Olíbano
21	EL MUNDO	Tau	Señal	Saturno	La	Azul-violeta	Ónix, azabache, lapislázuli, perla negra	Cocodrilo, dragón	Ciprés, heléboro, tejo, belladona	Hoz	Incienso, asafétida, azufre

 otas

CAPÍTULO 4
1. Mary K. Greer, *Women of the Golden Dawn* [Mujeres de la Aurora Dorada] (Rochester VT: Park St. Press, 1995), p. 405.
2. Brendan Lehane, *The Companion Guide to Ireland* [La guía de Irlanda] (Nueva York: Scribner, 1973), p. 87.
3. *Ibid*, p. 86.
4. J. E. Cirlot, *A Dictionary of Symbols* [Un diccionario de símbolos] (Philosophical Library, 1962), p. 68.

CAPÍTULO 10
1. En el libro de Gail Fairfield, *Choice-Centered Tarot* [Tarot orientado a la elección] encontrarás un excelente ejemplo de cómo crear una tirada que llegue a las raíces personales de cualquier enfermedad y desarrollar los medios para transformar la experiencia en una oportunidad de aprendizaje y autodesarrollo.

APÉNDICE B
1. La lista completa de estas obras se encuentra en la bibliografía. La *TarotL History Information Sheet* (hoja informativa sobre la historia del tarot) fue creada por los miembros de una lista de discusión de Yahoo-groups con el fin de alertar a los editores, escritores y al público en general sobre la falsa información y los hechos actualmente conocidos sobre la historia del tarot. Se puede encontrar en www.tarothermit.com o en www.jwrevak.tripod.com.
2. Stuart Kaplan, *The Encyclopedia of Tarot* [La Enciclopedia del tarot] vol. 1, p. 89.
3. Sandrina Bandera y Stefano Zuffi, Brera: *I tarocchi di Bonifacio Bembo e la cultura cortese tardogotica* [Los *tarocchi* de Bonifacio Bembo y la cultura cortés tardogótica]. Milán: Electa, 1999.
4. Michael Dummett, *The Game of Tarot* [El juego del tarot]. Londres: Duckworth, 1980, p. 80.
5. Decker, Depaulis y Dummett, *A Wicked Pack of Cards* [Una baraja maligna]. Londres: Duckworth, 1996, p. 28.
6. Dummett, p. 67.
7. Decker et al., p. 31. Como le gusta señalar a Robert O'Neill (*Tarot Symbolism* [El simbolismo del tarot]) esta referencia sugiere que las *carte da trionfi* no eran solo barajas pintadas a mano, sino que estaban fácilmente disponibles en el mercado.
8. *Ibid.*, p. 32.

9. Bennett Gilbert, «The Art of the Woodcut in the Italian Renaissance Book: A Catalogue and Historical Essay from the Grolier Club/University of California, Los Angeles Department of Special Collections Exhibit». Nueva York: The Grolier Club; Los Ángeles: UCLA, 1995.

10. Las cartas de tarot pintadas por Bonifacio Bembo para la familia Visconti-Sforza: *An Iconographic and Historical Study* [Un estudio iconográfico e histórico]. Gertrude Moakley. NY: The New York Public Library, 1966.

11. *Ibid.*, p. 98.

12. Citado en *The Tarot Images of Christian Being and Cosmic Consciousness.* Joan A. Andersen. La página web ya no existe.

13. *The Breathing Cathedral: Feeling our way into a Living Cosmos* [La catedral que respira: Sentir el camino hacia un cosmos vivo]. Martha Heyneman. San Francisco: Sierra Club Books, 1993.

14. «Reflections on the Tarocchi of Mantegna». Oliver T. Perrin en *Alexandria: The Journal of the Western Cosmological Traditio.*[Alejandría: revista de la tradición cosmológica occidental]. David Fideler, editor. Grand Rapids, MI: Phanes Press, 1995. p. 283.

15. *Tarot and the Millennium* [El tarot y el milenio]. Timothy Betts. Rancho Palos Verdes, CA: New Perspective Media, 1998.

16. Bob O'Neill, autor de *Tarot Symbolism* [El simbolismo del tarot] (Lima, Ohio: Fairway Press, 1986), está investigando una posible conexión entre las fraternidades y el tarot.

17. John Meador, conocido en Internet como drdee, ha presentado a los miembros del grupo de discusión TarotL un vasto conjunto de pruebas que lo apoyan.

18. Edgar Wind, *Pagan Mysteries in the Renaissance: An exploration of philosophical and mystical sources of iconography in Renaissance art* [Misterios paganos en el Renacimiento: una exploración de las fuentes filosóficas y místicas de la iconografía en el arte del Renacimiento]. NY: W. W. Norton & Co., 1958, 1968.

19. Robert O'Neill, *Tarot Symbolism* [El simbolismo del tarot]. Lima, OH: Fairway Press, 1986. Ahora agotado, es una obra sólida de erudición, mezclada con teorías intrigantes.

20. Ver Christine Payne-Towler, *The Underground Stream*[La corriente subterránea]. Aunque es muy especulativo y se basa en fuentes poco fiables, este libro defiende la existencia de una tradición astro-alfa-numérica oculta de dos mil años (o más) que finalmente se amalgamó con el tarot.

21. Origin quoted from Select. in Ps 1 - p. 12, 1084. En *Visconti-Sforza Tarots* [Los Tarots de Visconti-Sforza], de Andrea Vitali, Milán: Meneghello, 1996 (El folleto que viene con la baraja Visconti-Sforza Meneghello).

22. Mark Filipas, un miembro de TarotL, está trabajando en un nuevo y emocionante material que podría demostrar que el tarot era un léxico alfabético hebreo.

23. Ver Dummett, *op. cit.* 20, pp. 387-417, para un listado exhaustivo y una explicación de los primeros órdenes de cartas del tarot.

24. También conocido como el *Manuscrito Steele*, se comenta tanto en Kaplan como en Dummett. En *The Encyclopedia of Tarot* [La enciclopedia del tarot], vol. 1, p. xvi, encontrarás una reproducción fotográfica de la página original.

25. Vitali, *op cit.*

26. Moakley, *op cit.*

27. Alessandro Bellenghi, *Cartomancy*. Londres: Ebury Press, 1985, 1988.

28. Moakley, *op. cit.*, p. 41.

29. *Witchcraft and Inquisition in Venice* [Brujería e inquisición en Venecia], 1550-1650. Ruth Martin. Anotado por primera vez por Jess Karlin y comentado en lonestar. texas.net.

30. Citado en *The Complete Book of the Occult and Fortune Telling* [El libro completo de lo oculto y la adivinación]. NY: Tudor Publishing, 1945, p. 223.

31. *The Post-Man* [El cartero] (N.º 1223), Londres, Thursday, 30 de diciembre de 1703.

32. Decker, *et al.*, p. 74.

33. Me lo hizo saber Christian Joachim Hartmann, que lo presentó en la lista de discusión TarotL y lo tradujo.

34. Decker, *et al.*, p. 83.

35. Todas las referencias a *Le Monde Primitif* [El mundo primitivo] son traducciones inéditas del original de Jack Meier y Mary Greer.

36. TA significa en realidad 'territorio, tierra, pan' y no he podido encontrar ningún significado para RHO.

37. Decker, *et al.*, pp. 64-73.

38. Llamado *Le Grandprêtre Tarot* por el título de la carta rebautizada de El Papa. Stuart Kaplan, *The Encyclopedia of Tarot* [La enciclopedia del tarot], vol. II, pp. 336-337. Catherine Hargrave fechó esta baraja grabada en placa de cobre a principios del siglo XVIII.

39. Ver nota 41 más abajo.

40. Según MacGregor Mathers, *Atus* (*atouts* en francés) es «egipcio puro, el plural de *Aat*, una mansión, *Aatu*, Mansiones». Del manuscrito *On the Tarot Trumps* [Sobre los triunfos del tarot], observaciones preliminares de V. H. Frater 'S. Rioghail Mo Dhream 5'6' [Mathers] tal como fue copiado por John Brodie-Innes en 1910.

41. Esta variante de las barajas de estilo marsellés se originó en los cantones suizos católicos de habla alemana, siendo la baraja de 1680 de Johann Pelagius Mayer el ejemplo más antiguo que se conserva (ver la moderna baraja suiza 1JJ para una variante actual). Las imágenes de la Papisa y el Papa debieron ofender a los católicos de estas zonas después de la Reforma. De hecho, un fabricante de naipes de Praga fue decapitado por producir una baraja de estilo italiano porque se creía que la carta de la Papisa satirizaba a la Iglesia. Ver Dummett, pp. 217-218.

42. Iamblichus, *On the Mysteries* [Sobre los misterios]. Thomas Taylor, traductor. San Diego CA: Wizards Bookshelf, 1984, p. 280.

43. Paracelso, *Archidoxies* [Arquímedes], (libro V). Traducido por A. E. Waite.

44. Helena Blavatsky, *Isis Unveiled* [Isis desvelada], vol. 1, Point Loma CA: Theosophical Publishing, 1906, página 340.

ibliografía

Dado que existen varias bibliografías extensas sobre el tarot y que cada año se publican muchos libros nuevos, para la edición revisada he añadido solo aquellos que son absolutamente necesarios. Algunos de los siguientes libros se mencionan en el texto, otros influyeron en el desarrollo de esta obra, y los restantes son simplemente muy recomendables. He actualizado la información de los editores cuando ha sido posible.

Interpretaciones y tiradas

Arrien, Angeles. *The Tarot Handbook: Practical Applications of Ancient Visual Symbols*. J. P. Tarcher, 1987, 1997.

Bunning, Joan. *Curso práctico de tarot*. Urano, 2000.

Butler, Bill. *Dictionary of the Tarot*. Schocken Books, 1975.

Crowley, Aleister. *The Book of Thoth*. Numerosas ediciones, 1969 ff.

Douglas, Alfred. *The Tarot: The Origins, Meaning and Uses of the Cards*. Penguin Books, 1973.

Echols, Signe, Robert Mueller y Sandra Thomson. *Spiritual Tarot: Seventy-Eight Paths to Personal Development*. Avon Books, 1996.

Fairfield, Gail. *Choice-Centered Tarot*. Red Wheel/Weiser, 1982, 1997.

Gearhart, Sally. *A Feminist Tarot: A Guide to Intrapersonal Communication*. Alyson Publications, 1977, 1997.

Gray, Eden. *Mastering the Tarot: Basic Lessons in an Ancient Mystic Art*. New American Library, 1971.

Greer, Mary. *The Complete Book of Tarot Reversals*. Llewellyn, 2002.

_____. *The Essence of Magic: Tarot, Ritual and Aromatherapy*. Newcastle, 1993.

_____. *Tarot Constellations: Patterns of Personal Destiny*. New Page Books, 1987.

_____. *Tarot Mirrors: Reflections of Personal Meaning*. New Page Books, 1988.

Jette, Christine. *Tarot Shadow Work: Using the Dark Symbols to Heal*. Llewellyn, 2000.

Kliegman, Isabel. *Tarot and the Tree of Life: Finding Everyday Wisdom in the Minor Arcana*. Quest Books, 1997.

Louis, Anthony. *Tarot Plain and Simple*. Llewellyn, 1996.

MacGregor, Trish y Phyllis Vega. *Power Tarot: More Than 100 Spreads That Give Specific Answers to Your Most Important Questions*. Simon & Schuster, 1998.

Noble, Vicki. *Motherpeace: A Way to the Goddess through Myth, Art and Tarot*. Harper San Francisco, 1983, 1994.

Pollack, Rachel. *Seventy-Eight Degrees of Wisdom: A Book of Tarot*. Thorsons, 1980, 1983, 1998.

Renee, Janina. *Tarot Your Everyday Guide: Practical Problem-solving and Advice*. Llewellyn, 2000.
Riley, Jana. *Tarot Dictionary and Compendium*. Samuel Weiser, 1995.
Waite, Arthur Edward. *The Pictorial Key to the Tarot*. Múltiples ediciones, 1910 ff.

Historia del tarot y teoría de sus orígenes

Cavendish, Richard. *The Tarot*. Harper & Row, 1975.
Decker, Ronald, Thierry Depaulis y Michael Dummett. *A Wicked Pack of Cards: The Origins of the Occult Tarot*. Duckworth, 1996.
Dummett, Michael. *The Game of Tarot: from Ferrara to Salt Lake City*. Duckworth, 1980.
Giles, Cynthia. *The Tarot: History, Mystery, and Lore*. Simon & Schuster, 1992.
Huson, Paul. *The Devil's Picturebook: the Compleat Guide to Tarot Cards*. Putnam, 1971.
Kaplan, Stuart. *The Encyclopedia of Tarot, vols. I, II, III*. U.S. Games Systems, 1978, 1986, 1990.
Moakley, Gertrude. *The Tarot Cards: Painted by Bonifacio Bembo for the Visconti-Sforza Family: an Iconographic and Historical Study*. New York Public Library, 1966.
O'Neill, Robert. *Tarot Symbolism*. Fairway Press, 1986.
Walker, Barbara G. *Enciclopedia de los mitos y secretos de la mujer*. Obelisco, 2019.
Williams, Brian. *A Renaissance Tarot*. U.S. Games Systems, 1994.

Cábala, alquimia, magia, meditación y tarot

Anónimo. *Meditations on the Tarot: A Journey into Christian Hermeticism*. Amity House, 1985.
Case, Paul Foster. *The Tarot: A Key to the Wisdom of the Ages*. Macoy Publishing, 1947.
_____. *The Book of Tokens: 22 Meditations on the Ageless Wisdom*. Builders of the Adytum, 1934.
Fortune, Dion. *La cábala mística*. Youcanprint, 2019. .
Gray, William G. *Magical Ritual Methods.* Samuel Weiser, 1969.
Greer, Mary K. *Women of the Golden Dawn: Rebels and Priestesses*. Park Street Press, 1995.
Hoeller, Stephan A. *The Royal Road: A Manual of Kabalistic Meditations on the Tarot*. Theosophical Publishing, 1975.
Jayanti, Amber. *Living the Tarot*. Wordsworth, 1988, 2000.
Knight, Gareth. *Guía práctica del simbolismo cabalístico*. Equipo difusor del libro, 2012.
Moore, Daphna. *The Rabbi's Tarot: An illumination from the kundalini to the pineal to the pituitary*. Llewellyn, 1987.
Parfitt, Will. *The New Living Qabalah: A Practical Guide to Understanding the Tree of Life*. HarperCollins UK, edición revisada, 1995.
Roberts, Richard y Joseph Campbell. *Tarot Revelations*. Vernal Equinox Press, 1979.
Steinbrecher, Edwin C. *La meditación del guía interior*. Sirio, 2001.
Wang, Robert. *An Introduction to the Golden Dawn Tarot*. Samuel Weiser, 1978.
_____. *The Qabalistic Tarot: A Textbook of Mystical Philosophy*. Samuel Weiser, 1983.

Numerología y tarot

Bunker, Dusty y Faith Javane. *Numerology and the Divine Triangle*. ParaResearch, 1979.
Hasbrouck, Muriel Bruce. *The Pursuit of Destiny*. Destiny Books, 1976.

Mitología, simbolismo y tarot

Biedermann, Hans. *Diccionario de símbolos*. Paidós, 2013.
Chevalier, Jean y Alain Gheerbrant. *Diccionario de los símbolos*. Herder, 2000.
Cooper, J. C. *Symbolism: The Universal Language*. Aquarian Press, 1982.

Cirlot, J. E. *Diccionario de símbolos*. Siruela, 20121.
Graves, Robert. *La Diosa Blanca: una gramática histórica del mito poético*. Alianza, 2014.
_____. *Los mitos griegos*. Ariel, 2016.
Harding, M. Esther. *Women's Mysteries, Ancient and Modern: A Psychological Interpretation of the Feminine Principle as Portrayed in Myth, Story and Dreams*. Harper & Row, 1980.
Jung, Carl. *El hombre y sus símbolos*. Paidós, 1995.
Nichols, Sallie. *Jung y el tarot*. Kairós, 2012.
Weston, Jessie. *From Ritual to Romance*. Anchor Books, 1957.
Wirth, Oswald. *The Tarot of the Magicians: A Guide to the Symbolism and Application of the Wirth Tarot Deck*. Samuel Weiser, 1985 (publicado originalmente en francés en 1927).

Claves adicionales del tarot
Amaral, Geraldine y Nancy Cunningham. *Tarot Celebrations: Honoring the Inner Voice*. Samuel Weiser, 1997.
Arrien, Angeles y James Wanless, editores. *Wheel of Tarot: A New Revolution*. Merrill-West, 1992.
Balin, Peter. *The Flight of Feathered Serpent*. Wisdom Garden Books, 1978.
Blakely, John D. *The Mystical Tower of the Tarot*. Robinson y Watkins, 1974.
Calvino, Italo. *El castillo de los destinos cruzados*. Siruela, 2019..
Denning, Melita y Osborne Phillips. *The Magick of the Tarot*. Llewellyn, 1983.
Papus. *The Tarot of the Bohemians: The Most Ancient Book in the World: For the Use of Initiates*. Wilshire Book Co., 1973.
Raine, Kathleen. *Yeats, the Tarot and the Golden Dawn*. Dolmen Press, 1976.
Ricklef, James. *KnightHawk's Tarot Readings: A guide to the art of Tarot reading using subjects from literature, mythology, and history*. Writers Club Press/iuniverse.com, 2001.
Williams, Charles. *The Greater Trumps* (ficción). Farrar, Straus y Giroux, 1950.

Escritura de un diario
Field, Joanna. *A Life of One's Own*. J. P. Tarcher, 1981.
Rainer, Tristine. *The New Diary: How to Use a Journal for Self-Guidance and Expanded Creativity*. J. P. Tarcher, 1978.

Péndulos y cristales
Crow, W. B. *Precious Stones: Their Occult Power and Hidden Significance*. Aquarian, 1968.
Harner, Michael. *La senda del chamán*. Kairós, 2016.
Hoffman, Enid. *Huna: A Beginner's Guide*. ParaResearch, 1976.
Lorusso, Julia y Joel Glick. *Piedras que curan*. Edaf, 2011.
Melody, A. *Love Is in the Earth: A Kaleidoscope of Crystals*. Earth Love Publishing, 1995.
Morris, Freda. *Self-Hypnosis in Two Days*. E. P. Dutton, 1974.
Raphaell, Katrina. *La iluminación por los cristales. Las propiedades transformadoras de los cristales y las piedras curativas*. Arkano Books, 2018..

Astrología
Block, Douglas y Demetra George. *Astrology for Yourself: How to Understand and Interpret Your Own Birth Chart*. Wingbow, 1987.
Greene, Liz. *Saturno*. Obelisco, 20121.
Greer, Mary K. «Tarot and Astrology: Tarot's History and Correspondences to Astrology», en *Mountain Astrologer*, vol. 10, n.º 3, abril/mayo de 1997, pp. 21-31.
Hickey, Isabel M. *Astrología espiritual: una ciencia cósmica*. Kier, 1996.

Jocelyn, John. *Meditations on the Signs of the Zodiac*. Multimedia Publishing, 1970.
Sakoian, Frances y Louis Acker. *The Astrologer's Handbook*. Harper & Row, 1973.

Imaginación activa y visualización creativa

Gawain, Shakti. *Visualización creativa. Cómo crear lo que deseas en la vida con el poder de la imaginación*. Sirio, 2000.
Mariechild, Diane. *MotherWit: A Feminist Guide to Psychic Development: Exercises for Healing, Growth and Spiritual Awareness*. Crossing Press, 1981.
Masters, Robert y Jean Houston. *Mind Games*. Dell Publishing, 1972.
Samuels, Mike y Hall Bennett. *Spirit Guides: Access to Inner Worlds*. Random House, 1974.
Schulz, Mona Lisa. *Awakening Intuition: Using Your Mind-Body Network for Insight and Healing*. Three Rivers Press, 1999.
Starhawk. *La danza en espiral*. Obelisco, 2012.
Vaugh, Frances E. *Awakening Intuition*. Doubleday, 1979.

Sobre la teoría de la sincronicidad de Jung

Bolen, Jean Shinoda. *El Tao de la psicología*. Kairós, 2005.
Jung, Carl G. «Prefacio», en *The I Ching or Book of Changes*. Traducido por Richard Wilhelm. Routledge y Kegan Paul, 1950.
Progoff, Ira. *Jung, Synchronicity and Human Destiny: Noncausal Dimensions of Human Experience*. Dell, 1973.
Von Franz, Marie-Louise. *On Divination and Synchronicity: The Psychology of Meaningful Chance*. Inner City Books, 1980.

Prosperidad, planificación y diseño

Hanks, Kurt et al. *Design Yourself!* William Kaufmann, 1977.
Koberg, Don y Jim Bagnall. *The Universal Traveler: A Soft-Systems Guide to Creativity, Problem-Solving and the Process of Reaching Goals*. William Kaufmann, 1973.
Ross, Ruth. *Prospering Woman: A Complete Guide to Achieving the Full, Abundant Life*. Whatever Publishing, 1982.
Sher, Barbara. *Cómo conseguir lo que realmente quieres*. Obelisco, 2013..

Recursos adicionales

Internet es uno de los mejores lugares para obtener información sobre cursos de tarot, eventos, grupos de discusión, artículos, reseñas de libros y barajas, y fuentes de barajas nuevas y usadas. Las direcciones cambian con frecuencia, así que si no puedes encontrar un sitio, intenta buscar por palabras o frases clave.

Las cartas astrológicas son gratuitas en varios sitios de Internet. Las cartas de tarot se pueden comprar a través de numerosos sitios web.

Un buen punto de partida para todo lo relacionado con el tarot, como reseñas de libros y barajas con muestras de cartas y descripciones, es www.tarot passages.com.

Listas de discusión, boletines y cursos. Se puede encontrar una gran variedad en groups.yahoo.com.

Mis favoritos son TarotL y ComparativeTarot.

Hay un curso gratuito de tarot en línea por Ellen Bunning en www.learntarot.com.

La hoja informativa sobre la historia de TarotL está disponible en la web de Tom Tadfor Little, www.tarothermit.com, y en jwrevak.tripod.com.

El curso por correspondencia de los constructores de Adytum está disponible a través de 5101 North Figueroa Street, Los Ángeles, California 90042 o www.bota.org.

Puedes encontrar lecturas gratuitas en www.tarot.com, www.facade.com, o en vivo en www.ata-tarot.com.

Organizaciones, conferencias, boletines y certificaciones

American Tarot Association, POB 102, Stoneham CO 80754. www.ata-tarot.com
  Daughters of Divination and Bay Area Tarot Symposium, POB 471221, San Francisco CA 94147, airndarkness@yahoo.com.
International Tarot Society, POB 1475, Morton Grove IL 60053.
Los Angeles Tarot Symposium. hrabarb@earthlink.net.
Tarot Celebrations, www.tarotcelebrations.com.
Tarot Guild of Australia, POB 369 East Kew, Victoria 3102, Australia. www.tarotguild.org.au.
The Tarot School. www.tarotschool.com.

cerca de la autora

Mary K. Greer es autora y profesora especializada en métodos de autoexploración y transformación. Gran maestra del tarot, participa en conferencias y simposios nacionales e internacionales. Asimismo, colabora activamente con las comunidades femeninas y paganas y es archisacerdotisa/hierofante en la Hermandad de Isis. Tools And Rites Of Transformation ('herramientas y ritos de transformación') (T.A.R.O.T.) es un centro de aprendizaje fundado y dirigido por Mary para el estudio de la adivinación, los misterios de la mujer y las artes transformadoras. Viajera universal, Mary ha vivido en Japón, Alemania, Inglaterra, México y seis estados de Estados Unidos, y dirige talleres en todo el mundo.

Ha escrito numerosos libros, entre ellos: *El tarot, un viaje interior* (Editorial Sirio, 2021), *Tarot Constellations: Patterns of Personal Destiny* (1987), *Tarot Mirrors: Reflections of Personal Meaning* (1988), *The Essence of Magic: Tarot, Ritual, and Aromatherapy* (1993), *Women of the Golden Dawn: Rebels and Priestesses* (1995), y *The Complete Book of Tarot Reversals* (2002), y es coautora de *Aromatherapy: Healing for the Body and Soul* (1998) con Kathi Keville.

Visítala en marykgreer.com.